权威·前沿·原创

皮书系列为

"十二五""十三五""十四五"时期国家重点出版物出版专项规划项目

BLUE BOOK

智 库 成 果 出 版 与 传 播 平 台

平安中国蓝皮书
BLUE BOOK OF SAFE CHINA

中国社会治安秩序与居民安全发展报告（2024）

ANNUAL REPORT ON THE DEVELOPMENT OF PUBLIC ORDER
POLICING AND RESIDENTS' SAFETY IN CHINA（2024）

主　编／邹湘江

社会科学文献出版社
SOCIAL SCIENCES ACADEMIC PRESS（CHINA）

图书在版编目（CIP）数据

中国社会治安秩序与居民安全发展报告 . 2024 ／邹
湘江主编 . --北京：社会科学文献出版社，2025. 6.
（平安中国蓝皮书）. --ISBN 978-7-5228-5394-9

Ⅰ. D631. 4

中国国家版本馆 CIP 数据核字第 2025641M19 号

平安中国蓝皮书
中国社会治安秩序与居民安全发展报告（2024）

主　　编／邹湘江

出 版 人／冀祥德
组稿编辑／恽　薇
责任编辑／颜林柯
责任印制／岳　阳

出　　版／社会科学文献出版社·经济与管理分社（010）59367226
　　　　　地址：北京市北三环中路甲 29 号院华龙大厦　邮编：100029
　　　　　网址：www. ssap. com. cn
发　　行／社会科学文献出版社（010）59367028
印　　装／天津千鹤文化传播有限公司

规　　格／开本：787mm×1092mm　1/16
　　　　　印张：18. 25　字数：270 千字
版　　次／2025 年 6 月第 1 版　2025 年 6 月第 1 次印刷
书　　号／ISBN 978-7-5228-5394-9
定　　价／158. 00 元

读者服务电话：4008918866

北京市社会科学基金项目（23GLB018）；中国人民公安大学治安学双一流专项。

编　委　会

主要编撰者简介

邹湘江　法学博士，中国人民公安大学治安学院教授、博士研究生导师，首都安全治理创新中心副主任，中国人民公安大学保安研究中心研究员。研究方向为治安治理、户政与人口管理。兼任中国人口学会理事，北京市人口学会理事。发表学术论文 40 多篇，多篇论文先后被《新华文摘》、人大复印报刊资料、《中国社会科学文摘》全文转载。主持国家社科基金项目、北京市社科基金项目等省部级以上项目 5 项。

袁馨媛　安徽公安学院治安系副教授。研究方向为社会治安治理、治安动员。发表学术论文 7 篇，主持安徽省高校人文社会科学研究项目、质量工程项目等省级项目 4 项。

李耀光　中国人民公安大学警体战训学院讲师。研究方向为治安治理、公安现场执法。发表学术论文 10 余篇，参与国家重点研发计划、公安部科技计划、国家民委民族问题研究等省部级以上项目 4 项。

周　楠　北京警察学院治安系讲师。研究方向为治安治理、户政与人口管理。发表学术论文 4 篇，参编教材 2 部，主持北京市教育委员会基金项目 1 项。

梁震龙　中国人民公安大学保安研究中心研究员、中国人民公安大学治安学博士研究生。研究方向为治安治理、人口管理。参编教材 2 部，主持校级课题 2 项，参与省部级课题 4 项，发表论文 4 篇。

摘　要

　　社会治安是社会良性运行的基础，没有良好的社会治安，就没有国家安全和社会稳定。近些年，我国社会治安整体保持稳定，以高水平安全保障高质量发展成效显著，是世界上最具安全感的国家之一，续写了社会长期稳定奇迹的新篇章。本书对中国社会治安和居民安全状况进行了系统的调查研究，由总报告和分报告两大部分组成。总报告对社会治安状况进行综合分析、评价并提出对策。分报告对居民治安安全感、社会矛盾纠纷化解、治安治理力量、社区治安、网络治安秩序和智慧治安防控共6个方面进行专门研究。本书的研究数据来源于国家统计局、公安部发布的统计数据，相关微观调查数据，以及本书编写组2024年度开展的"全国社会治安调查"数据。问卷调查委托调查公司进行，调查过程中采用了典型抽样、PPS抽样和随机抽样相结合的方法，对全国14个城市的56个区县进行入户调查，共回收有效问卷3700份。

　　研究结果显示，以2012年基期的社会治安质量指数8为参照，近12年来，中国社会治安质量指数总体保持快速增长趋势，2023年中国社会治安质量指数为10.85，处于高水平。居民治安安全感整体呈现上升态势且处于较高水平，2023年居民人身安全感为99.52%，财产安全感为99.43%，信息安全感为96.85%，安全感均值为98.77%。2023年社会矛盾纠纷总量为4295万件；2023年矛盾纠纷调解率达到新高，为27.77%；矛盾纠纷发生后，找熟人调解、找公安派出所调解、找对方或对方单位协商，成为民众主要选择的化解渠道。治安治理力量方面，治安志愿队伍蓬勃发展，居民有

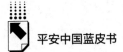
意愿参与各项社会治安维护活动的比例为 49.86%；作为重要的市场治安治理力量，保安公司和保安员数量持续保持增长势头。社区治安防控成效显著。网络治安问题值得关注，22.27%的被调查居民表示在网络空间中遭遇过安全问题，且遭遇网络空间中的安全问题后，居民信息安全感显著更低。中国智慧治安防控呈现全方位立体化发展图景，科技支撑社会治安高质量发展成效显著，居民对公安机关网上政务服务的满意度较高。未来在社会治安整体防控中，需要强化矛盾纠纷调解化解，注重小案的防范与查处，抑制严重犯罪抬头迹象；同时，加强基层警务建设和网络治安秩序维护，打造治安大数据平台以优化治安预警与响应机制，推动科技创新与治安防控深度融合。

关键词： 社会治安　矛盾纠纷　治安力量　网络治安　智慧社区

目 录 ⏎

Ⅰ 总报告

Ⅱ 分报告

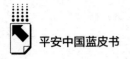

附录二

皮书数据库阅读**使用指南**

总报告

B.1

中国社会治安状况报告（2024）

邹湘江*

摘　要：　2023 年中国社会治安状况继续保持稳定，社会治安质量指数为 10.85，处于高水平。社会治安质量是对社会治安预防情况（矛盾纠纷调解率）、社会治安控制水平（严重暴力犯罪发生率、社会面"黄赌毒"案件发生率、传统盗窃案件发生率、新型诈骗案件发生率）、社会治安处置效率（命案破案率、治安案件查处率），以及社会治安重建（居民安全感）进行综合评价的结果。2023 年社会矛盾纠纷总量为 4295 万件，矛盾纠纷化解率达到 27.77% 的新高。违法犯罪案件总量与 2022 年基本持平，4 类严重暴力犯罪发生率出现小幅反弹，社会面"黄赌毒"案件发生率和新型诈骗案件发生率小幅上升，传统盗窃案件发生率继续下降。命案破案率进一步提高到 99.94%；治安案件查处率有所提高，但盗窃、诈骗等治安案件查处率仍然偏低；群众安全感保持在 98.20% 的高水平。未来需要对社会治安状况进行持续跟踪调查，对社会治安质量的发展规律进行深入研究，进一步强化矛盾

---

* 邹湘江，法学博士，中国人民公安大学治安学院教授、博士研究生导师，首都安全治理创新中心副主任。

纠纷化解，注重小案的预防与查处，抑制严重犯罪抬头的迹象。

关键词： 社会治安　矛盾纠纷　犯罪　案件　治安质量

一　社会治安新发展

（一）完善社会治安整体防控

社会治安是社会良性运行的基础。没有良好的社会治安，就没有国家安全和社会稳定，社会治安是保障国家安全和社会稳定的基础。新中国成立以来，特别是党的十八大以来，党和国家高度重视社会治安秩序维护。党的十八大将社会治安作为社会建设的重要组成部分，指出："深化平安建设，完善立体化社会治安防控体系，强化司法基本保障，依法防范和惩治违法犯罪活动，保障人民生命财产安全。"党的十九大将社会治安作为社会治理的重要内容，要求："加快社会治安防控体系建设，依法打击和惩治黄赌毒黑拐骗等违法犯罪活动，保护人民人身权、财产权、人格权。"党的二十大提出："强化社会治安整体防控，推进扫黑除恶常态化，依法严惩群众反映强烈的各类违法犯罪活动。"党的二十届三中全会进一步提出："完善社会治安整体防控体系，健全扫黑除恶常态化机制，依法严惩群众反映强烈的违法犯罪活动。"

完善社会治安整体防控是党中央做出的重大决策部署，是系统性、长期性的工程。整体防控须围绕治安形势新变化，以人民群众的需求为导向，防控化解各类社会矛盾风险，严厉打击突出违法犯罪活动，保护人民的生命财产安全，推进社会治安防控体系建设提档升级。

（二）社会治安治理成果丰硕

近些年，我国社会治安整体保持稳定，以高水平安全保障高质量发展成效显著，续写社会长期稳定奇迹新篇章。2023 年，全国公安机关受理治安案件数 868.53 万起，与 2022 年基本持平；刑事案件立案数 449.64 万起，比 2022 年下降 4.8%。2023 年每 10 万人命案发生数为 0.46 起，现行命案破案率为 99%；针对群众痛恨的涉黑涉恶现象，持续开展常态化扫黑除恶斗争，打掉涉黑涉恶犯罪组织 1900 余个，破获各类刑事案件 2.9 万起。在服务人民群众方面，2023 年，接受群众求助 1200 万起，办理户口迁移 286 万起，开具户籍类证明 145 万起；其中，57.5% 的业务办理实现最多跑一次，37.7% 的业务办理实现全程网办。人民群众的安全感保持较高水平，群众安全指数达 98.2%。[1]《全球安全报告 2024》数据显示，中国是世界上安全感最高的国家之一。

二　社会治安统计指标

社会治安是反映整个社会状况的基本统计指标，它既直接体现社会的基本秩序和人们的安全水平，也间接映射社会的发展水平和人民的生活质量。全世界的组织、国家或地区都开展社会治安相关的调查、统计，抑或在各类社会指标体系中纳入社会治安相关的指标。社会治安相关调查统计可以分为综合性的调查统计和社会治安专门的调查统计，相关指标有宏观统计指标和微观调查指标。

（一）联合国的社会治安统计指标

联合国作为一个由主权国家组成的政府间国际组织，致力于促进各国在国际法、国际安全、经济发展、社会进步、人权、公民自由、民主及实现持久世界和平等方面的合作。为此，联合国高度关注人类的福祉，对全球各个国家、地区的经济社会发展进行动态规划、监测、调查和统计。

---

[1]　公安部：《通报 2023 年公安工作和队伍建设成效，介绍第四个中国人民警察节相关庆祝活动安排》，https://www.mps.gov.cn/n2254536/n2254544/n2254552/n9372690/index.html。

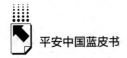

1.《2030年可持续发展议程》

2015年9月，联合国所有成员国通过了可持续发展目标（Sustainable Development Goals，SDGs），将其纳入《2030年可持续发展议程》，其中提出了一个15年计划，以实现可持续发展目标及其相关具体目标。在《2030年可持续发展议程》中，提出了可持续发展目标应根据《官方统计基本原则》，按收入、性别、年龄、种族、民族、移徙情况、残疾情况、地理位置或其他特征酌情分类。①这些可持续发展目标分为17个具体目标和若干个指标，包括消除贫困、消除饥饿、健康生活方式、优质教育等（见图1）。

图1　《2030年可持续发展议程》17个可持续发展目标

资料来源：联合国中文网，https://china.un.org/zh/sdgs。

在这17个目标中，第16个目标"和平、正义与强大机构"旨在"创建和平、包容的社会以促进可持续发展，让所有人都能诉诸司法，在各级建立有效、负责和包容的机构"。该目标中"创建和平、包容的社会"的内涵之一即建立良好的社会治安秩序。根据联合国发布的《〈2030年可持续发展议程〉各项可持续发展目标和具体目标全球指标框架》分析，我们

① 联合国大会第68/261号决议。

可以发现第 16 个可持续发展目标的具体指标中有 10 个指标与社会治安直接相关。

指标 1 为"每 10 万人故意杀人案的死亡人数"，也被称为"凶杀率（每 10 万人）"。由于该指标具有较强的可比性，在国际上常被用作测量社会治安状况的指标。其具体计算公式如下：每 10 万人故意杀人案的死亡人数＝一定地域范围的故意杀人案死亡人数÷一定地域范围的常住人口数×100000。该指标的关键在于"故意杀人案死亡人数"的统计，根据联合国统计委员会国际犯罪统计分类标准，为提高指标的可比性，故意杀人案死亡人数统计需要符合三大标准：造成人员死亡的客观标准、故意行为的主观标准和违法行为的法律标准。数据来源于统计或者估计。国家层面的统计主要来源于刑事司法系统和民事登记/生命统计系统。

指标 3 "过去 12 个月内遭受身体、心理或性暴力的人口所占比例"衡量的是遭受身体、心理或性暴力的普遍性，计算方法是在过去 12 个月内遭受过身体、心理或性暴力的受访者人数除以被调查者总数。该指标来自关于犯罪被害调查或其他带有犯罪被害调查模块的住户调查。犯罪被害调查能够获得成年人遭受暴力侵害经历的数据；然而，由于收集有关暴力经历信息的复杂性，以及虽然衡量身体暴力和性暴力有相应的国际标准，但缺乏衡量心理暴力的国际标准，指标的准确性和可比性不足。

指标 4 "天黑后在居住区单独步行感到安全的人口比例"旨在测量人们在日常生活中对犯罪的恐惧，或者说是对安全的感知。[1] 对安全的感知通常被认为是一个主观的幸福感指标，它影响人类与周围环境互动的方式，影响人们的健康，从而影响生活的质量。黑暗是个人在评估是否

---

[1] 需要注意的是，对犯罪的恐惧是一种与犯罪普遍性不同的现象，对犯罪的恐惧甚至可能在很大程度上独立于犯罪普遍性的经验。对犯罪的看法和由此产生的对犯罪的恐惧受多种因素的影响，如对犯罪的认识、公共讨论、媒体话语和个人情况。然而，对犯罪的恐惧本身就是一个重要的指标，因为高度的恐惧会对福祉产生负面影响，导致与公众的接触减少，社区的信任和参与度降低，从而成为发展的障碍。

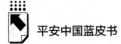

危险时的重要因素之一，也是影响个人安全感的因素。需要注意的是，安全感因人口群体而异，该指标有助于识别弱势群体。指标计算公式是在被调查者中感到非常安全、比较安全的人数除以被调查者总数。该指标通常是通过问卷调查获得，可以是犯罪被害调查的一部分，也可以是一般人口调查（如腐败、治理、生活质量、公众态度或其他主题的调查）的一个模块。联合国毒品和犯罪问题办公室给出的参考调查问题是："天黑后独自在您所在地区/社区行走的感觉有多安全？①非常安全；②比较安全；③不安全；④非常不安全；⑤我从不在天黑后独自外出；⑥不知道。"① 这一调查问题已被证明适用于不同的文化背景。

　　针对可持续发展目标16，联合国毒品和犯罪问题办公室与联合国人权高专办公室于2022年发布了《SDG16调查倡议问卷》，该问卷包括社会人口统计变量、安全、腐败、诉诸司法、歧视、身体暴力、性暴力和性骚扰、心理暴力和非性骚扰、暴力举报、以强迫劳动为目的的人口贩运等模块。其中，在"安全"模块，针对"16.1.4 天黑后在居住区单独步行感到安全的人口比例"指标设计了必答问题1个和可选问题2个（见表1）。②

---

① 联合国毒品和犯罪问题办公室认为，这个问题旨在测量受访者在考虑犯罪时对安全的看法，尽管问题中没有明确提到犯罪或受访者考虑犯罪。如果受访者的回答是"不安全"或"非常不安全"，则可以提出以下探究性问题，以进一步了解受访者为什么感到不安全："为什么天黑后独自在您所在的地区/社区行走会让您感到不安全？"可能的答案选项应根据具体国家的情况量身定制，除了与犯罪相关的原因外，还可以包括与犯罪无关的选项。为避免受访者的答案产生偏差，建议不要向受访者透露答案选项。此外，联合国毒品和犯罪问题办公室建议在受访者的回答是"我从不在天黑后独自外出"时，提出以下探究性问题："如果你在天黑后出门，你会感到安全吗？"同时，对于许多受访者来说，天黑后不独自外出的原因可能与犯罪无关，而更多地与个人和环境问题有关，如行动不便、忙于照顾孩子等；这个问题也没有定义"邻里"的含义，这对不同的受访者来说可能意味着不同的含义，即使是那些住在同一个社区的人；这个问题没有明确地提到"犯罪"，而是隐含在问题中，可能还有其他与犯罪无关的原因（如野生动物、交通等）导致受访者在天黑后在附近走动感到不安全。

② 必答问题是各国计算指标时必须收集的数据，以便于比较；可选问题是计算该指标时不一定非要收集的数据。

表 1 　《SDG16 调查倡议问卷》"安全"模块

- （必答问题）SA1. 您感觉天黑后在住家附近独自行走有多安全？

如果受访者在天黑后从未独自出门，则探究性提问：您觉得会有多安全？

01 —— 非常安全

02 —— 安全

03 —— 不安全

04 —— 非常不安全

98 —— 不知道

99 —— 不想说

- （可选问题）SA2. 您感觉天黑后在家里有多安全？

01 —— 非常安全

02 —— 安全

03 —— 不安全

04 —— 非常不安全

98 —— 不知道

99 —— 不想说

- （可选问题）SA3. 我们当中有些人有时担心会成为犯罪的被害者。您能告诉我您对以下情况有多担心：

A. （您有多担心）……受到陌生人的人身攻击，包括被打劫或抢劫？

01 —— 非常担心

02 —— 相当担心

03 —— 不太担心

04 —— 一点也不担心

98 —— 不知道

99 —— 不想说

B. （您有多担心）……您的房屋被人闯入且东西被偷？

01 —— 非常担心

02 —— 相当担心

03 —— 不太担心

04 —— 一点也不担心

98 —— 不知道

99 —— 不想说

C. （您有多担心）……您的其他贵重物品被盗或遭到破坏？

01 —— 非常担心

02 —— 相当担心

03 —— 不太担心

04 —— 一点也不担心

98 —— 不知道

99 —— 不想说

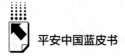

2. 人类发展指数

人类发展指数（Human Development Index，HDI）是在1990年由联合国开发计划署（UNDP）所发布的第一份《人类发展报告》中提出的，用以衡量联合国各成员国经济社会发展水平的指标。该报告认为，国家发展水平不应仅依据人均收入来衡量，还应该通过健康和教育成就等进行测量。为此，人类发展指数将每个国家人民的健康、教育及收入3个维度的信息统筹为一个数据来衡量人类进步。[①] 2010年，联合国开发计划署引入了另外3个指数，以监测贫困、不平等和性别赋权等多个人类发展维度；2014年又引入了性别发展指数（GDI）。2018年，联合国开发计划署发布了《人类发展指数与指标：2018年统计更新》，指出"HDI的简单性不足以表达其背后包含的所有故事"，提出除了人类发展指数这一综合性指数以外，还应该关注人类发展的质量、生命历程中的性别差异、妇女赋权、环境可持续性和社会经济可持续性5个方面更为广泛的人类发展统计指标，以更加全面地展示一个国家的人类发展状况。这些人类发展指标包括人口趋势、健康成果、教育成果、国民收入与资源组成、工作与就业、人身安全、人力和资本的流动性、对个人福祉的感受、基本人权公约现状等。

人身安全指标包括出生登记比例、境内流浪乞讨人数、每10万人监狱服刑人数、每10万人故意杀人案的死亡人数、每10万人自杀人数、每10万人孤儿人数等。其中，每10万人监狱服刑人数、每10万人故意杀人案的死亡人数等指标与可持续发展目标的指标相对应。

其实，早在《人类发展报告（1994）》中，就首次提出了人的安全（Human Security）概念："人的安全在于发展，而不是武器……对今天的大多数人来说，安全感更多的是来自对日常生活的担忧，而不是来自对世界灾难性事件的恐惧。工作保障、收入保障、健康保障、环境安全、犯罪安全——这些都是全世界人类安全的新兴问题。"人的安全维度有很多，

---

① 人类发展指数是一个整合了人类发展以下3个基本维度的综合指数：以出生时预期寿命来衡量的过上健康长寿生活的能力；以平均受教育年限和预期受教育年限来衡量的获取知识的能力；以人均国民总收入来衡量的过上体面生活的能力。

至少包括经济安全、食品安全、健康安全、环境安全、人身安全、种族或共同体内部安全、政治安全。①

此外，在《人类发展报告（2021~2022）》中，论述了安全感的问题："暴力造成的损失远远超出直接的身体、精神和情感伤害或创伤。暴力会导致并加剧各种不安全感，包括食物、经济等方面的不安全感。这些不安全感本身就是精神痛苦的主要驱动力。"② 在报告中所引用的数据来自"世界价值观调查（第7轮）"，该调查有专门的"安全"模块，调查内容涉及总体安全感、国家安全、犯罪恐惧等内容。从社会治安的角度，调查的内容涉及：社区的抢劫、毒品、性骚扰问题；个人安全感知的行为后果（如少带钱、不外出）；过去一年被访者和家庭成员的被害经历等（见表2）。

表2 "世界价值观调查（第7轮）"调查问卷"安全"模块

- 你能告诉我现在你感觉有多安全吗？（非常安全、比较安全、不太安全、非常不安全）
- 你的社区发生以下事情的频率如何？
——抢劫案（非常频繁、比较频繁、不频繁、根本不频繁）
——街头饮酒（非常频繁、比较频繁、不频繁、根本不频繁）
——警察或军队干涉人们的私生活（非常频繁、比较频繁、不频繁、根本不频繁）
——种族主义行为（非常频繁、比较频繁、不频繁、根本不频繁）
——街头毒品贩卖（非常频繁、比较频繁、不频繁、根本不频繁）
——街头暴力和打斗（非常频繁、比较频繁、不频繁、根本不频繁）
——性骚扰（非常频繁、比较频繁、不频繁、根本不频繁）
- 出于安全考虑，你做了以下哪些事情？
——不带很多钱（是、否）
——晚上不出去（是、否）
——携带一把刀、一把枪或其他武器（是、否）
- 你在多大程度上担忧以下情况？
——失去工作或找不到工作（非常担忧、比较担忧、几乎不担忧、一点也不担忧）
——不能给我的孩子们良好的教育（非常担忧、比较担忧、几乎不担忧、一点也不担忧）
- 你在过去一年里是犯罪的被害者吗，你的家庭成员呢？
——被访者（是、否）
——家庭成员（是、否）

---

① 《人类发展报告（1994）》，第1~23页。
② 《人类发展报告（2021~2022）》第12页。数据来源为"世界价值观调查"。

- 你在多大程度上担忧以下情况?
——涉及我的国家的战争(非常担忧、比较担忧、几乎不担忧、一点也不担忧)
——恐怖袭击(非常担忧、比较担忧、几乎不担忧、一点也不担忧)
——内战(非常担忧、比较担忧、几乎不担忧、一点也不担忧)
- 大多数人认为自由和平等都很重要,但如果你必须在这两者之间做出选择,你会认为哪一种更重要呢? (自由、平等)
- 大多数人认为自由和安全都很重要,但如果你必须在这两者之间做出选择,你会认为哪一种更重要呢? (自由、安全)
- 当然,我们都希望不会再发生一场战争,但如果是这样,你愿意为你的国家而战吗?
(是、否)

3. 国际犯罪受害者调查

虽然联合国收集和使用了各个国家、地区执法机构的数据来衡量社会治安状况,但研究者普遍认为,仅靠这些信息是不够的,应该与受害者调查的结果相结合来进行分析。对犯罪受害者的调查是评估不同国家和地区风险的更具可比性的工具。国际犯罪受害者调查(ICVS)就是为了实现这一目标所开展的研究调查项目,该调查于 1987 年由一群具有国家犯罪调查专业知识的欧洲犯罪学家发起,旨在产生可用于国际比较的受害者调查估计数据。自 1989 年以来在 80 多个国家进行了 150 多次调查,通过标准问卷提供有关犯罪和受害的信息,其结果具有国际可比性。[1] 为了提高可比性,调查主要在参与国的首都(或最大)城市进行。虽然国际犯罪受害者调查非联合国官方开展的调查,但联合国毒品和犯罪问题办公室明确推动和促进各个国家采用 ICVS 标准化方法开展受害者调查。

ICVS 涵盖以下方面:任何常见犯罪、与车辆有关的罪行、入室盗窃和其他盗窃、接触犯罪、非常规犯罪、对犯罪的恐惧、安全预防措施、公众对执法的态度等。具体问题包括:天黑后独自行走的安全感、被害的经历、街头见警率、对警察工作满意度、对警察的信心、住房治安防控措

---

[1] 国际犯罪受害者调查,https://www.icvs-crime.eu/。

施等。

综上，从联合国的相关调查统计来看，社会治安相关指标的数据来源主要有两个：一是各个国家或地区的政府统计汇总；二是各个国家或地区，以及联合国开展的问卷调查。社会治安相关指标内容主要包括每 10 万人故意杀人案的死亡人数、犯罪恐惧（天黑后独自行走）、总体安全感（涵盖经济、环境、食品、人身等各方面的安全感）、遭受暴力侵害的经历等。

（二）世界银行的社会治安统计指标

《世界发展指标》是世界银行编制的关于全球发展领域的国际统计数据指标报告。《世界发展指标》收集了全球各个国家和地区关于农业和粮食安全，气候变化，经济增长，教育，能源和采掘业，环境和自然资源，金融部门发展，性别，健康、营养和人口，宏观经济脆弱性和债务，贫困，私营部门发展，公共部门管理，社会发展，社会保护和劳工，贸易，城市发展等主题的 1600 个指标数据，以反映、比较全球发展和居民生活水平状况。

在公共部门管理主题部分，设立了"冲突与脆弱性"专门模块，该模块的指标有 7 个，分别是与战斗相关的死亡人数[1]、与冲突和暴力相关的新流离失所者、与灾害相关的新流离失所者、因冲突和暴力而流离失所的总人数、每 10 万人故意杀人案的死亡人数、每 10 万人故意杀人案的男性死亡人数、每 10 万人故意杀人案的女性死亡人数。

（三）欧洲的社会治安统计调查

欧盟统计局与联合国毒品和犯罪问题办公室从 2014 年开始，联合启动了犯罪和刑事司法统计数据的年度收集工作，数据收集以联合国的标准为主，同时辅之以欧盟统计局自己的部分调查统计，从而尽可能实现数据的可比性。

---

[1] 与战斗相关的死亡是指交战各方之间与战斗相关的冲突中的死亡，通常涉及武装部队。这包括传统的战场战斗、游击活动以及对军事单位、城市和村庄的各种轰炸等。在这种情况下发生的所有死亡（军人和平民）都算作与战斗有关的死亡。

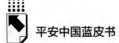

在欧盟统计局整个指标体系中，指标主题包括：欧盟政策指标；总体和区域统计数据；经济和金融；人口和社会状况；工业、贸易和服务业；农业、渔业和林业；国际贸易；运输；环境与能源；科学、技术和数字社会。其中，"欧盟政策指标"主题中包含了"可持续发展"，列出了联合国可持续发展目标16中的部分指标，社会治安方面的统计指标主要是"每10万人故意杀人案的死亡人数"。同时，"人口和社会状况"主题中包括了"犯罪与刑事司法"指标，与社会治安相关的子指标包括"警方记录的按犯罪类型划分的犯罪行为"[①]、"按性别划分的故意杀人罪和性暴力罪的被害人及犯罪人"、"按年龄和性别划分的故意杀人和性剥削被害者"与"警察及法院和监狱执法人员的性别分布"等。

除了相关统计以外，欧洲在社会调查中也有关于社会治安相关内容的调查和指标，最具影响力的调查是欧洲社会调查。欧洲社会调查（European Social Survey，ESS）是从2001年开始，每两年进行的一项以学术为导向，在欧洲各国开展的跨国调查，调查的目的是测量欧洲各个国家居民的态度、信仰和行为模式，具体包括：社会和公众信任；政治权利和参与；社会政治取向；媒体使用；道德、政治和社会价值观；社会排斥、民族、种族和宗教；福祉、健康和安全；人口统计和社会经济条件。具体问卷中在主观幸福感模块和社会正义模块有涉及安全感、警察信任、警察满意度等方面的问题，可以发现，欧洲社会调查对安全感的调查仍是经典的天黑后独自行走的安全感，与联合国可持续发展目标16的调查指标一致，此外还询问了对遭受盗窃、暴力袭击、恐怖袭击的忧虑感知，欧洲社会调查还调查了居民对警察的信任、对警察工作的整体评价、警察预防犯罪、警察出警效率等方面（见表3）。

---

① 欧洲犯罪数据是根据国际犯罪统计分类（ICCS）收集的，具体分类包括故意杀人、故意杀人未遂、攻击、绑架、性暴力（包括强奸、性侵犯）、性剥削、抢劫、入室盗窃、盗窃、欺诈、腐败、贿赂、洗钱、网络犯罪、参加有组织犯罪集团。

表 3　2002~2022 年欧洲社会调查问卷中社会治安相关调查问题

模块	问题
主观幸福感	天黑后独自在当地行走的安全感
	担心家中被盗会影响生活质量
	担心家中被盗的频率
	被告或家庭成员过去 5 年遭受入室盗窃/袭击
	担心成为暴力犯罪的被害者会影响生活质量
	担心成为暴力犯罪被害者的频率
	未来 12 个月内该国发生恐怖袭击的可能性有多大
	未来 12 个月欧洲发生恐怖袭击的可能性有多大
社会正义	责任:支持警方做出的决定,即使不同意
	如果看到一个人的钱包被偷了,有多大可能报警
	责任:按照警察说的做,即使不理解或不同意
	责任:即使受到不当对待,也要按照警察的要求做
	一般支持警察的行为
	警察多久能到达居住地附近的暴力犯罪现场
	全国警察收受贿赂的频率是多少
	警方在乡村抓捕入室盗窃者的成功率如何
	过去 2 年被警察接近、拦截或联系过
	警方向居民解释其决定或行动的频率
	警察多久会做出公平公正的决定
	警察在国内的工作做得好还是不好
	警方在预防国内犯罪方面有多成功
	警察是否与我有同样的是非观念
	警察尊重本国人民的程度
	对警方处理方式的满意程度

（四）美国的社会治安统计调查

美国的社会治安统计调查也主要来自对犯罪的统计调查，犯罪统计调查主要有两个渠道：一是对被害者所经历犯罪的问卷调查；二是执法机构报告的犯罪统计数据。被害问卷调查能够获得向警方报告以及未报告的犯罪信息，而执法机构的犯罪统计数据则反映了向警方报告并由警方记录的犯罪行为。全国犯罪被害调查（National Crime Victimization Survey, NCVS）由美国司法部组织，而联邦调查局（FBI）则通过统一犯罪报告系统（Uniform Crime Reporting, UCR）[①] 收集执法部门记录的犯罪数据，两者相辅相成，可以更全面地描述美国的犯罪问题（见表4）。

表4　美国犯罪数据两种来源之间的区别

区别	统一犯罪报告系统	全国犯罪被害调查
地理覆盖范围	地方机构报告数据，汇总到 FBI	全美国估计
收集方法	执法部门每月向 FBI 报告	每年，数据都是从具有全国代表性的样本中获得的，样本覆盖大约 150000 个家庭的约 240000 人[②]
措施	执法部门报告的 10 种犯罪类型的汇总计数	已报告和未报告的犯罪；有关犯罪、被害者和罪犯的详细信息

1. 统一犯罪报告系统

1930~2020 年，UCR 基于摘要报告系统（SRS）的格式收集数据。执法机构提供了在其管辖范围内发生的凶杀、强奸、抢劫、严重袭击、入室盗窃、盗窃和机动车盗窃的月度统计数据。数据信息包括被害者和罪犯的年龄、性别、种族，犯罪情况，使用的武器，被害者和罪犯之间的关系等。2016 年，FBI 宣布 SRS 将于 2021 年 1 月 1 日停用，从 2021 年起，所有 UCR 数据都将通过基于事件的国家报告系统（National Incident-Based Reporting System, NIBRS）提交。NIBRS 始于 20 世纪 80 年代后期，旨在获取有关犯罪的更详细信息，并将基于事件的数据收集扩展到所有 52 种犯罪类型[③]，而且犯罪事件的信息更加详尽，包括以下信息：日期；时间；位置类型（如餐厅、家、网络空间）；被害者和罪犯的年龄、种族、民族、性别；被害者和罪犯之间的关系（如配偶、兄弟姐妹、邻居、雇主、陌生人）；损

[①] 各个执法机构将其管辖范围内的犯罪数据提交给各州的 UCR，这些数据在处理后被转发给 FBI。

[②] 美国司法统计局，https://bjs.ojp.gov/programs/ncvs。

[③] NIBRS 的一个重大变化是增加了犯罪统计数据估计的置信区间。

伤；财产损失；武器；酒精或药物作用；动机（如种族、宗教、残疾、民族、性取向）；逮捕信息；等等。

2. 全国犯罪被害调查

全国犯罪被害调查始于 1973 年，旨在补充未向警方报告的犯罪信息。NCVS 使用的方法是问卷调查，是非致命刑事被害特征以及未向执法部门报告的犯罪数量、类型的主要信息来源。

NCVS 收集有关暴力犯罪和财产犯罪的数据。暴力犯罪包括强奸或性侵、抢劫、袭击等。财产犯罪包括入室盗窃、非法侵入住宅、机动车盗窃和其他类型的家庭盗窃等。NCVS 询问受访者所经历的所有被害事件，无论是否向警方报告，并询问有关被害的详细信息，如与罪犯的关系、事件地点、受伤情况、经济损失等。

统一犯罪报告系统和全国犯罪被害调查的统计指标基本一致，主要是暴力犯罪被害数量和被害率（一般是每 1000 个 12 岁及以上人口的发生率）、财产被害数量和被害率、向警方报告的被害人数百分比，以及抢劫、袭击等各类犯罪被害率。例如，2011～2020 年，NCVS 统计的暴力犯罪被害率从每 1000 名 12 岁及以上的人中有 22.6 人下降到 16.4 人。[①]

此外，美国从 1996 年起定期在全国开展"警察与公众接触调查"（PPCS），旨在调查过去一年中与警方有过某种接触的人的详细特征信息，包括向警方报案或在交通中被拦下的人员信息。PPCS 以全美国 16 岁及以上居民为样本，用于研究居民在与警察接触中，对警察行为和反应的看法。

3. 美国综合社会调查

美国综合社会调查（General Social Survey，GSS）是由美国芝加哥大学国家民意研究中心负责实施的定期的全国抽样社会调查项目。GSS 自 1972 年起实施，采集具有全国代表性的当代美国社会数据，以了解美国

---

① 美国司法统计局全国犯罪被害调查（NCVS），https：//bjs. ojp. gov/data-collection/ncvs。

民众的观点、态度和行为趋势。[①] GSS 包含人口统计、行为和态度问题的标准核心，以及特别关注的主题，包括公民自由、犯罪和暴力、群体间容忍、道德、国家支出优先事项、心理健康、社会流动性，以及压力和创伤事件。调查中会询问被调查者的安全感，包括"这附近有没有地方（也就是说，在一英里内）您会害怕在晚上独自行走""现在考虑这个社区的安全，您认为它有多安全""晚上在家里怎么样——您觉得安全吗"，还有其他社会治安相关问题，以及对政府控制犯罪的满意程度和被害经历等。

（五）日本的社会治安统计调查

日本的社会治安统计调查也是来源于国家行政部门的汇总统计和综合性的社会调查。日本每年汇总的犯罪统计通过《日本统计年鉴》"第 28 章 司法与警察"发布，主要数据包括：按犯罪类型划分的犯罪案件数、破案数和被捕者数（不包括交通罪）；民事和行政案件；监狱、看守所和少年训练所在囚人员数；等等。同时，日本国家公安委员会警察厅每年也会定期公布相关的治安数据，内容包括：刑事犯罪数；侦破刑事犯罪数；谋杀、抢劫等重大犯罪案件数；诈骗案件数；性犯罪数；民众安全感；等等。

日本政府也开展社会治安相关专项调查，如日本内阁府委托中央调查社定期开展的治安民意调查，调查内容包括 3 个方面：治安状况认知、对犯罪的焦虑和对警察的要求。问卷调查通常询问 7 个具体问题，包括治安安全感、治安状况变化感知、犯罪担忧、对警察的期待等。日本综合社会调查（Japanese General Social Surveys，JGGS）包括安全感、犯罪等相关内容的调查[②]，如"在离你家 1 千米（步行 15 分钟路程）内有你害怕晚上独自行走的地方吗""社区安全程度""对警察的信任程度"等。

---

① 社会学视野网，http：//sociologyol. ruc. edu. cn/shxzy/sjzy/8fc0fd4f1d8a4ccab83cb1a0cb797f 57. htm.
② 日本综合社会调查与其他国家的综合社会调查类似，调查内容涵盖就业和财务状况、家庭结构、休闲活动、犯罪受害、政治意识、家庭习俗以及对生死的看法等。

（六）中国的社会治安统计调查

中国的社会治安状况数据来源于公安机关的汇总统计、安全感专项调查统计和其他社会调查。公安部每年会发布社会治安汇总统计和安全感调查数据。同时，国家统计局编制的《中国统计年鉴》会详细发布社会治安相关汇总统计数据。

公安部每年发布的社会治安汇总统计数据包括刑事案件立案数及其变动、查处治安案件数及其变动、其他各类案件数量、命案破案率等。这些数据散见于公安部的新闻发布稿、数据信息发布等。《中国统计年鉴》中社会治安相关数据主要矛盾纠纷调解数、公安机关立案的刑事案件总数和各类刑事案件数、公安机关受理的治安案件数和受理各类治安案件数、公安机关查处治安案件总数和查处各类治安案件数、每万人受理治安案件总数和各类治安案件数。

根据现有汇总统计数据，还可以计算统计指标。统计指标有绝对指标和相对指标之分。绝对指标也称为总量指标，是反映社会治安状况总体规模或水平的统计指标；相对指标，是两个相互有联系的指标进行对比后形成的统计指标，用以反映现象之间以及现象内部的数量对比关系。相对指标可以分为结构相对指标、比较相对指标、强度相对指标等。

社会治安宏观统计的绝对指标有案件数、矛盾纠纷调解数，这些总量指标通常和时间序列结合起来使用，以反映其随着时间推移而发生的变化，比较不同时刻或时期的动态发展。社会治安宏观统计常用的相对指标有结构相对指标（案件结构）、比较相对指标（案件增长）和强度相对指标（犯罪率）。

1. 矛盾纠纷及化解

《中国统计年鉴》除了公布公安机关立案的刑事案件数、公安机关受理治安案件数以外，还公布调解民间纠纷数、人民法院审理民事一审案件数、人民法院审理行政一审案件数。这些统计指标都可反映社会矛盾状况，虽然各指标间存在一定的交叉，但各指标之和仍可在一定程度上反映社会整体矛盾纠纷水平，计算公式如下：

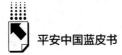

社会矛盾纠纷总量 = 公安机关立案的刑事案件数 + 公安机关受理治安案件数 + 调解民间纠纷数 + 人民法院审理民事一审案件数 + 人民法院审理行政一审案件数 + 人民法院审理行政赔偿一审案件数①

根据社会矛盾纠纷总量和调解的民间纠纷数量，可以计算矛盾纠纷调解率指标，计算公式如下：

$$矛盾纠纷调解率 = \frac{调解民间纠纷}{社会矛盾纠纷总量} \times 100\%$$

2. 案件数量及结构

案件分为刑事案件和治安案件。体现社会治安状况的案件数量指标包括刑事案件立案数、受理治安案件数、查处治安案件数。受理治安案件数与刑事案件立案数之和为违法犯罪案件总数。除案件数量以外，案件内部结构也是社会治安宏观统计的重要内容。案件通常根据内容进行分类，通过某类案件的占比反映社会治安某些方面的新变化，如诈骗类案件占比可以反映新型犯罪的发展趋势。此外，案件有严重暴力案件和非严重暴力案件之分，严重暴力案件占比可以作为测量社会治安状况的指标之一，计算公式如下：

$$严重暴力案件占比 = \frac{某类或某几类严重暴力刑事案件立案数}{刑事案件立案数} \times 100\%$$

3. 案件强度

在社会治安宏观统计中常用的强度指标是犯罪率，主要反映犯罪普遍程度。分析社会治安状况时，可以计算所有案件的发案率，如每10万人案件数（案件发案率），也可以分别计算刑事案件和治安案件的发案率，还可以按照具体违法犯罪的内容计算案件发案率，如每10万人命案件数、每10万人"黄赌毒"案件数、每10万人盗窃案件数、每10万人诈骗案件数、每

---

① 这些社会矛盾纠纷总量严格来说是登记的社会矛盾纠纷总量。另外，根据《中国统计年鉴》中的统计分类，从2002年起，经济纠纷和海事海商纠纷并入民事案件中；从2017年起，行政赔偿案件从行政案件中分离出来。

10万人严重暴力案件数。计算公式如下：

$$每 10 万人案件数 = \frac{公安机关刑事案件立案数 + 公安机关受理治安案件数}{年平均人口数（10 万）}$$

$$每 10 万人命案件数 = \frac{故意杀人等命案总数}{年平均人口数（10 万）}$$

$$每 10 万人盗窃案件数 = \frac{公安机关盗窃刑事案件立案数 + 公安机关受理盗窃治安案件数}{年平均人口数（10 万）}$$

$$每 10 万人诈骗案件数 = \frac{公安机关诈骗刑事案件立案数 + 公安机关受理诈骗治安案件数}{年平均人口数（10 万）}$$

$$每 10 万人严重暴力案件数 = \frac{公安机关严重暴力刑事案件立案数}{年平均人口数（10 万）}$$

4. 治安治理

治安治理是维护治安秩序的行为，公安机关预防、打击违法犯罪都属于治安治理。衡量治安治理效率的指标有刑事案件破案率、命案破案率、治安案件查处率等。计算公式如下：

$$刑事案件破案率 = \frac{立案刑事案件中的破案数}{立案刑事案件数} \times 100\%$$

$$命案破案率 = \frac{侦破的命案数}{命案立案数} \times 100\%$$

$$治安案件查处率 = \frac{受理治安案件中查处数}{受理治安案件数} \times 100\%$$

5. 治安安全感

作为汇总统计数据的补充，社会调查是掌握社会治安状况的另一个重要渠道，特别是社会治安相关专项调查，如安全感调查。公安部公共安全研究所课题组在 1988 年开展了全国范围内首次群众安全感调查。① 治安安全感的调查问项通常是"在目前的社会治安环境下，您感觉安全吗"，选项包括非常安全、比较安全、一般、不太安全、非常不安全。治安安全感的第一种

---

① 这项调查是由当时国家计委布置，国家科委支持，经公安部党组批准的"社会秩序与公共安全指标体系"总课题中的子课题。

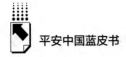

计算方法是计算居民认为自己具有安全感的百分比，计算公式如下：

$$治安安全感 = \frac{\text{"非常安全"样本数} + \text{"比较安全"样本数} + \text{"一般"样本数}}{\text{样本总数}} \times 100\%$$

第二种方法是社会统计系数制计分法。所谓系数制，就是用安全感系数来综合反映公众对安全的实际感受及其程度，安全感系数为 0~1。把"非常不安全"量化为 0，"不太安全"量化为 0.25，"一般"量化为 0.5，"比较安全"量化为 0.75，"非常安全"量化为 1。

（七）其他社会治安统计调查

治安环境下的安全感是个体对社会治安的主观感知，虽然可以视为较综合的指标，但也存在缺乏客观性的问题。为此，需要一个囊括主观心理感知和客观被害经历在内的社会治安指标。美国盖洛普调查公司构建的"法律与秩序"指数可以视为这方面的代表[1]，盖洛普的问卷调查设计了 4 个问题，分别是：在你居住的城市或地区，你对当地的警察部队有信心吗？晚上在你所居住的城市或地区散步感觉安全吗？在过去的 12 月里，你自己或其他家庭成员是否有金钱或财产被盗？在过去的 12 个月里，你是否被袭击或抢劫过？这 4 个问题的选项都是"是""否""不知道""拒绝回答"。如果某个被访者对 4 个问题的回答中有两个是正向的，则计分为"1"，国家总体指数是所有被访者的得分平均值乘以 100（满分为 100 分），指数得分越高，表明越多的居民感到安全。例如，盖洛普发布的《全球安全报告2024》，是基于 2023 年对全球 140 个国家和地区 15 岁及以上人口的调查，样本量为 14.6 万人。统计分析结果显示：2023 年全球所有国家的指数得分为 81 分，国家中得分最高的是科威特，为 98 分，得分最低的是利比里亚，为 50 分。

---

[1] 2024 年，盖洛普将原来的《全球法律与秩序》报告更名为《全球安全报告》，指数构成并没有发生变化，明确其目标是测量全球范围内的个人安全。

三　社会治安数据与调查方法

（一）调查数据及方法

1. 抽样方法

全国社会治安调查是为了掌握全国社会治安情况，以及居民对社会治安状况、治安治理等的感知和看法，以便为建设高水平的平安中国建言献策，在全国范围内开展的社会治安专项调查。调查对象是年满 18 周岁，在本地生活、工作超过 6 个月的常住居民。抽样调查主要针对各省份[①]人口分布情况，采用了典型抽样、PPS 抽样和随机抽样相结合的方法，从而最大限度地确保样本的代表性和有效性，抽样流程见图 2。调查计划有效样本量为 3500 份，实际执行调查共发放问卷 4200 份，回收问卷 3966 份，实际有效问卷 3700 份。

2. 抽样过程

（1）中心城市抽样

在东北、华北、华东、华中、华南、西南、西北 7 个地理区域中，每个区域都有一个中心城市，该中心城市既是全国一线大城市的代表，也是 7 个地理区域社会经济发展水平的代表，同时也是该区域人口最集中的大城市，故每个地理区域的中心城市是必选城市（见表 5）。

表 5　中心城市列表

地理区域	省份	中心城市	地理区域	省份	中心城市
东北	辽宁省	沈阳市	华南	广东省	广州市
华北	北京市	北京市	西南	重庆市	重庆市
华东	上海市	上海市	西北	陕西省	西安市
华中	湖北省	武汉市			

---

① 本书中"省份"指中国 31 个省级行政区划单位，不含港、澳、台。

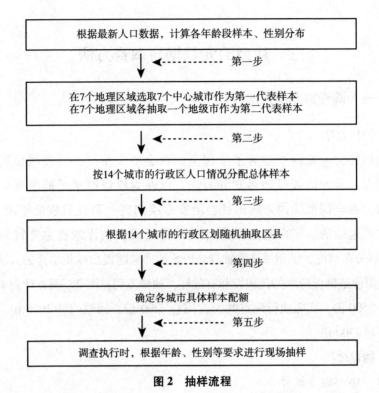

图2 抽样流程

（2）第二代表城市抽样

在每个区域内，对地市级城市进行 PPS 抽样，每个区域随机抽选出第二个代表城市，抽选结果如表6所示。

表6 第二代表城市抽样结果

地理区域	省份	中心城市	地理区域	省份	中心城市
东北	吉林省	吉林市	华南	广东省	东莞市
华北	河北省	保定市	西南	四川省	绵阳市
华东	山东省	聊城市	西北	甘肃省	兰州市
华中	湖南省	怀化市			

（3）城市样本分布

总样本分布。中心城市多为该地理区域的人口密集地区，按平均300个样本计算，7个中心城市总样本为2100个。第二代表城市人口相对较少，按平均200个样本计算，7个城市总样本为1400个。

　　城市样本分配。首先：分别计算所有中心城市总人口数和所有第二代表城市总人口数；其次，分别计算各个中心城市占所有中心城市总人口数的比重，以及各个第二代表城市占所有第二代表城市总人口数的比重；最后，用各个中心城市人口占比乘以中心城市总样本数2100，得到各个中心城市的等比例样本分配数，用各个第二代表城市人口占比乘以第二代表城市总样本数1400，得到各个第二代表城市的等比例样本分配数（见表7）。

表7　城市样本分配

区域	分类	省份	城市	人口（万人）	非户籍比例（%）	平均样本（个）	等比人口样本(个)
华北地区	区域中心	北京市	北京市	2134	35	300	337
	非中心	河北省	保定市	910	流出无统计	200	294
东北地区	区域中心	辽宁省	沈阳市	914	26	300	145
	非中心	吉林省	吉林市	399	流出无统计	200	129
华东地区	区域中心	上海市	上海市	2475	40	300	391
	非中心	山东省	聊城市	590	13	200	191
华中地区	区域中心	湖北省	武汉市	1373	30	300	217
	非中心	湖南省	怀化市	451	2	200	146
西北地区	区域中心	陕西省	西安市	1299	28	300	205
	非中心	甘肃省	兰州市	441	27	200	143
西南地区	区域中心	重庆市	重庆市	3213	7	300	508
	非中心	四川省	绵阳市	489	14	200	158
华南地区	区域中心	广东省	广州市	1873	50	300	296
	非中心	广东省	东莞市	1046	25	200	339
中心城市人口总数（万人）				13281			
非中心城市人口总数（万人）				4326			

（4）城市样本调整

按城市人口进行等比例样本分配存在一个问题，重庆市作为直辖市，

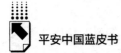

本身行政区域较大，但是市外流动人口少，导致占据样本数量过多，而广州市在改革开放以后，流动人口比例高，治安管理问题在全国具有较强代表性，故对重庆和广州市样本进行调整，取二者总和平均数，得出结果如表8所示。

表8　城市样本分配结果

城市	总样本（个）
北京市	358
保定市	310
东莞市	357
广州市	425
怀化市	153
吉林市	138
兰州市	153
聊城市	200
绵阳市	168
上海市	412
沈阳市	153
武汉市	230
西安市	218
重庆市	425
合计	3700

（5）城市样本性别、年龄分布

依据各城市人口状况及人口的性别比例，计算各城市样本的性别、年龄分布。抽样中，在男女性别方面，按1∶1的比例分配样本，另外为方便计算，将各城市样本调整为偶数。年龄方面，根据最新人口普查统计数据，换算各年龄比例（见表9）。

表9　人口各年龄段比例

年龄段	总人口比例(%)	相对比例(%)
18~25 岁	7.5	10.0
25~30 岁	5.3	7.1
30~40 岁	15.0	20.1
40~50 岁	13.0	17.4
50~60 岁	15.0	20.1
60 岁及以上	19.0	25.3
合计	74.8	100

（6）执行区县抽样

根据抽选的 14 个城市的行政区划，对其执行调查的区县进行随机抽样，按照影响参考因素，抽样结果如表 10 所示。

表10　各城市执行调查区县抽样结果

区域	城市	中心区域		非中心区域	
华北地区	北京市	朝阳区	海淀区	昌平区	密云区
	保定市	新市区	南市区	满城区	涞水县
东北地区	沈阳市	和平区	皇姑区	康平县	新民市
	吉林市	昌邑区	龙潭区	桦甸市	舒兰市
华东地区	上海市	黄浦区	静安区	嘉定区	奉贤区
	聊城市	东昌府区	阳谷县	东阿县	高唐县
华中地区	武汉市	汉阳区	武昌区	江夏区	黄陂区
	怀化市	鹤城区	沅陵县	麻阳苗族自治县	芷江侗族自治县
西北地区	西安市	未央区	灞桥区	长安区	蓝田县
	兰州市	城关区	西固区	永登县	榆中县
西南地区	重庆市	渝中区	渝北区	石柱土家族自治县	彭水苗族土家族自治县
	绵阳市	涪城区	游仙区	北川羌族自治县	梓潼县
华南地区	广州市	越秀区	天河区	增城区	花都区
	东莞市	莞城区	南城区	常平镇	虎门镇

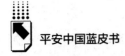

（7）现场执行抽样

依据全国城乡人口比例，计算出各城市地区城乡样本比例，按城乡人口13∶7计算，得出结果如表11所示。据此，在调查执行时，在每个区县按照2∶1，随机抽取乡镇级/街道办级别行政区域单位，并将居委会、村委会定为执行点。在抽取的居委会、村委会执行点，进行随机入户抽样，直到完成该地区的样本配额为止。

表11　各城市调查执行城乡样本分布

城市	总样本(个)	城镇样本(个)	乡村样本(个)
北京市	358	233	125
保定市	310	201	109
东莞市	357	233	124
广州市	425	277	148
怀化市	153	100	53
吉林市	138	89	49
兰州市	153	100	53
聊城市	200	130	70
绵阳市	168	109	59
上海市	412	267	145
沈阳市	153	100	53
武汉市	230	149	81
西安市	218	141	77
重庆市	425	277	148
合计	3700	2406	1294

3.问卷设计

调查问卷共分为4个模块，分别是个人信息、环境及治安、治安个人感知和治安维护，共91个问题。个人信息模块主要包括性别、年龄、受教育程度、婚姻状况、户籍等人口学特征变量，还包括个人社会关系、社会信任等。环境及治安模块主要调查受访者居住社区环境、受访者客观治安经历等。治安个人感知模块主要调查受访者的社会治安满意度、安全感等主观感知。治安维护模块主要调查受访者对社区、派出所、民警等治安秩序维护工作的主观、客观评价。

（二）其他相关数据来源

1. 宏观统计数据

本报告的宏观统计数据主要来源包括：一是国家统计局"国家数据"，统计数据涵盖 2012~2023 年[①]；二是公安部"数据信息"和"公安部新闻发布会"相关栏目统计数据[②]；三是其他宏观统计数据。

2. 微观调查数据

微观调查数据主要来源包括：中国社会科学院开展的中国社会状况综合调查；中国人民大学开展的中国综合社会调查；中国人民公安大学"双一流"学科建设专项资助的全国社会治安调查。

（1）中国社会状况综合调查数据

中国社会状况综合调查是双年度的纵贯调查，采用概率抽样的入户访问方式，调查区域覆盖全国 31 个省份，包括 151 个区、市、县，604 个村委会、居委会，每次调查访问 7000 至 10000 余个家庭。此调查有助于获取转型时期中国社会变迁的数据资料，具体调查设计参见官网。[③]

（2）中国综合社会调查数据

中国综合社会调查是我国最早的全国性、综合性、连续性学术调查项目，由中国人民大学中国调查与数据中心负责执行。自 2003 年起，每年一次，对中国 31 个省份 10000 多户家庭进行连续性横截面调查。中国综合社会调查系统、全面地收集社会、社区、家庭、个人多个层面的数据，总

---

① 国家统计局"国家数据"网站：https://data.stats.gov.cn/easyquery.htm? cn=C01。
② 公安部"数据信息"网站：https://www.mps.gov.cn/n2254314/n6409334/index.html；"公安部新闻发布会"网站：https://www.mps.gov.cn/n2253534/n2253875/index.html。
③ http://css.cssn.cn/css_sy/。

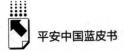
结社会变迁的趋势，探讨具有重大科学和现实意义的议题，推动国内科学研究的开放与共享，为国际比较研究提供数据资料，充当了多学科的经济与社会数据采集平台。中国综合社会调查总的议题框架是：社会结构、生活质量及其二者之间的内在连接机制。自 2003 年以来，中国综合社会调查使用了 3 套不同的抽样方案，最新的抽样方案是在全国共抽取 100 个县级单位加五大都市，480 个村委会、居委会，12000 个人，具体调查设计参见官网。①

四　社会治安状况分析

（一）矛盾纠纷及其调解保持稳定

1. 2023年调解民间纠纷力度加大

2023 年，社会整体矛盾纠纷总量为 4295 万件（见图 3）。其中，调解民间纠纷数从 927 万件上升到 1193 万件，特别是 2023 年，调解民间纠纷总量相比 2022 年增加了约 300 万件，首次超过 1000 万件，而 2012~2022 年基本保持在 900 万件左右，表明 2023 年调解民间纠纷力度加大。

2. 矛盾纠纷调解率达到近28%的新高

计算分析显示：2012~2023 年，矛盾纠纷调解率从 2012 年的 24.94% 下降到 2021 年的 21.98%，再上升到 2023 年的 27.77%，基本保持在 25% 左右，即矛盾纠纷总数中约 1/4 是通过调解的方式化解。从趋势线来看，矛盾纠纷调解率整体呈波动下降趋势，但变动不大（见图 4）。

2012~2023 年，调解婚姻家庭纠纷比例从 19.13% 下降到 12.36%；调解房屋、宅基地纠纷数比例从 6.76% 下降到 2.7%；调解邻里纠纷和损害赔偿纠纷数比例基本保持稳定。在所有调解的矛盾纠纷中，4 类主要矛盾纠纷比例从 57.66% 下降到 46.12%，调解的其他矛盾纠纷比例从 42.34% 上升到

---

① http://cgss.ruc.edu.cn/index.htm.

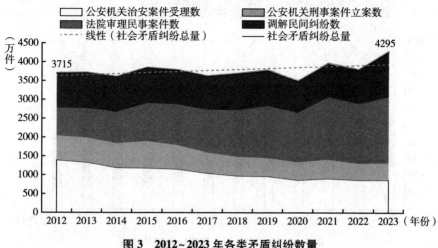

图3 2012～2023年各类矛盾纠纷数量

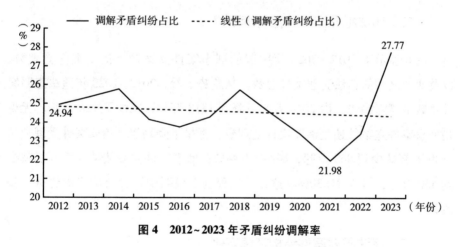

图4 2012～2023年矛盾纠纷调解率

53.88%（见图5）。① 调解的其他矛盾纠纷比例上升，表明我国社会矛盾纠纷呈现多元化发展的特点。

---

① 国家统计局主要公布了调解婚姻家庭纠纷，调解房屋、宅基地纠纷，调解邻里纠纷，调解损害赔偿纠纷共4类矛盾纠纷数，剩余为其他矛盾纠纷。

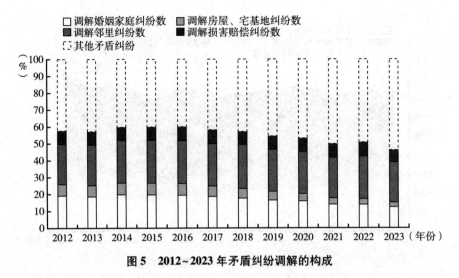

图5 2012~2023年矛盾纠纷调解的构成

（二）违法犯罪案件总量持续下降

图6显示了2012~2023年中国的刑事案件立案数、治安案件受理数，以及两者之和的违法犯罪案件总数。从趋势上看，2012~2023年违法犯罪案件总数呈下降趋势，由2044万起下降到1318万起，减少了726万起。无论是刑事案件立案数还是治安案件受理数，都呈下降趋势：治安案件受理数从1389万起减少到869万起，减少37.44%；刑事案件立案数从655万起减少到450万起，减少31.30%。这在一定程度上说明中国社会治安形势进一步改善。

（三）违法犯罪案件结构持续变化

1.4类严重暴力犯罪案件占比出现"腰斩"

在所有的刑事案件中，严重暴力犯罪案件受到广泛关注。2012~2023年，4类严重暴力犯罪案件占比从5.94%下降到3.18%（见图7）；4类严重暴力犯罪案件总数从38.89万起下降到14.32万起，下降幅度为63.19%。其中：抢劫案件占比下降最为明显，从2.75%下降到0.15%；伤害案件从2.55%下降到1.97%；杀人案件从0.17%下降到0.12%。

图6　2012~2023年违法犯罪案件数量

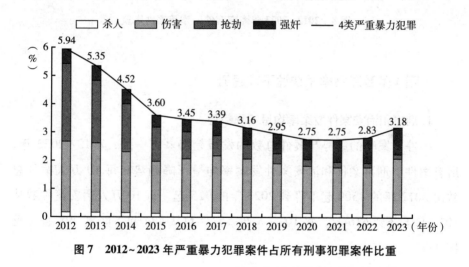

图7　2012~2023年严重暴力犯罪案件占所有刑事犯罪案件比重

2. 传统盗窃案件数量仍居首位

除了严重暴力犯罪案件以外，侵财类案件也是影响社会治安的重要案件类别。盗窃案件是传统侵财案件的典型代表。2012~2023年，盗窃案件占所有案件的比重先增后减，从2012年的31%提高到2015年的38.06%，此后持续下降，到2023年下降到24.49%（见图8）。以电信诈骗等新型侵财案件为主的诈骗案件，其占比从2020年的19.63%，下降到2023年的17.17%。

从所有案件的比重看，盗窃案件的占比仍然最高，表明以盗窃为代表的传统侵财类案件并没有"消失"，仍然需要加强相关治安防控。

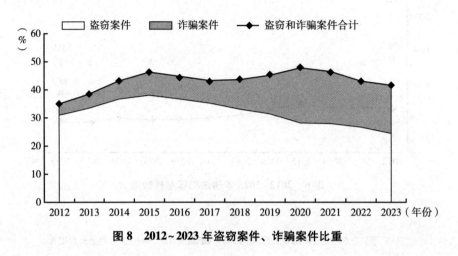

图8　2012~2023年盗窃案件、诈骗案件比重

（四）多数发案率呈快速下降趋势

1. 刑事和治安案件发案率均呈下降趋势

案件发案率的趋势与案件总数的发展趋势基本一致，2012~2023年，所有案件、刑事案件和治安案件发案率均呈下降趋势。每10万人案件总数由2012年的1509起下降到2023年的915起，每10万人治安案件数从1026起下降到616起，每10万人刑事案件数从484起下降到298起（见图9）。

2. "黄赌毒"案件发案率波动下降

在治安案件中，"黄赌毒"案件反映社会面的治安秩序。"黄赌毒"案件发案率经历了一个变化过程，从2012年的每10万人70.08起，增加到2015年的每10万人86.81起，下降到2022年的每10万人43.99起，2023年出现反弹，上升到52.69起（见图10）。

3. 盗窃和诈骗案件发案率一降一升

盗窃案件发案率经历了先增后减的过程。盗窃案件的发案率从2012年

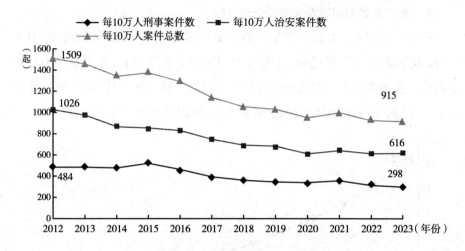

图9 2012~2023年每10万人案件数

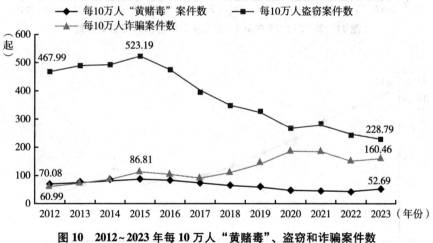

图10 2012~2023年每10万人"黄赌毒"、盗窃和诈骗案件数

的每10万人467.99起上升到2015年的每10万人523.19起，此后下降到2023年的每10万人228.79起。2012年每10万人诈骗案件数为60.99起，2023年达到每10万人160.46起。尽管如此，从所有案件的发案率来看，盗窃案件的发案率依然是最高的（见图10）。

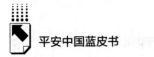

4.4类严重暴力犯罪发案率降低近70%

分案件类别看，4 类严重暴力犯罪案件发案率从 2012 年的每 10 万人 28.72 起下降到 2023 年的每 10 万人 10.15 起（见图 11）。在严重暴力犯罪案件中，我国命案发案率已经非常低，并且呈下降趋势，从 2012 年的每 10 万人 0.83 起下降到 2023 年的每 10 万人 0.46 起（见图 12）。

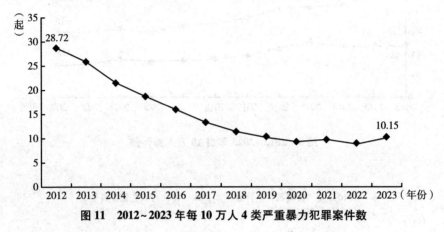

图 11　2012~2023 年每 10 万人 4 类严重暴力犯罪案件数

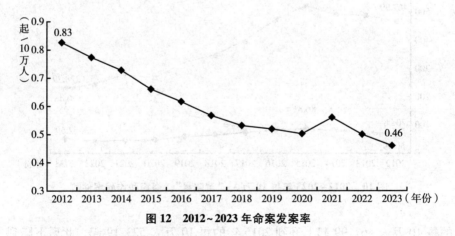

图 12　2012~2023 年命案发案率

（五）违法犯罪打击效能保持稳定

1. 命案破案率接近100%

公安部公布的数据显示，2012 年，命案的破案率为 95%。随着科学技术的发展，命案破案率进一步提高。2019 年，"全国现行命案破案率达 99.8%，创历史新高，有 25 个省区市现行命案全部侦破"①，此后几年，命案破案率都保持在 99.8% 的水平，2023 年达到 99.94%（见图 13）。

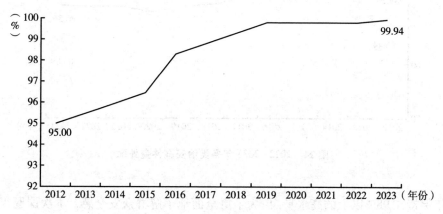

图 13　2012~2023 年公安机关命案破案率

注：2013 年、2014 年、2017 年和 2018 年的命案破案率没有公布，采用插值法填补。

2. 治安案件整体查处率超过90%

对 2012~2023 年治安案件查处率的统计分析表明，公安机关治安案件查处率整体呈缓慢下降趋势，从 95.83% 下降到 90.74%。分案件类型看："黄赌毒"治安案件查处率处于高水平，在 98% 左右甚至有的年份超过 99%；诈骗案件和盗窃案件的查处率整体呈现"U 形"发展趋势，即查处率先降后升。盗窃案件查处率略高于诈骗案件查处，2023 年盗窃和诈骗案件的查处率分别是 85.56% 和 83.89%（见图 14）。

（六）居民的安全感水平高

公安部公布的数据显示，2023 年全国群众安全感指数达 98.2%，连续 4

_____

① 《公安部新闻发布会通报全国公安机关开展命案积案攻坚专项行动主要情况》，https：//www. gov. cn/xinwen/2020-12/12/content_5569028. htm。

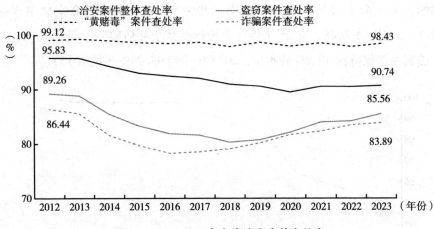

图14 2012~2023年各类治安案件查处率

年保持在98%以上的高水平。① 为了更全面地了解群众安全感，本次课题组对居民的安全感进行了更深入的调查分析。调查结果表明，在4个方面，居民的整体安全感均在98%左右。其中，"晚上独自在家"的安全感达到99%，"天黑后在社区（村）周边独自行走"的安全感达到98.3%，"使用互联网进行在线交易"的安全感为98.6%；"天黑后独自乘坐网约车"的安全感为96.8%。无论从何种维度来看，居民安全感都处于高水平（见表12）。

表12 2023年居民安全感

单位：%

安全感感知	非常不安全	不太安全	一般	比较安全	非常安全	合计
晚上独自在家	0.16	0.84	11.14	57.46	30.41	100
天黑后在社区（村）周边独自行走	0.24	1.46	15.05	43.08	40.16	100
使用互联网进行在线交易	0.19	1.22	13.73	52.3	32.57	100
天黑后独自乘坐网约车	0.49	2.7	16.65	48.7	31.46	100

---

① 张天培：《人民群众安全感不断提升（推动高质量发展·权威发布）》，《人民日报》2024年8月28日，第2版。

安全感的另外一种测度方法是系数制计分法，即将"非常不安全"量化为 0，"不太安全"量化为 0.25，"一般"量化为 0.5，"比较安全"量化为 0.75，"非常安全"量化为 1。以此方法计算的平均安全感系数为 0.789。安全感系数最高的是"天黑后在社区（村）周边独自行走"，为 0.804；安全感系数最低的是"天黑后独自乘坐网约车"，为 0.770（见图 15）。

此外，居民对公安机关维护社会治安工作的满意程度均值为 8.54 分（居民按照满意程度打 1~10 分），也处于非常高的水平。

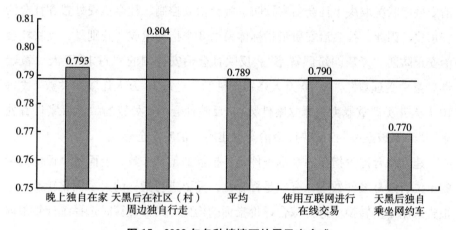

图 15　2023 年各种情境下的居民安全感

（七）对公安的信心和信任程度高

除了安全感知以外，居民对公安机关和警察的信心、信任尤为重要。调查显示：居民对附近派出所民警维护周边治安的信心达到 97.95%（"非常有信心"21.76%；"比较有信心"58.81%；"一般"17.38%；"不太有信心"0.92%；"没有信心"1.14%），信心系数达到 0.748。[①] 居民对自己所在社区（村）民警的工作评价中，认为"很好""好""一般"的比例为 98.38%，评价得分 0.716 分。

---

① 信心系数计算方法与安全感系数计算方法一致。

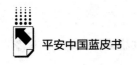

（八）社会治安质量不断提升

前面各个指标虽然对社会治安状况的各个维度进行了测量，但不能综合反映社会治安状况。为此，统计学中通常将若干个指标整合为几个或一个综合指标，以期用综合指标反映大量原始指标信息，从而做出综合评价。本节采用综合评价的方法，对社会治安状况进行测量。

综合指标构建的第一步是筛选评价指标。从社会治安的角度来看，社会治安秩序状况取决于社会治安预防、社会治安控制、社会治安处置和社会治安重建。因此，社会治安质量指标体系由 8 个指标组成，分别是：反映社会治安预防的"矛盾纠纷调解率"；反映社会治安控制的"每 10 万人'黄赌毒'案件受理数""每 10 万人盗窃案件数""每 10 万人诈骗案件数""每 10 万人 4 类严重暴力犯罪立案件数"；反映社会治安处置的"治安案件查处率""命案破案率"；反映社会治安重建的"治安安全感"。

建立综合评价指标的基本条件是各指标的量纲一致，上面各个评价指标的单位有些是案件数量，有些是百分比，需要进行指标的无量纲化转换。本报告采用定基转换法进行综合评价指标的构建，具体计算时选择统计年限内的起始年份值为基期值。在量纲统一之后，对各个指标赋予一定的权重，本报告中，采用专家打分法赋权，得到权重结果（见表 13）。

表 13　社会治安质量指标权重

指标	权重（%）	指标	权重（%）
每 10 万人"黄赌毒"案件受理数	10.15	治安案件查处率	12.59
每 10 万人诈骗案件数	10.76	每 10 万人 4 类严重暴力犯罪立案件数	12.83
每 10 万人盗窃案件数	10.79	矛盾纠纷调解率	14.78
命案破案率	12.51	治安安全感	15.59

社会治安质量指数以 2012 年为基期，基期的指数为 8。① 评价结果表明：以 2012 年基期的社会治安质量指数 8 为参照，社会治安质量指数在 2013~2015 年与 2012 年基本持平；此后，社会治安质量指数总体保持快速增长，从 2015 年的 7.91 上升到 2023 年的 10.85（见图 16）。总体上，近 12 年来，我国社会治安状况有显著的改善。

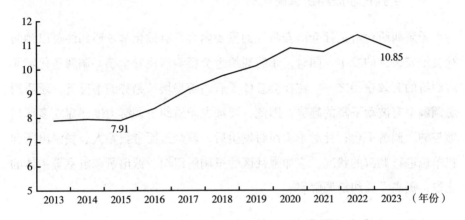

图 16 2013~2023 年社会治安质量指数

五 维护社会治安的对策建议

（一）加强社会治安调查研究

社会治安是世界各国普遍关注的重大问题，国内外社会治安的相关调查众多。整体上看，国外持续进行的社会治安专项调查较为丰富，而国内相对较为欠缺。因此，建议持续深化社会治安的全面调查研究。针对群众安全感指标国际可比性不强的问题，开展项目比较分析世界各地的综合社会调查、警务与犯罪调查等，以建立中国特色的群众安全感评价体系。同时，考虑群

---

① 综合指标的 8 个子指标中，每个指标以 2012 年为基期，采用定基标准化处理，因此基期的 8 个子指标均为 1，综合后的社会治安质量指数基期值为 8。

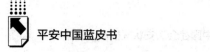

众安全感指标在评价社会治安质量时过于单一的问题，可以在明晰社会治安评价理论的基础上，结合国内外社会治安现有指标，从多空间、多层次、多视角，通过多种方式系统地构建和完善社会治安质量指标体系，对社会治安的纵向和横向规律进行挖掘研究。

（二）强化矛盾纠纷调解化解

矛盾纠纷化解是社会治安防控的重要内容，有效化解矛盾纠纷可以预防社会治安事件的发生。同时，矛盾纠纷也会影响居民安全感。调解是化解矛盾纠纷的有效途径之一。在社会总体矛盾纠纷呈增长趋势的情况下，矛盾纠纷调解率有波动下降的趋势。因此，要加大矛盾纠纷调解力度，建立多部门参与的大调解平台；针对矛盾纠纷发生后，群众最愿意找熟人、找派出所和找单位进行调解的状况，应加强社区邻里调解组织、派出所调解室等主体的建设，提高矛盾纠纷调解率。

（三）注重小案防范与查处

统计分析表明，严重暴力犯罪案件占比逐步下降到很低的水平，而盗窃、诈骗类侵财案件占比持续上升；发案率方面，诈骗案件发案率上升，而盗窃案件发案率有所下降，但其仍是占比第一大的案件。与此同时，治安案件查处率，特别是盗窃、诈骗治安案件查处率偏低。问卷调查也表明，盗窃、诈骗等侵财类被害经历，对群众安全感有显著的负向影响。因此，在社会治安整体防控中，要秉持"小案事不小"的理念，在加大对网络电信诈骗等新型违法犯罪打击力度的同时，双管齐下，做好"小案"查处侦破的考核制度设计，加强侵财类"小案"的侦破；进一步加强宣传，纠正盗窃案件已经"绝迹"、网络诈骗案件已经减少的认知，谨防群众麻痹大意，对传统盗窃案件、新型网络诈骗犯罪案件进行防范，降低发案率。

（四）抑制严重犯罪抬头迹象

近11年来，我国在杀人、抢劫等严重暴力犯罪治理方面取得积极成效，但需要注意强奸和伤害两类案件。2024 年最高检发布的《未成年人检察工作白皮书》数据显示，未成年人犯罪类型中，强奸罪占比持续增长。2023年，全国检察机关起诉侵害未成年人犯罪人数最多的是强奸罪，共 24332人，占比 36.3%；而在受理审查起诉未成年人犯罪中，犯强奸罪的 10232人，占比 10.5%。因此，要进一步加大对伤害、强奸等严重暴力犯罪的防范和打击力度，特别是要加强对未成年人的保护、教育和防范宣传。

分报告

B.2
中国居民治安安全感报告（2024）

杜泳沛　邹湘江*

摘　要： 中国居民治安安全感整体呈现上升态势且处于较高水平。自公安部开展安全感相关调查研究以来，居民安全感从1988年的61.4%上升到2023年的98.2%。根据2023年全国社会治安调查，居民人身安全感为99.52%，财产安全感为99.43%，信息安全感为96.85%，安全感均值为98.77%。居民治安安全感是不同情境、不同群体、不同经历多个方面共同测量的结果。就不同情境而言，居民"晚上独自在家"时的治安安全感高达99%，"天黑后在社区（村）周边独自行走"的安全感为98.3%，"使用互联网进行在线交易"的治安安全感为98.6%，"天黑后独自乘坐网约车"的治安安全感最低，为96.8%，各情境下治安安全感均值为98.05%。就不同群体而言，男性、乡村、户籍居民的安全感均值高于女性、城镇、流动居民。年龄同样对安全感影响较大，60岁及以上居民的安全感均值最高，为99.7%。就不同经历而言，未遭遇负面经历的居民在各维度的治安安全感均

---

* 杜泳沛，法学硕士，中国人民公安大学治安学院硕士研究生；邹湘江，法学博士，中国人民公安大学治安学院教授、博士研究生导师，首都安全治理创新中心副主任。

值均高于有负面经历者，财产被盗经历对居民治安安全感的影响显著。未来应构建社会支持网络，强化弱势群体保护，优化社区警务机制，促进共同体建设；重塑大众传媒角色，加强宣传监管，及时发布信息、引导舆论；打造治安大数据平台，优化预警与响应机制，利用科技防控犯罪，进一步提升居民治安安全感。

关键词： 治安安全感　治安秩序　公共安全感

一　治安安全感的内涵

治安安全感一般指对社会治安的个体安全感知。在社会治安的理论与实践中，治安安全感之所以被高度关注，是因为人们普遍认为，群体所汇聚的治安安全感集合体能够在很大程度上折射出社会治安的实际状况。借助这一集合体，便可对治安秩序进行全面且深入的评估。[1] 此观点建立在人们对治安安全感所形成的经验认知之上。人们普遍认为，治安安全感是个体对治安秩序的主观感受。其逻辑架构如下：鉴于治安安全感是个体对治安秩序的一种感知与反馈，它一般与实际治安秩序状况具有较高的一致性。诚然，因个体在性格、成长背景、生活阅历等方面存在差异，各自的治安安全感会有所不同。但当将众多单一个体的治安安全感进行集合汇总时，个体差异会在动态中相互平衡，从而较为客观、稳定地反映出真实的治安秩序。需要强调的是，上述逻辑体系的成立，依赖于一个关键前提，即治安安全感与实际治安秩序在很大程度上是相符的。[2] 然而，治安安全感不仅仅是一种"判断"或"评估"，还是一种"情感"，具有广泛的影响，安全感与幸福感、获得感存

① 廖志恒：《公众安全感的治安评价价值》，《湖北警官学院学报》2006年第3期。
② 郭少华：《风险社会背景下城市居民安全感提升研究》，《国家行政学院学报》2013年第5期。

在显著的相关关系。① 因此，对治安安全感，通常有两个角度的理解，即"对治安安全与否的判断"和"因感知到的治安安全与治安秩序而产生的一种情感"。

从"判断"维度来看，在日常语言运用及相关调查中，人们常从该角度使用"安全感"一词。例如，"你是否感到安全""安全感是对自身安全状况的感觉"等表述，以及"你认为自己遭受犯罪侵害的可能性有多大"这类治安安全感调查问题。在"你是否感到安全"与"安全感是对自身安全状况的感觉"中，"安全感"语义相近，均指向个体对自身安全的判断。同样，"你认为自己遭受犯罪侵害的可能性有多大"这类问题中的"安全感"，也是对自身安全状况的判断。这些问题旨在引导被调查者进行客观事实判断，而非挖掘其内心的情感，通过收集判断答案来衡量治安安全感水平，这一做法的前提是将治安安全感认定为一种判断行为。

从"情感"维度来看，人们在提及"治安安全感"时，常将其视为因治安状况而产生的情感体验。在日常表达和诸多论述中，"安全感"与"幸福感"常被并列提及。"幸福感"无疑是人的情感状态，虽可从"体会到幸福"或"对幸福的主观感受"等方面理解，但"幸福"主要指内心的心理状态。既然"幸福感"属于情感范畴，那么将"安全感"与之并列使用时，也意在表达一种情感。"没有安全感"并非指不存在安全感这种情感或未对自身安全状态进行判断，而是表明个体安全感水平较低。"安全感水平高低"的表述，难以明确"安全感"究竟是指对安全状况的判断还是情感体验，因为无论是基于理性判断还是情感感受，都可将其结果以水平形式呈现。而"有/没有安全感"与"安全感水平高低"不同，在"有/没有安全感"语境中，"安全感"不太可能仅指对安全状况的判断。若将其理解为判断，"没有安全感"会被解读为"未对个人安全状况感知进行判断"，这与

① 王俊秀、刘晓柳：《现状、变化和相互关系：安全感、获得感与幸福感及其提升路径》，《江苏社会科学》2019 年第 1 期。

实际表达不符；若将其视为情感，"没有安全感"则可理解为"未产生安全的情感体验"，即内心感到不安全，反映出安全感水平较低。综上，从"有/没有安全感"的语义分析可知，人们在日常使用中更倾向于将"安全感"作为情感来表达。

二　居民治安安全感指标

（一）国内外居民治安安全感指标

居民治安安全感指标用于衡量或评估某一区域居民对该区域社会治安治理水平或状况的感知。联合国早将居民的安全感作为衡量可持续发展目标的指标之一，并表示安全感是"一个主观的幸福感指标。它影响着人类与周围环境、健康和生活质量的互动方式"[①]。在国内外调查与研究中，衡量居民治安安全感的指标体系略有不同，但也有相似之处。

1. 国外居民治安安全感相关指标

国外通常将居民治安安全感译为"sense of safety""sense of security""perception of safety"，测量安全感的指标通常包括但不限于以下6种。

（1）夜间独自行走

从全球来看，国际通用的测量公众安全感的指标均为"夜间独自行走"。联合国可持续发展目标将"天黑后独自行走时的安全感"作为衡量各国居民治安安全感的第一指标。联合国对这一指标进行了详细具体的阐释，解释为"天黑后独自在该地区行走时感到安全的人口比例"[②]，"该地区"意指"邻里关系"，将问题区域限制在"社区"或"他们居住的地区"，旨在捕捉人们日常生活中对地区犯罪的恐惧。"天黑后"特别捕捉被调查者在天黑后独自行走时的感受和感知。对黑暗的具体参考很重要，因为黑暗是个

---

① 联合国：《变革我们的世界：2030 年可持续发展议程》，2015，第 3 页。
② 联合国：《SGD16 调查倡议指标元报告》，2022，第 12 页。

人在评估一种情况是否危险时的重要因素之一。

国外许多调查通过询问居民是否敢于单独外出走夜路来评估其安全感水平。佛罗里达国际大学大都会中心发布的《迈阿密"社区灵魂"指标研究》中指出："在任何时候，街上的人越多，人们就越感到安全，越不会感到脆弱。"① 由此可知，社区街道的可步行性是安全感评估的标准。同样，在《南非城市安全状况报告（2021）》中，"夜间散步"也是重要指标之一："居民感觉的安全程度是由每个城市的受访者表示他们在白天或晚上独自在附近散步会感到'有点不安全'或'非常不安全'的比例来衡量的。"②

（2）见警率与警务效率

在《全球和平指数报告（2014）》中，将"每10万人中的内部安保官员和警察人数以及案件破案率和响应时间"等数据作为评估社区安全感的定量指标，可见社区警务效率被普遍认为直接影响居民对社区安全的感受，警察对犯罪的威慑力越强、响应越迅速、干预越有效，居民安全感越高。③ 2021年菲律宾《公民安全感及其对在波布拉西亚翁实施和平与秩序计划的看法》一文中的调查显示，街面见警率、街道摄像头覆盖率以及夜间街面光线是否充足都是居民治安安全感的衡量指标。④ 英国纽卡斯尔市发起了"Walk Smart"计划，进行了夜间照明设施改善与巡逻力度加大的调研，旨在为夜间到访该市的行人创造更安全的步行路线。这些路线在晚上有更好的照明、更高的行人流量，并且得到了当地警方定期巡逻的支持。纽卡斯尔市对夜间照明和巡逻进行改进以提高夜间出行安全性的举措，充分体现了国外对"夜间独自行走""见警率与警务效率"双指标的重视。

① 佛罗里达国际大学大都会中心：《迈阿密"社区灵魂"指标研究》，2010，第79页。
② 南非城市安全研究所：《南非城市安全状况报告（2021）》，第34页。
③ 经济与和平研究所：《全球和平指数报告（2014）》，第39页。
④ Gallardo, Rosienie D., et al., "Citizens' Sense of Safety and their Perceptions on the Implementation of Peace and Order Programs in Poblacion, Buug, Zamboanga Sibugay, Philippines", *International Journal of Innovative Science and Research Technology*, 6 (11), 2021, p.39.

（3）犯罪恐惧

虽然"犯罪恐惧"在联合国可持续发展目标中，已经被作为衡量居民安全感指标之一的"是否敢于夜间行走"所提及，但不少国家仍将"犯罪恐惧"单独列为居民治安安全感的重要指标之一。联合国毒品和犯罪问题办公室在《全球可持续发展目标监测报告》中同样强调了犯罪恐惧对生活满意度有负面影响。[①] 圭亚那在 2019 年发布的《圭亚那可持续发展高级别政治论坛首次国家自愿审查报告》中指出，在个人受到暴力或非暴力犯罪伤害的地区，受访者对当地安全的感知相当于均值的 58.1%。[②]

（4）被害率

该指标涵盖警方登记备案及年度实际发生的各类刑事案件，如暴力伤害、入室盗窃等，用以客观反映社会治安状况。《南非城市安全状况报告（2021）》中强调了个人犯罪受害指数对居民治安安全感的影响。《南非城市安全状况报告（2021）》还指出，虽然个人成为非暴力犯罪受害者的可能性是暴力财产犯罪的 5 倍，但暴力财产犯罪对个人和整体安全感的影响要大得多。[③] 2011 年经合组织在《民生问题：衡量社会幸福的 11 个指标》中也表示："犯罪可能导致生命和财产的损失、身体上的痛苦、创伤后的应激和焦虑。生活在安全的社区对人们的福祉至关重要，因为不安全感会限制人们的日常活动和功能。"[④]

（5）警民信任程度

国外普遍认为警民关系的和谐程度对居民治安安全感有较大影响。联合国毒品和犯罪问题办公室在《全球可持续发展目标监测报告》中提出，居民对警察的低信任度影响居民对安全与幸福的感知程度。劳合社船级社基金会发布的《世界风险民意调查报告（2019）》中提出："安全感与人们对经

[①] 联合国毒品和犯罪问题办公室：《全球可持续发展目标监测报告》，2022，第 3 页。

[②] 圭亚那合作共和国政府：《圭亚那可持续发展高级别政治论坛首次国家自愿审查报告》，2019，第 84 页。

[③] 南非城市安全研究所：《南非城市安全状况报告（2021）》，第 21 页。

[④] 经济合作与发展组织：《民生问题：衡量幸福感的 11 个指标》，洪漫、刘美辰等译，新华出版社，2011，第 234 页。

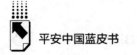

济和执法部门的看法有关。在国家层面上，如果人们相信当地的就业市场和生活水平正在改善，如果他们对当地的警察有信心，他们就更有可能感到安全。"①

（6）特殊犯罪类型

该指标是指涉及种族、肤色、仇恨、宗教信仰的特殊类型犯罪，例如，针对移民的犯罪可以反映社会对外来移民的宽容度，仇恨犯罪与具有政治意图的犯罪反映社会成员心灵秩序的状态与社会政治稳定程度。《北爱尔兰和平监测报告（2018）》中也突出了仇恨犯罪、准军事活动在公民衡量社会安全程度中的影响，在调研过程中赋予了武装、政治等指标较大权重。②

2. 国内居民治安安全感指标

国内在 1988 年最早由公安部课题组在京、津、沪、粤、鄂等 15 个省份的 75 个地市，首次对 15000 名城镇居民进行了主题为"公众安全感指标研究与评价"的问卷调查。国内对居民治安安全感指标的选择在一定程度上综合了国外调查设计的相关经验。

（1）从社会治安视角看治安安全感

20 世纪 70 年代，我国开始引入安全感等主观指标，同时结合客观指标来评估社会治安好坏。自 1983 年以来，不乏从社会治安整体视角出发对治安安全感进行调查的研究，将居民治安安全感作为评估社会治安水平的指标之一。在 1988 年公安部公共安全研究所的公众安全感调查问卷中，治安安全感通过被访者受到不法侵害的程度及类型、公安机关犯罪打击力度、治安巡逻强度、警民关系深度、居民自身防范措施等社会治安视角的指标来评估，以客观的治安状况与水平反映居民对治安安全的主观感受。此外，"每10 万人刑事案件数"、"每 10 万人查处治安案件数"以及"刑事、治安案件总数"也在很大程度上反映了犯罪状况与治安能力，从而显著影响居民治安安全感。"4 类严重暴力犯罪占比"指故意杀人、故意伤害致人重伤或

---

① 劳合社船级社基金会：《世界风险民意调查报告（2019）》，2019，第 22 页。
② 社区关系委员会：《北爱尔兰和平监测报告（2018）》，2018，第 97、107 页。

死亡、强奸、抢劫 4 类罪行在所有违法犯罪中的占比，也是衡量居民治安安全感的指标之一，更为直观地展示出居民对遭受人身安全治安问题的恐惧感与治安信任度。"每 10 万人命案件数"是国际通用的安全感指标，也是我国测量居民治安安全感的重要维度。除以上严重犯罪行为，盗窃罪作为公民接触最多、最广泛的案件类型，也被视为重要的治安安全感评估指标，"盗窃刑事与治安案件数"鲜明展现出传统接触型案件类型对治安安全感的重大影响。

在河北省社会治安评估体系研究中，测量社会治安形势的指标为社会治安状况、社会治安防控、社会治安背景以及治安安全感，其中治安安全感指标又分为居住环境、自身安全感、治安满意度、安全状况评价 4 个二级指标，通过社区管理方式、村内治保状况、居民人际关系紧密度、居住地发案数、居住地发案类型、警察可见度、警情反应速度及效率、所在地社会秩序这些细致的客观指标来测量治安安全感。① 可见，从社会治安的大视角出发进行针对治安安全感的研究，主要是为了从居民心灵秩序的小切角观察某一区域整体的社会治安状况，因此衡量治安安全感的指标也多考虑到客观实务的社会治安治理因素，包括社区管理、治安力量等。

（2）从公共安全感视角看治安安全感

中国社会状况综合调查在公共安全感维度中设置治安状况评估指标，通过询问受访者对当地社会治安状况的评价，如是否认为所在地区治安良好、对犯罪率的高低感知、对警察执法效果的满意度等，从治安环境角度侧面反映公众的公共安全感。比如，问卷中会设置"您认为当前您所在地区的治安状况如何"这样的问题，并提供"非常好""较好""一般""较差""非常差"等选项供受访者选择。

2018~2020 年，中国应急管理学会、中国矿业大学发布了《公共安全感蓝皮书：中国城市公共安全感调查报告》。2018 年报告将公共安全感分为自然安全感、治安安全感、生态安全感、公共卫生安全感、食品安全感、交

---

① 李靖：《河北省社会治安评估指标体系研究》，《中国城市经济》2011 年第 14 期。

通安全感、公共场所设施安全感、社会保障安全感、信息安全感等部分，其中专题报告二《中国城市治安安全感调查报告（2018）》选择居民治安安全感衡量指标的根据为"居民对于自身在城市中生活、学习、工作中合法权益受到侵害或是被保护的需求、担忧与恐慌程度"①。2018年报告中，测量城市居民治安安全感的指标分为"自身安全"与"公共安全"两个二级指标，其下又分为"夜晚单独出行担忧（一个人夜晚出行时的人身安全）""暴力冲突伤害担忧（暴力冲突事件造成的伤害）""及时获得保护担忧（发生治安事件时能否得到及时保护）""陌生人进入小区担忧（陌生人随意进入所居住小区）"②。受调查居民根据自身担忧程度打分，得分为1~10分，分值越高表示担忧程度越低。2019年、2020年的测量指标取消了二级指标的划分，但依旧分为4项担忧指标，且打分方式相同，只是权重设定略有不同。值得注意的是，2018年报告相较于2019年、2020年报告有一大特点，即除通过以上4项担忧指标测量居民治安安全感外，还专门设置了另外两个指标，包括"在人群中走路时，您会把包背在前面吗"以及"您是否看到小区保安在夜间巡逻"，以测量居民个体治安安全行为倾向以及其他方提供的治安安全行为倾向。可见《中国城市治安安全感调查报告》的指标选择不仅重视居民本身的心理秩序状态，还关注居民基于治安安全感衍生出治安行为的倾向。

（二）居民治安安全感指标的特性

1.抽象性

居民治安安全感作为一种深植于个体主观认知领域的心理现象，其本质是对社会治安秩序稳定状态的主观评价与情感反应，其度量呈现出显著的抽象性特征。这一概念超越了纯粹客观数据框架的拘囿，不似GDP等宏观经

① 韦长伟、张彦华：《中国城市治安安全感调查报告（2018）》，载王义保、许超、曹明主编《中国城市公共安全感调查报告（2018）》，社会科学文献出版社，2018，第82页。
② 韦长伟、张彦华：《中国城市治安安全感调查报告（2018）》，载王义保、许超、曹明主编《中国城市公共安全感调查报告（2018）》，社会科学文献出版社，2018，第83页。

济指标那般具备高度的量化精确性与可测性，而是蕴含了丰富的情感色彩与复杂的社会心理机制，不同个体基于各自的生活经历、文化背景及心理特质，对"安全"的界定往往大相径庭，即便是面对相同的客观治安状况，个体的安全感体验也可能因主观认知的差异而大大不同。居民治安安全感的构建，是一个多维度、多层次的综合体验过程，它不仅受犯罪率、警察可见度等硬性统计数据的直接影响，更深刻地受到公众对法治环境的感知、警民互动模式、社会信任度以及个人安全恐惧阈值等抽象因素的影响。因此，在尝试量化这一主观体验时，传统的统计与测量工具显得力不从心，采用问卷调查等量化研究方法收集居民治安安全感数据时，一般会设置"您是否敢在夜间单独行走"此类相对抽象的问题以捕捉这种主观体验的丰富性与多样性。

2.互动性

在深入探讨居民治安安全感的量化评估体系时，不难发现该领域的研究已逐步构建起一套多维度、多层次的分析框架，其核心指标不仅涵盖了社区警务效率与警民信任等基石性要素，更深刻触及了社会治理中警察力量效能与公众感知之间的复杂互动关系。这些指标虽然均聚焦于警察职能的发挥，却有各自独特的价值维度与评估视角，展现出一种既相互交织又各自独立的"共生异质性"。具体而言，社区警务效率作为客观评价指标，侧重于衡量警察机关在预防犯罪、快速响应及案件处理等方面的实际效能，体现了警察队伍的专业素养与执行力。而警民信任则是一个主观感受与客观行为交织的复合概念，它不仅关乎警察执法的公正性、透明度，更涉及民众对警察角色、职责及行为的认同与信赖，是警民关系和谐与否的晴雨表。这种融合构建了一个既反映警察工作实绩，又体现民众心理感受的"双轨评价体系"，展现了居民治安安全感指标主客观互动的深度与广度。安全感的形成本身就是主体对客体产生安全心理认识的互动过程。进一步而言，居民治安安全感的衡量指标在纵向上展现出显著的动态互动层次，即安全感的体验并非静态不变，而是随着外部环境、个人经历及心理状态的波动而动态变化。从"安全感"的稳固基石到"恐惧感"的骤然侵袭，从"信任感"的深厚积

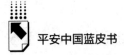

淀到"失信感"的悄然滋生，这一系列情感状态的转换，不仅揭示了居民心理感受的动态演变，也映射出社会治理成效的细微波动。

（三）国内居民治安安全感的相关调查

1.《中国城市治安安全感调查报告》

在提问方式上，《中国城市治安安全感调查报告》对治安安全感的测量重视夜间独行、治安问题、警察效率等指标，不仅询问了居民治安安全感状况，同时将夜晚独行与治安问题相结合，并询问了居民针对问题的解决方案，如"您晚上敢独自出行吗？您在夜晚出行的时候遇到过什么治安上的问题吗？最后是怎么解决的？"其他相关问题还包括是否发生群体性事件、是否遭受盗窃、对社会治安的满意程度等，同时，还设置了细节测量问题来判断居民主观层面的具体状况。

2.《2022年河南省居民获得感安全感状况调查分析》

2022年，河南省开展了城市居民获得感与安全感调查，在安全感方面，调查将河南省及18个地市安全感指数按5分量表进行分类，以问卷题目"过去一年您对您的安全感评价"为测量标准，划分为"非常低、比较低、一般、比较高、非常高"5个等级，按照李克特量表将5个等级分别赋值为1、2、3、4、5分，计算得出居民安全感指数，转换为百分制后，得到全省安全感评价得分。其中，20~40分为"低"，40~60分为"比较低"，60~70分为"中"，70~80分为"比较高"，80~100分为"高"。①

3.《北京市居民安全感调查报告》

北京市安全感调查由北京市统计局负责数据采集，选取北京市常住居民作为问卷调查对象，并筛选了北京市网民的微博文本进行网络数据分析。报告的安全感指标除下设总体安全感外，还按照功能区域分为公共场所安全感、单位安全感、社区安全感与校园安全感。总体安全感占比40%，其余

---

① 樊红敏、王新星等：《2022年河南省居民获得感安全感状况调查分析》，载郑永扣主编《河南社会治理发展报告（2023）》，社会科学文献出版社，2023，第144页。

各占比 15%。① 具体指标上，公共场所安全感下设丢失钱包、夜间独行、治安力量可见度、警察评价等测项，并细分了"融入感"指标，显示出北京市作为人口流入大市对外地居民归属感的关注。聚焦国际常用的"夜间独行"指标，调查设置了"非常害怕、比较害怕、一般、不太害怕、不害怕"5 个等级，计算百分比得出居民夜晚在社区外街道、广场等地方独行时的安全感状况，显示 32.02% 的居民对夜间独行在不同程度上害怕。

4.《黑龙江省社会形势调查报告》

黑龙江省对社会形势的调查分为"公众组"与"专家组"。公众组由黑龙江省社会科学院于 2022 年底面向全省各地市发放调查问卷，被访者为近一年在黑龙江省工作或居住的公民。② 专家组调查以黑龙江省内各高校及研究所的社会科学与人文科学专家为主要抽样框，随机抽取 109 名专家学者参与在线调查。受调查专家中社会科学领域学者占 81.1%，人文科学领域专家占 17.9%，还包括 1 名自然科学领域的专家学者。③

三 居民治安安全感状况

自我国系统性地开展居民治安安全感调查研究以来，其演进轨迹清晰展现了国家安全治理效能的显著提升。初期，居民安全感普遍徘徊于"一般偏下"的区间，映射出社会治理体系的初建与待完善之处。随着时间的推移，得益于政策体系的不断优化、法治环境的日益强化以及社会服务的全面升级，居民安全感显著跃升至"一般偏上"乃至"安全"的高位，彰显了国家治理能力与民众福祉的同步提升。在国际视野下，我国居民治安安全感

① 姜峰、赵芸等：《北京市居民安全感调查报告（2023）》，载张李斌主编《平安北京建设发展报告（2023）》，社会科学文献出版社，2023，第 252 页。
② 田雨：《2022~2023 年黑龙江省社会形势公众调查报告》，载王爱丽主编《黑龙江社会发展报告（2023）》，社会科学文献出版社，2023，第 1 页。
③ 刘明明：《2022~2023 年黑龙江省社会形势专家调查报告》，载王爱丽主编《黑龙江社会发展报告（2023）》，社会科学文献出版社，2023，第 34 页。

的飞跃不仅实现了对自身的超越，更在全球范围内实现了从相对滞后到显著领先的逆转，体现了中国特色社会主义安全治理模式的独特优势与成效。然而，深入分析可见，这一总体向好的态势下仍蕴含细微差异，地域间的经济发展不平衡、社会文化多元性以及具体安全治理举措的执行力度不一等因素，导致居民治安安全感存在地域性差异。

（一）总体态势：居民治安安全感提升

在公安部公共安全研究所于1988年12月开展的"公众安全感指标研究与评价"课题调查中，调查数据显示我国居民目前对社会治安安全感受程度的总体评价为"一般偏下"，呈现为"不满意"状态。① 这与我们现在的认知大相径庭，但任何数据都要考虑其所处的历史时期与相应的因素和条件。这一20世纪80年代对我国公民安全感的初次调研显示，在受调查者中认为治安"很好"的只占3.7%，认为"较好"的也仅占20.9%，除未回答人数外，其余均认为"一般"甚至更差。从居民对治安状况的评价可以窥见居民感知到安全的程度——认为"安全"的居民占全体受调查者的7.9%，认为"较安全"的占23.1%，认为"一般安全"的占30.4%，而认为"不太安全"甚至"不安全"的占38.4%，接近四成，可见有一部分居民并不信任自身在当时社会治安中的安全程度。1991年5~6月，公安部公共安全研究所进行第二次居民公众安全感抽样调查，结果表明居民安全感由"一般偏下"转变为"一般偏上"。这一成果的取得有赖于此时期公安机关对社会治安问题的高度重视，开展了反盗窃斗争、打拐禁娼专项斗争、围歼"车匪路霸"专项斗争等多项行动以维护社会治安稳定。自2001年始，国家统计局组织了多次全国居民安全感调查，2001年居民安全感指数为81.4%；2002年调查显示有6.9%的被调查者认为"非常安全"，35.6%认为"比较安全"，41.6%认为"一般"，居民安全感提高至84.1%。2003~

① 公安部公共安全研究所编著《你感觉安全吗？——公众安全感基本理论及调查方法》，群众出版社，1991，第39页。

2007 年，国家统计局调查的全国居民安全感分别为 91.2%、90.8%、91.9%、92%、93.3%，总体呈现平稳上升趋势（见图1）。

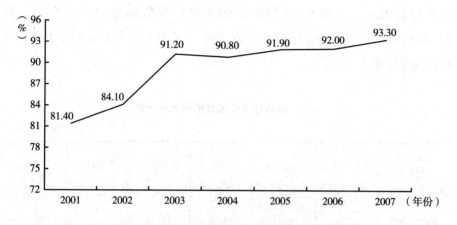

图1 2001~2007 年国家统计局调查的全国居民安全感

随着科技进步与经济腾飞，特别是党的十八大以来社会治理体制的创新，我国实现了从"社会管理"到"社会治理"的科学转变，实施社会治安综合治理有力提高了我国治安治理水平与效率，有效推进了社会治理现代化。根据公安部的调查数据，2012 年全国居民安全感为 87.55%，此后，居民安全感呈现上升趋势，2022 年上升到 98.62%，2023 年为 98.2%，连续 4 年保持在 98% 以上（见图2）。

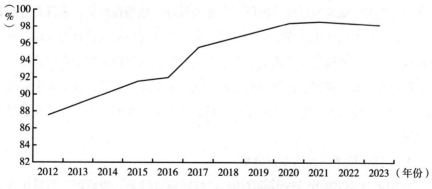

图2 2012~2023 年公安部公布的全国居民安全感指数

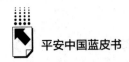

为进一步了解居民安全感状况，全国社会治安调查从社会治安的角度，对安全感的 3 个维度进行了调查。调查结果显示，居民人身安全感和财产安全感相差无几，分别为 99.57% 和 99.40%，最低的是信息安全感，为97.33%。3 个维度的安全感均值为 98.76%（见表1），与公安部公布的全国居民安全感基本一致。

表1　2023 年 3 个维度的居民安全感

单位：%

治安安全感维度	非常不安全	不太安全	一般	比较安全	非常安全	安全感
人身安全感	0.14	0.3	8.92	60.24	30.41	99.57
财产安全感	0.16	0.43	14.92	42.78	41.7	99.40
信息安全感	0.57	2.11	16.46	52.11	28.76	97.33
安全感均值	0.29	0.95	13.43	51.71	33.62	98.76

（二）多元差异：居民治安安全感的不同方面

在我国学术界，居民治安安全感作为衡量社会和谐稳定与民众生活质量的重要标尺，长期以来一直是社会学、犯罪学、公安学及公共管理等多学科交叉研究的热点议题。随着国家法治建设的不断推进和社会治理体系的日益完善，学者们愈发关注如何通过科学的研究方法统计翔实的指标数据、进行充分的数据分析，评估国内居民治安安全感状况，以期为政府决策提供有力支持。本次全国社会治安调查问卷中"治安个人感知模块"围绕居民治安安全感进行提问与数据统计，关注我国居民对目前治安状况的主观安全感受，包括 9 个问题共22 个分项，对所收集的数据进行统计分析，从而反映我国居民治安安全感的现实状况。

1. 不同情境下居民治安安全感

在国内外众多居民安全感调查中，"夜间独自行走"指标用于测量居民认为安全感的具体场景。在 1991 年公安部公共安全研究所编著的《你感觉安全吗？——公众安全感基本理论及调查方法》中，对于"您是否敢在深夜独自外出"这一问题，回答"不敢"的人占受调查者总数的49.1%。其中，回答"不敢"的男性占男性调查对象的29%，回答"不敢"的女性占女性调查对象的71.9%。[1] 可见20世纪90年代，我国仍有近五成人不敢走夜路，女性群体更是超过七成不敢独自在夜间行走，夜间独行安全指标得分偏低。在2007年的广州，夜间发案数量占比为48%，以致66.9%居民在"偏僻内街"行走时感到"不安全"或"不太安全"。[2] 随着社会进步与基础设施加速建设，至2022年，公安部调查结果显示九成居民不担心在深夜单独出门的问题。

2023年全国社会治安调查也调查了居民在具体场景中的安全感，除了"天黑后在社区（村）周边独自行走"的安全感外，还调查了"晚上独自在家""天黑后在公交车站等候公共汽车""使用互联网进行在线交易""天黑后独自乘坐网约车""民宿旅店独自过夜"共6个情境下的安全感。调查结果显示，"天黑后在社区（村）周边独自行走"的安全感为98.3%；"晚上独自在家"的安全感最高，高达99%；"使用互联网进行在线交易"的安全感达到98.6%；"天黑后独自乘坐网约车""民宿旅店独自过夜"的"非常不安全"比例较高，而"非常安全"的比例较低，两者安全感相对较低，但也在96%以上（见表2和图3）。6个场景的居民安全感均值为98.05%。这与前面不同维度的安全感均值接近，两者得到了互证。

表2　居民多情境治安安全感

单位：%

治安安全感情境	非常不安全	不太安全	一般	比较安全	非常安全	合计	安全感
晚上独自在家	0.16	0.84	11.14	57.46	30.40	100.00	99.00

[1] 公安部公共安全研究所编著《你感觉安全吗？——公众安全感基本理论及调查方法》，群众出版社，1991，第52页。
[2] 张湖东：《2007年广州社会治安的社情民意研究》，载汤应武、蒋年云主编《中国广州社会发展报告（2008）》，社会科学文献出版社，2008，第283页。

续表

治安安全感 情境	非常不安全	不太安全	一般	比较安全	非常安全	合计	安全感
天黑后在社区（村）周边独自行走	0.24	1.46	15.05	43.08	40.17	100.00	98.30
使用互联网进行在线交易	0.19	1.22	13.73	52.3	32.57	100.00	98.60
天黑后独自乘坐网约车	0.49	2.70	16.65	48.7	31.46	100.00	96.81
天黑后在公交站等候公共汽车	0.27	1.08	16.11	49.92	32.62	100.00	98.65
民宿旅店独自过夜	0.43	2.62	11.46	59.16	26.33	100.00	96.95
治安安全感均值	0.30	1.65	14.02	51.77	32.26	100.00	98.05

2. 不同群体治安安全感状况

分析不同群体的治安安全感可看出，不同性别、年龄、区域、人口流动性样本对不同具体治安安全感指标的评分均有不同，且呈现男性高于女性、乡村人口高于城镇人口、户籍人口高于流动人口的总体特征。表3显示，男性的安全感均值（98.61%）略高于女性的安全感均值（97.49%），特别是在"天黑后独自乘坐网约车"这一指标上，男性的安全感（98.33%）明显高于女性（95.3%），反映了女性在夜间独自出行时的安全性担忧。就城乡维度而言，城镇居民在"晚上独自在家"（98.68%）"使用互联网进行在线交易"（98.29%）与"天黑后独自乘坐网约车"（96.81%）3个情境下的安全感略低于乡村居民（分别为99.61%、99.16%、96.83%），治安安全感平均值相对乡村居民较低。在人口流动性方面，户籍人口在6个具体治安安

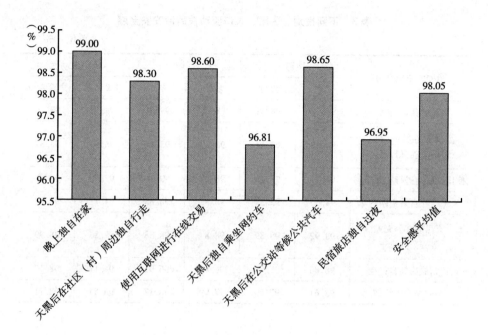

图3　居民多情境治安安全感

全感指标的评分上均高于流动人口，可见居民是否拥有户籍是影响其治安安全感的重要因素。

对具体指标进行横向分析，"晚上独自在家"的安全感普遍较高，所有群体的安全感都在98%以上。"使用互联网进行在线交易"的安全感在乡村地区较高（99.16%），这可能与乡村地区对互联网交易的依赖度较低有关。"天黑后独自乘坐网约车"的安全感在女性中较低（95.3%），可能受到了近年来网约车安全事件的影响。

综上所述，性别维度对"天黑后独自乘坐网约车"这一指标的影响较为显著，而区域维度和人口流动性维度对"晚上独自在家"和"使用互联网进行在线交易"这两个指标的影响也较为明显。

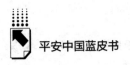

表3 不同性别、区域、人口流动性的治安安全感

单位: %

治安安全感情境	性别		区域		人口流动性	
	男性	女性	城镇	乡村	流动人口	户籍人口
晚上独自在家	99.18	98.81	98.68	99.61	98.58	99.19
天黑后在社区(村)周边独自行走	98.48	98.11	98.39	98.14	96.97	98.87
使用互联网进行在线交易	98.70	98.48	98.29	99.16	97.60	99.03
天黑后独自乘坐网约车	98.33	95.3	96.81	96.83	94.11	97.99
天黑后在公交站等候公共汽车	98.92	98.39	98.8	98.38	97.86	98.99
民宿旅店独自过夜	98.06	95.84	96.97	96.91	94.11	98.17
治安安全感均值	98.61	97.49	97.99	98.17	96.54	98.71

除性别、区域、人口流动性3个维度外,年龄维度也被纳入治安安全感的影响因素,并将具体指标概括为人身安全感、财产安全感、信息安全感3个分指标(见表4)。从性别维度来看,女性虽在人身安全感(99.58%)和财产安全感(99.51%)方面略高于男性(分别为99.56%、99.3%),但在信息安全感(96.91%)方面低于男性(97.74%),这意味着女性在现实世界中安全感均值略高于男性,但可能在网络世界,相比男性对安全有更高的期望或更敏锐的感知。从年龄维度来看,60岁以下的居民在人身安全感(99.51%)、财产安全感(99.25%)和信息安全感(96.65%)3个方面的安全感均值均低于60岁及以上的居民(分别为99.78%、99.88%、99.44%),总体安全感均值也与60岁及以上居民相差较大。由此可知,相比60岁以下居民,60岁及以上的老年人有更强的安全感知,年龄对居民安全感具有明显影响,这可能与老年人对治安问题的关注度或对安全的感知方式有关。从区域维度来看,城镇居民在3个维度的安全感均低于乡村居民,且在信息安全感方面差距显著(城镇居民为96.39%,乡村居民为99.07%),这可能与城镇地区人口密度高、社会关系复杂,而乡村地区相对

封闭、人际关系简单、网络普及率偏低有关。从人口流动性维度来看，流动人口在 3 个维度的安全感均低于户籍人口。这可能与流动人口在居住地的稳定性、社会网络的建立以及对当地治安环境的熟悉程度有关。在 3 个维度中，信息安全感普遍低于人身安全感和财产安全感。信息技术的快速发展和信息泄露风险增加可能导致居民对个人信息安全的感知相对偏低。总的来说，60 岁及以上居民的安全感均值（99.7%）最高，而流动人口的安全感均值（98.16%）最低。综上，年龄和居住稳定性可能是影响居民治安安全感的重要因素。

表4　不同性别、年龄、区域、人口流动性的治安安全感

单位：%

维度	性别		年龄		区域		人口流动性	
	男性	女性	60 岁以下	60 岁及以上	城镇	乡村	流动人口	户籍人口
人身安全感	99.56	99.58	99.51	99.78	99.50	99.68	99.37	99.66
财产安全感	99.30	99.51	99.25	99.88	99.29	99.62	99.11	99.53
信息安全感	97.74	96.91	96.65	99.44	96.39	99.07	95.99	97.90
治安安全感均值	98.95	98.69	98.47	99.70	98.39	99.46	98.16	99.03

3. 不同经历与治安安全感

根据表 5，我们可以分析出不同负面经历对居民治安安全感的影响。总体来看，未遭遇负面经历的居民在治安安全感的各个维度上都表现出较高的安全感。具体来说，过去 12 个月，未与家庭成员外的人发生矛盾纠纷、未被陌生人殴打或辱骂、未遭受财产被盗、未被试图诈骗的居民的人身安全感、财产安全感和信息安全感均高于有这些经历的居民，表明负面经历对居民的治安安全感有显著负面影响。

我们可以看到，有矛盾纠纷经历的居民的人身安全感、财产安全感和信息安全感分别为 96.25%、96.25% 和 77.5%，而没有矛盾纠纷经历的居民在

表 5　不同经历与治安安全感

单位：%

不同维度	过去12个月，您在生活或工作中有没有同其他人（除家庭成员以外的人）发生矛盾纠纷		过去12个月，您或家人是否被陌生人殴打或辱骂过			过去12个月，您或其他家庭成员是否有财产被盗		过去12个月，是否有人试图对您进行诈骗	
	是	否	是	否	记不清	是	否	是	否
人身安全感	96.25	99.64	86.36	99.69	98.68	86.21	99.67	95.26	99.85
财产安全感	96.25	99.47	95.45	99.44	99.34	89.65	99.48	95.68	99.66
信息安全感	77.50	97.76	81.82	97.48	96.06	79.31	97.46	77.15	98.67
安全感均值	90.00	98.96	87.88	98.87	98.03	85.06	98.87	89.36	99.39

这 3 个维度上的安全感均值分别为 99.64%、99.47% 和 97.76%（见图 4）。这表明发生矛盾纠纷的经历显著降低了居民的治安安全感，尤其是在信息安全感方面，有矛盾纠纷经历的居民的安全感比没有此类经历的居民低 20 个百分点有余，可知矛盾纠纷的发生使居民对信息安全的感知大幅下降，这可能与矛盾纠纷中可能涉及的信息泄露或个人信息被滥用有关。

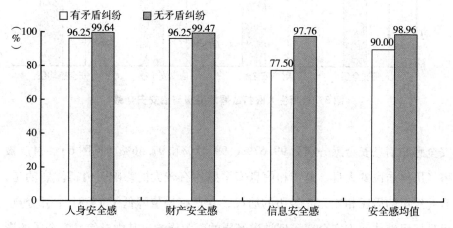

图 4　与他人发生矛盾纠纷经历与治安安全感

有被殴打或辱骂经历的居民的人身安全感、财产安全感和信息安全感分别为 86.36%、95.45% 和 81.82%，而没有此类经历的居民的人身安全感、财产安全感和信息安全感分别为 99.69%、99.44% 和 97.48%。分维度来看，被殴打或辱骂的经历对居民的人身安全感产生了极大的影响。有此类经历的居民人身安全感仅为 86.36%，比无此经历的居民低 13.33 个百分点（见图 5）。这种身体和精神上的侵害可能导致居民对周围环境的不信任和恐惧，从而降低他们的安全感。同样，这类经历也极大影响了居民的信息安全感，有此经历的居民比无此经历的居民信息安全感低 15.66 个百分点。可以看出，被殴打或辱骂的经历对居民的人身安全感和信息安全感有较大的负面影响。

有财产被盗经历的居民的人身安全感、财产安全感和信息安全感分别为 86.21%、89.65% 和 79.31%，而没有此类经历的居民的人身安全感、财产

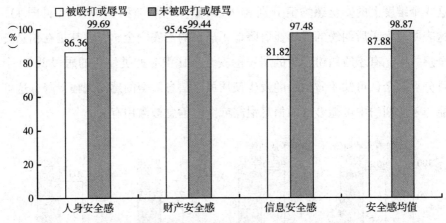

图5　被陌生人殴打或辱骂经历与治安安全感

安全感和信息安全感分别为99.67%、99.48%和97.46%（见图6）。财产被盗经历对居民的人身、财产和信息安全感均有较大的影响，值得注意的是，有此经历的居民相比无此经历的居民，安全感均值降低了13.81个百分点，可见居民整体治安安全感受到被盗经历的巨大影响，其中对信息安全感的影响最为显著，其次为人身安全感，最后为财产安全感。盗窃对居民治安安全感的影响并不只是浅显地引发居民对经济损失的担忧，还可能导致居民对人身安全保障的不信任感与对网络空间的犯罪恐惧感。

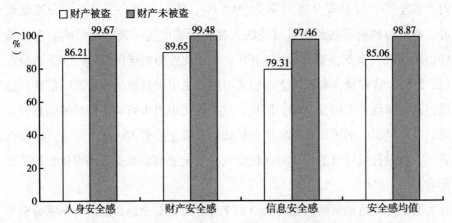

图6　本人或其他家庭成员财产被盗经历与治安安全感

　　有被试图诈骗经历的居民的人身安全感、财产安全感和信息安全感分别为95.26%、95.68%和77.15%，而没有此类经历的居民的人身安全感、财产安全感和信息安全感分别为99.85%、99.66%和98.67%（见图7）。被试图诈骗的经历对居民的信息安全感具有巨大影响，有此类经历的居民的信息安全感远低于没有此类经历的居民。诈骗行为可能利用了居民的个人信息，导致居民对个人信息保护的担忧增加。

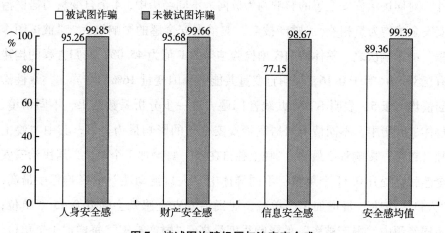

图7　被试图诈骗经历与治安安全感

　　通过以上对比分析我们可以发现，负面经历对居民治安安全感的影响是多方面的。以上4种经历均大幅降低了居民的信息安全感，被试图诈骗的经历对居民信息安全感知的影响最大。此外，4种经历中，有财产被盗经历的居民的安全感均值最低，可见遭受盗窃对居民治安安全感具有显著影响。

　　最后，对不同情境、不同群体、不同经历对居民总体治安安全感的影响进行综合分析。其中，不同情境选取"晚上独自在家""天黑后在社区（村）周边独自行走""使用互联网进行在线交易""天黑后独自乘坐网约车""天黑后在公交站等候公共汽车""民宿旅店独自过夜"6个自变量，不同群体选取"性别""年龄""区域""人口流动性"4个自变量，不同经历选取"有矛盾纠纷""被殴打或辱骂""财产被盗""被试图诈骗"4个自变量。在引入人口学变量之后，采用多元线性逐步回归的统计方法。模型结

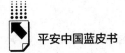

果显示，不同情境、不同群体、不同经历中的不同自变量对居民治安安全感具有不同程度的影响。不同情境中，除"天黑后在公交站等候公共汽车"外，"晚上独自在家""天黑后在社区（村）周边独自行走""使用互联网进行在线交易""天黑后独自乘坐网约车""民宿旅店独自过夜"均显著影响居民治安安全感；不同群体中，"年龄"对治安安全感影响最大，"区域""人口流动性"均显著影响居民治安安全感，"年龄""区域""人口流动性"对居民治安安全感的影响均为负向。不同经历中，4个自变量与居民治安安全感均为负相关，"财产被盗"对治安安全感的影响最大，"被试图诈骗"的影响次之。整体回归模型检验结果的F值为45.03，回归方程的构建有意义，R^2等于0.16，说明自变量共能解释因变量16%的变异，共线性诊断值均小于5，表明不存在共线性问题。进一步分析系数结果，不同情境、群体、经历中，不同情境对居民治安安全感的影响最为显著，其中"晚上独自在家"影响程度最高，"晚上独自在家"每增加1个单位，居民治安安全感就会提升0.11个单位；不同群体中"人口流动性"的影响程度最高，"人口流动性"每增加1个单位，居民治安安全感就会降低0.15个单位；不同经历中"财产被盗"的影响程度最高，"财产被骗"每增加1个单位，居民治安安全感就会降低0.30个单位（见表6）。

表6 不同情境、群体、经历对居民治安安全感的影响

社会治安状况评价		模型1	模型2	模型3	模型4	模型5
人口学变量	婚姻状况	0.03	0.03	0.04	0.03	0.02
	受教育程度	−0.01	−0.01	−0.02	0.01	−0.02
情境	晚上独自在家		0.11***			0.11***
	天黑后在社区（村）周边独自行走		0.07***			0.07***
	使用互联网进行在线交易		0.10***			0.10***
	天黑后独自乘坐网约车		0.07***			0.07***
	天黑后在公交站等候公共汽车		0.03			0.03
	民宿旅店独自过夜		0.11***			0.10***

续表

社会治安状况评价		模型 1	模型 2	模型 3	模型 4	模型 5
群体	性别			−0.02		0.02
	年龄			−0.05 *		−0.07 **
	区域			−0.09 ***		−0.10 ***
	人口流动性			−0.11 ***		−0.15 ***
经历	有矛盾纠纷				−0.18 *	−0.12
	被殴打或辱骂				−0.12 **	−0.04
	财产被盗				−0.40 ***	−0.30 **
	被试图诈骗				−0.30 ***	−0.11 *
F 值		0.80	76.72	6.04	20.41	45.03
R^2（未调整）		—	0.14	0.01	0.03	0.16
ΔR^2		—	0.14	0.01	0.03	0.16
常数		4.19	2.19	4.5	4.33	2.48

四 居民治安安全感提升对策

（一）构建社会支持网络，强化弱势群体专项保护机制

全面推动居民治安安全感提升，对弱势群体的保护显得尤为关键。这类群体在面对治安风险时往往更加脆弱，其安全感直接影响整体社会治安环境的稳定与和谐。因此，必须推动构建全面、细致且富有创新性的社会支持网络。首先，进一步优化社区警务机制，这是构建社会支持网络的重要基石。通过增强社区警力的配置，提高见警率与警务效率，确保警察能在第一时间响应居民尤其是弱势居民群体的安全需求。同时，积极推动警民共建活动，如警民联席会议、安全知识讲座等，以增强警察与居民之间的信任与理解。[1] 这种信任的建立，将有助于居民在遇到安全问题时更愿意向警方求

---

[1] 钱洁：《论社会公共安全协同供给》，博士学位论文，南京大学，2013。

助，从而形成更为紧密的安全共同体。① 其次，促进社区关系的和谐与融洽，这是构建社会支持网络的又一重要途径。社区是居民生活的基本单元，也是治安安全感生成的微观环境。通过组织丰富多彩的社区活动，如邻里节等，促进居民之间的交流与互助，形成"邻里守望"的良好氛围，不仅能够在日常生活中为弱势群体提供实际帮助，更能在关键时刻成为其重要依靠。此外，还可以通过社区志愿者的招募与培训，组建一支反应迅速、乐于奉献的志愿者队伍，作为社区警务的得力助手，共同维护社区的治安稳定。在加强人际网络建设的同时，我们还应注重利用现代科技手段，构建智慧化的社区治安防控体系。通过安装监控摄像头、智能报警系统等设备，实现对社区重点区域的全天候监控与预警。同时，开发专门的社区安全 App，并通过对弱势群体有针对性的教学与引导，为其提供便捷的安全咨询、报警与求助服务，以科技手段的应用提升社区的治安防控能力，为弱势群体提供更加坚实的保护屏障。强化弱势群体专项保护机制，还需要我们关注其特定需求与困境。例如，针对妇女和未成年人群体，可以设立专门的保护机构与热线电话，为他们提供心理咨询、法律援助与紧急救助等服务。同时，加强对这类群体的安全教育，增强他们的自我保护意识与能力。通过这些措施的实施，我们可以更为精准地解决弱势群体的安全问题，从而提升整体的治安安全感。

综上所述，构建社会支持网络并强化弱势群体专项保护机制，是一项系统而复杂的工程。它需要我们综合运用多种手段与方法，共同编织一张全面、细致且富有创新性的安全保护网，从而有效地保护弱势群体的安全，提升整体的治安安全感，为社会的和谐稳定贡献力量。

（二）重塑大众传媒角色，加强公共安全事件宣传监管

在探讨如何提高居民治安安全感的过程中，大众传媒作为信息传播与社会舆论的重要载体，其角色与功能的重塑显得尤为关键，尤其是在网络时

---

① 邹湘江：《中国式治安治理现代化：内涵、实践、成就与展望》，《公安学研究》2023 年第 5 期。

代，信息传播呈现极快的速度与极广的范围。这种特性使一些原本局部性的治安事件，能够在极为短暂的时间内快速扩散，从而引发全国范围内的关注与讨论，进而对公众的安全感产生深远影响。各类社会力量尤其是公安机关应深刻认识到网络媒体的引导、传播、宣传、公关功能。[①] 通过重塑大众传媒的角色与功能，加强治安事件舆论监测监管工作，为公众营造一个更加绿色、和谐的网络舆论环境，有效提升居民的治安安全感与幸福感。应充分利用微博、微信公众号等新媒体平台，打造权威、及时、透明的信息发布窗口，通过官方渠道迅速发布治安动态、案件侦破进展以及安全防范知识，有效满足公众的知情权，减少因信息不对称而引发的恐慌和误解，积极寻求与公众的及时互动，降低公众治安担忧。

官方传媒在提高居民治安安全感中，首先应扮演信息发布者与舆论引导者的角色。在传统模式中，大众传媒主要承担信息传递的任务，但在新媒体环境下，其更需成为社会稳定与安全感构建的重要力量。公安机关应主动与各方媒体合作，建立有效的信息发布与沟通机制，确保信息的透明度与公信力，从而有效维护公众的治安安全感。其次，官方传媒还需扮演危机事件公关的重要角色。在治安事件发生后，公安机关不仅要迅速处理事件本身，还需积极通过媒体渠道进行危机公关，积极回应公众关切，解释事件原因与处理进展，展现公安机关的担当与效率，从而修复受损的公众信任，通过媒体的正面传播，增强公众对治安工作的理解与认同。针对社会舆论中的热点问题与疑虑，官方传媒应积极邀请专家学者与公安机关进行解读与回应，通过专业的分析引导公众理性看待事件，避免社会舆论的过度渲染与负面情绪的传播，形成正确的治安观念与安全感认知。[②] 同时，官方传媒还应成为宣传正确治安内容与合理应对社会舆论的重要力量。通过制作与播出高质量的治安宣传节目、开展丰富多彩的公益活动等方式，提升公众的治安防范意识与

---

① 谢婕、申宇：《媒体深度融合背景下省级主流媒体平台内容安全管控方案》，《中国传媒科技》2024 年第 7 期。

② 高延飞：《犯罪治理认同对居民安全感的影响——基于警察信任中介和媒体信任调节作用的分析》，《江苏警官学院学报》2024 年第 2 期。

自我保护能力。媒体可通过挖掘与报道公安机关在治安事件中的正面形象与优秀事迹，如高效处警、英勇救助等，进一步树立公安机关的良好形象，提升公众的安全感与满意度。公安机关与社会力量还应加强治安事件舆论监测监管。网络时代，舆论场的复杂性与多样性使得错误的舆论导向可能对公众的安全感产生负面影响。因此，应建立健全网络舆情监测机制，及时发现并纠正错误舆论，防止其扩散与发酵，通过与民间媒体的通力合作全面提升公众对治安状况的正面认知，进而提升居民治安安全感。

（三）打造治安大数据平台，优化治安预警与响应机制

在全面深入地探索提升居民治安安全感的策略框架时，我们愈发意识到科技的力量，尤其是大数据与智能科技的创新性应用，在现代社会治理体系中发挥了重大作用。鉴于当前治安环境中盗窃等犯罪问题对居民安全感构成的严峻挑战，这些技术不仅为我们提供了优化治安预警、提升响应效率的新路径，更是重塑公众安全感的关键所在。

由以上我国居民治安安全感现状可知，盗窃案件，尤其是入室盗窃，对居民安全感产生了深远的负面影响，不仅直接侵害了居民的财产安全，更在心理层面引发了广泛的恐惧与不安。公众对治安状况的担忧，尤其是对盗窃犯罪的高度恐惧感，已成为影响社会和谐与稳定的重要因素。在此背景下，治安智能平台的构建显得尤为重要。该平台应充分借助大数据、云计算以及人工智能等前沿科技手段，推动治安信息在采集、分析与利用等环节的优化升级，达成治安信息的实时精准采集、智能深度分析以及高效合理运用。通过整合各类治安数据资源，如犯罪记录、警情报告、视频监控等，平台能够实现对治安态势的全面感知与精准预测。[①] 这不仅有助于警方及时发现并干预潜在的犯罪活动，更能在源头上降低犯罪发生率，从而显著提升居民安全感。同时，各类科技手段在治安防控中的应用也不容忽视。例如，智能监控

---

① 姬艳涛、李宥成：《新时代"枫桥式"基层治安治理模式探究——基于序次 Logistic 回归模型的实证分析》，《河北法学》2020 年第 3 期。

系统能够实现对重点区域、敏感时段的 24 小时不间断监控，有效震慑犯罪行为。① 此外，移动警务终端在全国普及，使警方能够随时随地接收警情信息、调度警力资源，进一步提升了治安响应的速度与效率。应用大数据，通过对海量数据的深度挖掘与分析揭示犯罪活动的规律与趋势，制定有针对性的防控策略，并识别可能风险，实现治安资源的精准投放与优化配置，提高治安防控的精准度与效率，提升公众对治安工作的信任与满意度，从而促进安全感的提升。

综上所述，应构建治安智能平台、广泛应用各类科技手段与大数据资源，在更深层次重塑公众对治安状况的认知。随着科技的不断进步与应用场景的持续拓展，我们有理由相信，一个更加安全、和谐的社会环境指日可待。

参考文献

［1］郭少华：《风险社会背景下城市居民安全感提升研究》，《国家行政学院学报》2013 年第 5 期。

［2］王俊秀：《面对风险：公众安全感研究》，《社会》2008 年第 4 期。

［3］寇丽平、黄凌娟：《基于风险评估的社会治安预警模式》，《中国人民公安大学学报》（社会科学版）2015 年第 1 期。

［4］邹湘江：《中国式治安治理现代化：内涵、实践、成就与展望》，《公安学研究》2023 年第 5 期。

［5］王俊秀、刘晓柳：《现状、变化和相互关系：安全感、获得感与幸福感及其提升路径》，《江苏社会科学》2019 年第 1 期。

［6］马续补、陈颖、秦春秀：《突发公共卫生事件科研信息报道的网络舆情特征分析及应对策略》，《现代情报》2020 年第 10 期。

［7］张延吉、秦波、朱春武：《北京城市建成环境对犯罪行为和居住安全感的影响》，《地理学报》2019 年第 2 期。

［8］梁辉、刘兴昊、陈佳霖：《安全感对流动人口居留意愿的影响——基于信任机制的检验》，《中国人民公安大学学报》（社会科学版）2024 年第 3 期。

---

① 张会平：《专题引论：数字治理研究》，《公共管理与政策评论》2024 年第 5 期。

B.3
中国社会矛盾纠纷化解调查报告（2024）

袁馨媛　戚泽宇*

摘　要： 2023 年，中国社会矛盾纠纷总量为 4295 万件。矛盾纠纷主要通过调解、公安机关受理以及法院审理的方式解决。近十几年来，法院审理民事案件数占比上升，公安机关受理治安案件数和刑事案件立案数占比下降，矛盾纠纷调解率总体保持在相对稳定的水平，每年约有 1/4 的矛盾纠纷通过调解方式解决。2023 年矛盾纠纷调解率达到新高，为 27.77%，找熟人调解、找公安派出所调解、找对方或对方单位协商是矛盾纠纷发生后公众首先选择的处理方式。同时，矛盾纠纷的解决情况影响公众对社会公平、社会信任的评价以及对相关部门的信任程度。为提升矛盾纠纷预防化解质效，我国在顶层设计、源头预防、多元调解方面做了多重努力。未来，仍需深化矛盾纠纷多元化解，筑牢基层堡垒，发挥基层党组织力量，坚持"三调联动"工作机制，进一步加强调解队伍建设，持续推动矛盾纠纷化解工作走深走实。

关键词： 矛盾纠纷　调解　三调联动

社会矛盾纠纷是不同社会群体、阶层、组织之间，在社会生产生活中因资源占有、利益冲突以及意识形态、价值观差异等因素而产生摩擦与纷争的互动过程与社会现象。① 作为人民内部矛盾的主要表现形式，矛盾纠纷已然

---

* 袁馨媛，中国人民公安大学治安学博士研究生，安徽公安学院治安系副教授；戚泽宇，中国人民公安大学治安学硕士研究生。

① 马怀德：《预防化解社会矛盾的治本之策：规范公权力》，《中国法学》2012 年第 2 期。

成为一种影响社会治安的风险性因素，直接关乎社会秩序稳定和国家长治久安，因而如何妥善有效调处化解矛盾纠纷已经被视为社会治安治理的一项重要议题。

党的十八大以来，党中央高度重视矛盾纠纷化解工作，立足维护社会和谐稳定、国家强盛和人民安居乐业，形成了一系列关于"为什么要推进矛盾纠纷治理"以及"如何推进矛盾纠纷治理"的重要论述。党的十八届四中全会、党的十八届五中全会先后提出有关矛盾纠纷预防化解工作的开展方向，指出要健全依法维权和化解纠纷综合机制，完善社会矛盾排查预警机制，加强和改进调解工作。在党的十九大报告中，习近平同志做出了一个重大的政治论断，我国社会主要矛盾已经转化为人民日益增长的美好生活需要和不平衡不充分的发展之间的矛盾。① 这对矛盾纠纷化解工作提出了新要求，应当着眼于打造共建共治共享的社会治理格局，顺应社会治理和平安建设的新需求，加强社会矛盾预防和化解机制建设。党的十九届五中全会审议通过的《中共中央关于制定国民经济和社会发展第十四个五年规划和二〇三五年远景目标的建议》为社会矛盾纠纷化解工作明确了奋斗目标，指出正确处理新形势下的人民内部矛盾，必须坚持和发展新时代"枫桥经验"，完善各类调解联动工作体系，构建源头防控、排查梳理、纠纷化解、应急处置的社会矛盾综合治理机制。在党的二十大报告中，习近平同志从建设更高水平平安中国的高度，特别强调要加强和改进人民信访工作，畅通和规范群众诉求表达、利益协调、权益保障通道，完善网格化管理、精细化服务、信息化支撑的基层治理平台，健全城乡社区治理体系，及时把矛盾纠纷化解在基层、化解在萌芽状态。习近平总书记关于矛盾纠纷治理的重要论述，是基于新时代要求和新发展趋势的审慎思考，深刻揭示了矛盾纠纷治理的底层逻辑，为矛盾纠纷化解提供了根本遵循。

---

① 习近平：《决胜全面建成小康社会 夺取新时代中国特色社会主义伟大胜利》，《人民日报》2017年10月28日，第1版。

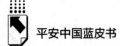

当前，我国已经迈上了全面建设社会主义现代化国家的新征程，随着现代化的不断推进和社会转型的深入，社会结构、利益格局和思想观念都发生了调整，各种错综复杂的社会矛盾纠纷涌现。近年来，因矛盾纠纷激化升级引发的严重恶性事件时有发生，其中暴露出矛盾纠纷排查化解存在意识欠缺、能力不足、机制失灵等问题，亟须改进完善现有的矛盾纠纷治理体系和化解机制，以应对严峻复杂的矛盾纠纷治理环境。既需要考虑矛盾纠纷化解治理体系的综合性与系统性，也要关注相应的措施手段是否切实可行，能否有效地应对各类矛盾、难题及潜在风险，保障社会秩序的良好运行。

鉴于此，本报告以中国社会矛盾纠纷为考察对象，主要依托中国人民公安大学社会治安调查课题组在全国范围内开展的社会治安调查数据、国家统计局发布的《中国统计年鉴》以及相关部门网站上对外公布的数据与文字信息，深度剖析矛盾纠纷的类型特征、发展趋势及治理实践，探寻社会矛盾纠纷的有效治理之道，助推矛盾纠纷化解工作高质量发展。

一　矛盾纠纷的总量与结构

（一）矛盾纠纷总量

矛盾纠纷总量很难精确测量，因为有些矛盾纠纷没有进入国家统计或登记系统，同时矛盾纠纷本身很难进行非常明确的界定，矛盾纠纷会不断地演进和发展。但我们可以测量已经登记、暴露的矛盾纠纷，以此来反映总体矛盾纠纷水平。计算公式如下：矛盾纠纷总量＝矛盾纠纷调解数＋公安机关受理治安案件数＋公安机关刑事案件立案数＋法院审理民事案件数＋法院审理行政案件数＋法院审理行政赔偿案件数。计算结果见表1。

表 1 2010~2023 年不同处理方式的矛盾纠纷数量

单位：万件

年份	矛盾纠纷调解数	公安机关受理治安案件数	公安机关刑事案件立案数	法院审理民事案件数	法院审理行政案件数	法院审理行政赔偿案件数	矛盾纠纷总量
2023	1193.00	868.53	449.64	1753.05	29.87	1.17	4295.26
2022	892.32	864.88	442.33	1582.72	27.83	1.35	3811.43
2021	874.37	906.08	502.78	1661.29	32.00	1.69	3978.20
2020	819.57	862.81	478.06	1313.64	26.02	1.42	3501.52
2019	931.47	962.49	486.24	1385.21	27.96	1.41	3794.77
2018	953.20	972.11	506.92	1244.97	25.67	1.16	3704.03
2017	883.31	1043.61	548.26	1137.38	23.04	0.92	3636.51
2016	901.90	1151.72	642.75	1076.21	22.55	—	3795.13
2015	933.10	1179.51	717.40	1009.78	22.04	—	3861.84
2014	933.00	1187.85	653.97	830.75	14.19	—	3619.75
2013	943.94	1330.75	659.82	778.20	12.32	—	3725.03
2012	926.59	1388.95	655.14	731.65	12.96	—	3715.28
2011	893.53	1316.56	600.50	661.40	13.64	—	3485.63
2010	841.84	1275.77	596.99	609.06	12.91	—	3336.57

注：根据《中国统计年鉴》，法院审理行政赔偿案件数从 2017 年开始才从行政案件中分离出来，在 2017 年以前没有单独的数据。

依据此公式计算得出 2012~2023 年中国矛盾纠纷总量，由图 1 可见，2023 年中国矛盾纠纷总量为 4295 万件。2023 年，每 10 万人矛盾纠纷数为 0.3 万件（见图 2）。在这期间，全国矛盾纠纷调解数经历了波动，2023 年为 1193 万件（见图 3）。

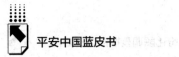

图 1　2012~2023 年中国矛盾纠纷总量

图 2　2012~2023 年每 10 万人矛盾纠纷数

图 3　2012~2023 年矛盾纠纷调解数

（二）矛盾纠纷的结构

对 2010～2023 年主要的矛盾纠纷处理方式进行对比发现，调解作为解决矛盾纠纷的重要方式之一，占比保持相对稳定，基本上有 1/4 的矛盾纠纷通过调解来处理，部分年份虽有小幅下降，但总体来看变动不大，在 2023 年略有上升；公安机关受理治安案件数和刑事案件立案数占比明显呈下降趋势，特别是受理治安案件数占比大幅减少，相较其他矛盾纠纷处理方式而言，已不占主导地位；法院在处理矛盾纠纷中发挥的作用越来越大，法院审理民事案件数占比显著上升，从 2010 年的 18.25% 上升至 2023 年的 40.81%（见图 4）。

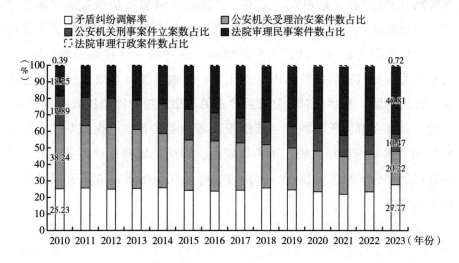

图 4　2010～2023 年矛盾纠纷处理方式的构成

注：由于《中国统计年鉴》缺少 2017 年以前的"法院审理行政赔偿案件数"，所以在本图中，"法院审理行政赔偿案件数"与"法院审理行政案件数"合并计算占比。

二　矛盾纠纷的化解

在社会转型及社会主要矛盾发生转变的大背景下，现阶段的矛盾纠纷愈

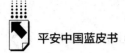

发复杂多样。除历史遗留问题和民族、宗教方面的矛盾纠纷之外，多数是在社会生活情境中产生的互动冲突，以及因为社会总体利益格局变动引起的利益纠葛。

（一）矛盾纠纷解决方式

在矛盾纠纷演化的过程中，矛盾纠纷主体通常会灵活地运用多种策略来实现诉求。调查结果显示，矛盾纠纷产生后，受访居民选择的解决方式主要包括：找熟人调解（24%）、找公安派出所调解（19%）、找对方或对方单位协商（16%）、找政府部门反映（13%）、找社区或村组织调解（11%）、打官司（8%）、在互联网发帖投诉或曝光（5%）、找媒体帮助（3%）等（见表2）。其中，"找熟人调解"是最常见的调解方式，占比最高。可见，中国"以和为贵"的处世精神深刻影响了矛盾纠纷发生后人们的处理方式，人们更倾向于通过私下直接沟通解决问题。在熟人关系和情感信任的作用与催化下，这通常能够有效快速地平息纷争、解决问题。当然，对于复杂且严重的矛盾纠纷，需要权威力量介入。因此，官方在解决矛盾纠纷中依然扮演着重要角色，"找公安派出所调解"和"找政府部门反映"的占比较高。即便是借助行政力量，出于便利性以及对公安机关的信任，人们也会习惯性地报警，请求公安民警出面协调解决。

除了常规的民间调解方式、行政司法救济手段，还有一些非常规的方式，即通过人为地扩大事件影响范围，将事件公开化。特别是新媒体的兴起，使网络平台逐渐成为公共领域的重要组成部分。不论是向媒体求助，还是自行在社交媒体上发布信息，都比通过法律渠道更为便利且成本低。很多普通的矛盾纠纷通过借助媒体和互联网的广泛传播力和影响力，就能引起社会的高度关注而变成社会热点事件。当网络上的"民意"聚集到一定程度，形成舆论压力，在舆论的助推作用下事态往往能朝着预期的方向发展，矛盾纠纷最终能得到有效的解决。

表 2　矛盾纠纷的主要解决方式

单位：%

解决方式	占比	解决方式	占比
找熟人调解	24	打官司	8
找公安派出所调解	19	在互联网发帖投诉或曝光	5
找对方或对方单位协商	16	找媒体帮助	3
找政府部门反映	13	其他	1
找社区或村组织调解	11		

从城乡居民对矛盾纠纷解决方式的选择来看（见图 5），城乡居民主要的解决方式为找熟人调解、找公安派出所调解、找对方或对方单位协商、找政府部门反映。通过对比分析发现，城镇居民往往更多借助制度化的公力救济方式，包括找公安派出所调解（20.3%）、找政府部门反映（14.9%）等；农村居民则更多选择非制度化的调解方式，包括找熟人调解（40%）、找对方或对方单位协商（16%）等。在"熟人社会"还未完全解体的农村社会，村民之间碍于情面一般都抱着息事宁人的隐忍态度，不愿将纠纷闹得过大，甚至诉诸公堂。相比而言，城镇居民比农村居民的关系距离要远得多，发生纠纷后双方自行协商或找社会关系调解的可能性相对较低。而且城镇居民的法律意识更强，通常以更为理性的态度对待矛盾纠纷，诉诸行政力量、法律手段等多元渠道，不仅要求解决问题，更要求依法解决问题。

（二）矛盾纠纷的调解

调解作为一种传统的民间纠纷解决方式，以其灵活高效的独特优势，长期根植于社会实践之中，并逐渐演变为具有中国特色的法治文化和社会治安治理体系的重要组成部分。当前，中国社会大量的矛盾纠纷通过调解予以化解，在一定程度上缓解了诉讼压力，维护了社会和谐稳定与公平正义。

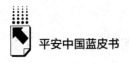

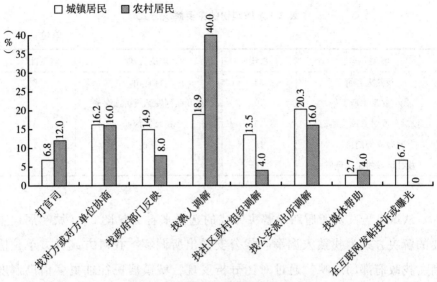

图 5　城乡居民矛盾纠纷解决方式

1. 矛盾纠纷调解率

如图 6 所示，矛盾纠纷调解率从 2012 年的 24.94% 波动下降至 2021 年的 21.98%，而后上升到 2023 年的 27.77%。整体来看，变动幅度不大，基本保持在 25% 左右，显示出调解机制在解决社会矛盾纠纷中的重要地位。

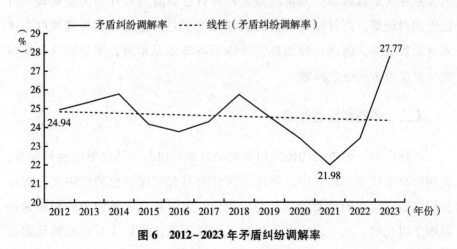

图 6　2012~2023 年矛盾纠纷调解率

2.各类矛盾纠纷调解

根据《中国统计年鉴》公布的矛盾纠纷调解分类统计数据，2019~2023年，调解的矛盾纠纷结构变动比较明显。在调解的矛盾纠纷中，婚姻家庭纠纷，房屋、宅基地纠纷，邻里纠纷，损害赔偿纠纷，医疗纠纷，道路交通事故纠纷等几类传统的矛盾纠纷调解占比都出现下降，而调解的其他矛盾纠纷占比上升了约10个百分点（见表3），反映出矛盾纠纷有多元化发展的趋势。

表3　2019~2023年不同类型矛盾纠纷调解

单位：万件，%

矛盾纠纷类型		2019 年	2020 年	2021 年	2022 年	2023 年
婚姻家庭纠纷	数量	153.1	129.9	121.8	123	147.5
	占比	16.44	15.85	13.93	13.78	12.36
房屋、宅基地纠纷	数量	48.8	36.3	32.4	30.4	32.2
	占比	5.24	4.43	3.71	3.41	2.70
邻里纠纷	数量	231.3	204	210.4	225.9	285.3
	占比	24.83	24.89	24.06	25.32	23.91
损害赔偿纠纷	数量	73.9	65.6	70.9	73.4	85.2
	占比	7.93	8.00	8.11	8.23	7.14
医疗纠纷	数量	8.2	6.1	6.3	6.5	7.6
	占比	0.88	0.74	0.72	0.73	0.64
道路交通事故纠纷	数量	78.3	63	72.8	69.9	83.7
	占比	8.41	7.69	8.33	7.83	7.02
其他矛盾纠纷	数量	337.9	314.7	359.8	363.2	551.5
	占比	36.27	38.40	41.15	40.70	46.23
合计	数量	931.5	819.6	874.4	892.3	1193
	占比	100	100	100	100	100

矛盾纠纷由于其普遍性、常见性而被视为社会秩序的构成部分，在日常生活中发生于有着长期固定社会关系的成员之间，或是出现于社会互动与人际交往过程中。矛盾纠纷主要包括以下几类。

（1）邻里纠纷

此类纠纷主要体现为邻里之间因生活琐事、公共空间占用、房屋建造改造、损害名誉等问题引发的纠纷,是日常调解中最常见的纠纷类型。国家统计局2024年发布的《中国统计年鉴》数据显示,2023年全国调解民间纠纷总计1193万件,其中邻里纠纷数量为285.3万件,占比23.91%。2023年,邻里纠纷是所调解的民间纠纷中占比第二的一类(见图7)。

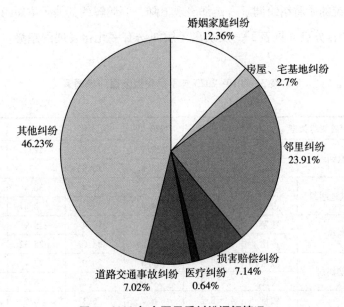

图7　2023年全国矛盾纠纷调解情况

（2）婚姻家庭纠纷

此类纠纷主要涉及夫妻、子女、父母等家庭成员之间的关系问题,指因家庭暴力、解除婚约、抚养赡养、遗产继承、财产分割等引发的纠纷。根据《中国统计年鉴》中的数据,2023年调解的婚姻家庭纠纷达147.5万件。一方面,随着婚姻观念的变迁,城市家庭离婚率显现出上升趋势。民政部官网发布的《2023年民政事业发展统计公报》显示,2023年全年依法办理离婚手续360.53万对,其中法院判决、调解离婚101.16万对,比上年增长29.9%;离婚率为2.6‰,比上年增长0.6个千分点。① 婚姻关系的瓦解无

---

① 《2023年民政事业发展统计公报》,https://www.mca.gov.cn/n156/n2679/c166200499998
0001204/attr/355717.pdf,2023年8月30日。

疑会增加未成年子女抚养权归属、家庭财产纠纷的潜在风险。另一方面，伴随着城市人口老龄化现象的加剧，中度老龄化社会已提前到来。截至2023年底，全国60周岁及以上老年人口为29697万人，占总人口的21.1%，其中65周岁及以上老年人口为21676万人，占总人口的15.4%。[①] 老龄人口增加、养老负担加重、养老模式的不均衡性不可避免地加重了家庭内部关于养老问题的矛盾冲突。

（3）道路交通事故纠纷

此类纠纷主要涉及事故责任认定、损害赔偿等问题。《中国统计年鉴》中的数据显示，2012~2023年，交通事故发生数量呈波动上升趋势，从20.42万起上升至25.47万起，其中最高在2021年，达27.31万起（见图8）。道路交通事故发生数量增加，产生纠纷的概率也会相应增加。特别是随着非机动车保有量增加以及快递、外卖等网约配送活动的快速发展，非机动车交通事故纠纷明显增多。最高人民法院2024年上半年司法审判工作主要数据表明，道路交通纠纷呈现出非机动车交通事故责任纠纷增幅明显的特点，2023年上半年，受理非机动车交通事故责任纠纷案件3.1万起，同比增长19.24%。[②]

图8　2012~2023年全国交通事故发生数

①《全国60周岁及以上老年人口占比已超20%》，https：//www.peopleapp.com/column/30046484084-500005729808，2024年9月4日。

②《最高人民法院公布2024年上半年司法审判工作主要数据》，https：//www.court.gov.cn/zixun/xiangqing/438521.html，2023年8月30日。

（4）医疗纠纷

此类纠纷是医患双方对医疗技术活动后果及其原因产生分歧而发生的争议，主要涉及医患关系紧张、医疗事故等问题。总体来说，我国医患关系的发展形势是向好的。2023年全国调解医疗纠纷7.6万件，是当年所调解的民间纠纷中数量最少的一类。本次全国治安问卷调查显示，当被问及对居住地医院医患矛盾纠纷严重情况的看法时，分别仅有3.2%和0.3%的被调查者认为居住地医院的医患矛盾纠纷"较为严重"和"十分严重"，剩下多数居民表示"一般""不太严重""没有"（见图9）。从居民对医疗纠纷的感知来看，医疗纠纷形势整体较为稳定。但考虑到医疗服务与所有人口密切相关，尽管认为矛盾纠纷严重的比例为3.5%，矛盾纠纷的绝对数量估计仍然庞大，需要做好医疗纠纷的化解、调解工作。

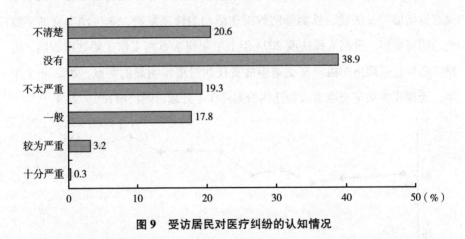

图9　受访居民对医疗纠纷的认知情况

（5）其他纠纷

①消费纠纷。此类纠纷是指消费者在购买、使用商品或接受服务过程中与经营者发生相关权益争执而产生的纠纷①，主要涉及服务质量、产品问题、价格欺诈、虚假宣传等。根据中国消费者协会发布的全国消协组织受理投诉情况统计，2023年全国消协组织共受理消费者投诉132.8万件，同比

①　张居盛：《消费者协会与消费纠纷的解决》，《理论探索》2004年第4期。

增长 15.33%。① 在所有投诉中，售后服务问题、合同问题、质量问题、虚假宣传问题排前 4 位（见图 10）。可以看出，消费者在遭遇消费纠纷时，表现出强烈的维护自身合法权益的意识，同时消费权益的主张也在增多。

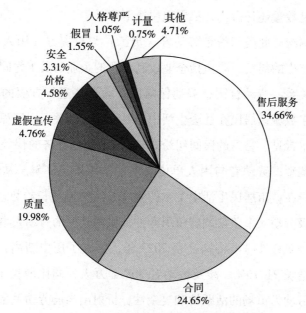

人格尊严 1.05%
计量 0.75%
其他 4.71%
假冒 1.55%
安全 3.31%
价格 4.58%
虚假宣传 4.76%
质量 19.98%
合同 24.65%
售后服务 34.66%

图 10　2023 年全国消协组织受理消费者投诉情况

②征地拆迁纠纷。此类纠纷涉及拆迁补偿安置问题。75 年来，我国经历了世界历史上规模最大、速度最快的城镇化进程。国家统计局发布的新中国 75 年经济社会发展成就系列报告显示，2023 年末我国常住人口城镇化率达 66.16%，比 1949 年末提高 55.52 个百分点，年均提高 0.75 个百分点。②城市化推进涉及城市更新与规划，往往需要向城市外围拓展、大量征收土地，或是拆除老城区旧有房屋来进行新的建设。在这个过程中，被拆迁居民以及所征用土地上原居民的权益必然受到影响，拆迁不合理合法、补偿不到

①　《2023 年全国消协组织受理投诉情况分析》，https：//www.cca.org.cn/Detail？catalogId=475804068798533&contentType=article&contentId=532016498171973，2024 年 4 月 2 日。
②　《提高超 55 个百分点 75 年来我国城镇化水平不断提高》，https：//www.gov.cn/lianbo/bumen/202409/content_6975921.htm，2024 年 9 月 23 日。

位、安置不妥当都可能引发矛盾纠纷。近两年，征地拆迁纠纷急剧增长。在中国裁判文书网中，检索到 2022 年有关房屋拆迁裁判文书共计 275 份，而 2023 年这个数字直接蹿升至 1183 份。但表 3 显示，关于房屋、宅基地的纠纷调解无论是数量还是占比，都出现快速下降。

③劳资纠纷。此类纠纷是劳动方（员工）与投资方（用人单位）由于利益冲突而产生的纠纷，既包括企业改制导致的企业与员工之间的矛盾，也有涉及劳动关系、劳动合同、劳动保障以及薪资待遇等方面的具体民事纠纷。由于大多数城镇居民在社会生活中都要涉及劳动关系，因而劳资纠纷也是城市生活中常见、易发的民间纠纷。① 伴随着我国经济的快速发展和产业结构的深度调整，劳动者与用人单位之间的争议屡见不鲜。从统计数据来看，劳资纠纷在城市居民生活中发生的频率具有大幅增长趋势，2019～2023 年，全国各级劳动人事争议调解组织和仲裁机构处理的劳动人事争议案件数量直线上升（见图 11）。特别是在 2023 年，创下了历史新高，达到了 385 万件，同比增长 21.76%，涉及劳动者 408.2 万人，同比增长 19.6%。② 这反映出我国劳动力市场的活跃性和复杂性，折射出当前劳动关系的复杂性和劳动者维权意识的提升。

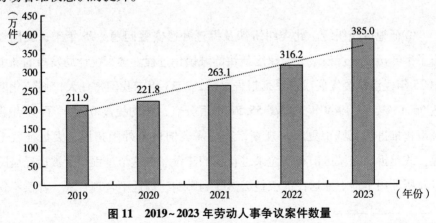

图 11　2019～2023 年劳动人事争议案件数量

---

① 陆益龙：《快速转型期城市社会易发矛盾纠纷及其化解机制》，《人文杂志》2013 年第 12 期。
② 《2023 年度人力资源和社会保障事业发展统计公报》，https://www.mohrss.gov.cn/SYrlzyhshbzb/zwgk/szrs/tjgb/202406/t20240617_520366.html，2024 年 6 月 17 日。

（三）矛盾纠纷的发展态势

1. 矛盾纠纷激化升级时有发生

当前的矛盾纠纷大多集中于民生领域，与人民群众的切身利益息息相关，因而矛盾纠纷的焦点带有鲜明的利益指向。随着利益关系的组织化，越来越多的社会成员以利益群体的形式集结，许多纠纷也呈现群体化的特征。若处理失当，极易激化矛盾纠纷，使其升级发展为群体性上访或冲突事件。这些群体性纠纷主要分布在劳资纠纷、征地拆迁纠纷、医疗纠纷等多个领域，其中劳资纠纷所引发的群体性事件尤为突出。由于同一单位的劳动者在利益上紧密相连，诉求高度一致，一旦有一个劳动者发起抗议，就很容易激起其他劳动者的共鸣，进而演变成群体性事件。2024 年最高人民检察院与中华全国总工会联合发布的一批典型案例，均为企业恶意拖欠劳动者工资报酬致使多名劳动者集体维权，且多集中于建筑行业与服务行业。①

另外，矛盾纠纷激化可能演变成刑事案件。矛盾纠纷若不能及时调解或调解方式不当，导致矛盾纠纷持续存在、反复发生，在纠纷主体关系恶化时可能使民事纠纷发展为刑事案件。而这类"民转刑"案件在特定情况下将呈现出激进化的表达方式，具有"刑转命"的风险。近年来，因矛盾纠纷引发的重大恶性案件不时见诸报端。这些由矛盾纠纷演化的刑事案件往往在早期就显现出苗头性、倾向性的问题，经过长期积累或是某种因素催化而不断升级，一旦爆发，对当事人双方及其家庭都会造成毁灭性的打击，也严重影响社会的和谐稳定和人民群众的幸福感、安全感。

2. 解决情况影响信任、公平感知

当前矛盾纠纷表现出的复杂性和发展趋向，毫无疑问加大了矛盾纠纷的化解难度。本次调查显示，矛盾纠纷的化解情况并不十分理想，64%的矛盾纠纷解决得比较公平，而有 14%的矛盾纠纷并未得到公正的处理，甚至有 16%

---

① 《最高人民检察院、中华全国总工会联合发布根治欠薪典型案例》，https：//www.spp.gov.cn/xwfbh/wsfbt/202405/t20240507_653482.shtml#1，2024 年 5 月 7 日。

的矛盾纠纷没有解决，还有 6% 的受访居民表示不清楚解决情况（见图 12）。究其原因，可能是矛盾纠纷生成缘由复杂而难以彻底解决，或是利益关系交错、涉及多领域多部门而难以有效协调，也可能是问题未受到重视而拖延解决。矛盾纠纷预防化解工作是基层社会治理的出发点和落脚点，对于保障社会和谐稳定，维护人民群众合法权益，增强人民群众获得感、幸福感、安全感有着重要意义。近年来我国持续深化矛盾纠纷排查化解体制机制建设，不断加大各地矛盾纠纷排查化解力度，采取了一系列工作举措，推动矛盾纠纷源头预防、前端化解、关口把控，不断提高预防化解社会矛盾纠纷能力和水平。

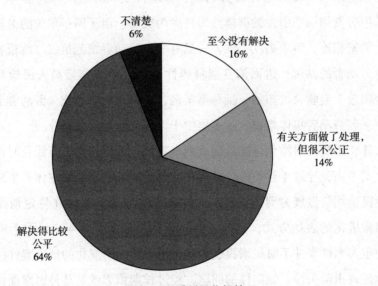

图 12　矛盾纠纷化解情况

调查结果表明，公平解决矛盾纠纷影响公众对社会公平、社会信任的评价以及对相关部门的信任程度。如图 13 所示，对比矛盾纠纷"没解决或解决不公平"的受访者，矛盾纠纷"得到公平解决"的受访者对社会公平和社会信任的评分更高，分别为 6.67 分和 6.78 分。同时，矛盾纠纷解决也影响公众对公安、检察院、法院、社区居委会的信任程度，评价结果显示出与社会信任、社会公平类似的趋势。其中，公安信任评分受矛盾纠纷处理结果的影响最大，矛盾纠纷"得到公平解决"的受访者对公安信任的评分最高

（8.14分），而矛盾纠纷"没解决或解决不公平"的受访者对公安信任的评分是最低的（6.11分）。这可能是因为公安机关作为能见度最高的职能部门，时常处于化解矛盾纠纷的第一线，因而能否及时妥善解决矛盾纠纷直接影响到公众的认可与信任。

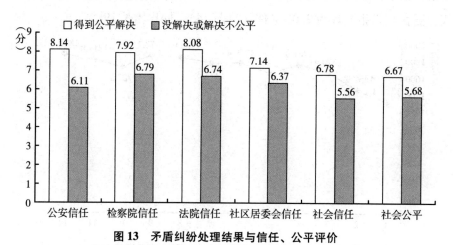

图13　矛盾纠纷处理结果与信任、公平评价

3.线上矛盾纠纷问题日益突出

随着城市经济的发展与社会体制的改革，多种社会关系交织碰撞，调整社会关系的各种规则趋于复杂，矛盾纠纷的类型、性质也日益多样化、新型化，呈现出向多领域、多维度广泛扩散的特征和趋势。其中，既有结构性的矛盾纠纷，也有生活性的矛盾纠纷；既有个体间的纠纷，也有涉及组织的、群体参与的纠纷；既有婚姻家庭纠纷、邻里纠纷等传统领域纠纷，也涌现出征地拆迁纠纷、物业纠纷、消费纠纷、劳动争议纠纷、环境保护纠纷、道路交通事故纠纷等涉及社会生活方方面面的矛盾纠纷。在社会新生事物不断发展、现代理念与生产生活方式相应转变的背景下，各种新型的矛盾纠纷也随之产生。

较为突出的是互联网领域的矛盾纠纷。当前网络已经成为与现实社会紧密联系的社会活动场域，甚至发挥着"安全阀"的功能，成为社会矛盾纠纷的发泄口。中国互联网络信息中心2024年发布的第54次《中国互联网络发展状况统计报告》显示，截至2024年6月，我国网民规模近11亿人，较

2023年12月增长742万人，互联网普及率达78.0%。① 网民规模日益扩大，网络空间中的社会关系愈发多样，使得网络环境越来越复杂多变，涉网纠纷案件大量增长。根据中央网信办举报中心的统计数据，2023年，全国各级网信举报工作部门、主要网站平台受理网络违法和不良信息（包含网络侵权、谣言）举报共计约2.06亿件（见图14），同比增长19.5%。②

图14 2023年全国受理网络违法和不良信息举报情况

本次调查专门设计了一个问题来考察这类纠纷："过去1个月，您是否在网上遭受过谩骂、侮辱、诽谤等网络暴力？"调查结果显示，有0.95%的受访居民有过此种经历（见图15）。

这种网络言论类侵权行为多发生在微博、微信、短视频、贴吧等平台上，因网络隐蔽性强、言论表达随意性强，本身就潜藏着引发冲突的风险，加之争议内容能够迅速广泛传播开来，进而导致事态扩大，激化双方对立情绪，加速矛盾纠纷的恶化。公安机关紧盯网络热点事件和群众反映强烈的突出问题，针对性采取创新务实举措，深入推进打击整治行动。2024年以来，全国公安机关持续开展打击整治网络暴力违法犯罪专项行动，上半年全国公

---

① 《中国互联网络发展状况统计报告》，https：//www.cnnic.net.cn/n4/2024/0829/c88-11065.html，2024年8月29日。

② 《2023年全国网络举报受理情况》，https：//www.12377.cn/tzgg/2024/0b698d07_web.html，2024年1月16日。

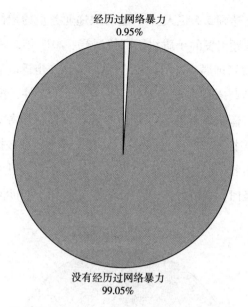

经历过网络暴力
0.95%

没有经历过网络暴力
99.05%

图 15　过去 1 个月居民经历网络暴力的比例

安机关共侦办网络暴力案件 3500 余起，依法采取刑事强制措施 800 余人，行政处罚 3400 余人。① 依托"净网 2024"专项行动，公安部组织全国公安机关持续开展打击整治网络谣言专项行动，重拳打击编造虚假险情、灾情、警情等违法犯罪活动。②

　　数字经济催生了一批诸如电商快递、外卖配送等消费物流领域的新业态，这些新业态的发展也带来了新的矛盾纠纷。针对问卷问题"过去 12 个月，您是否与外卖骑手、快递员发生过语言或肢体冲突"，0.38% 的居民表示发生过这种冲突（见图 16）。虽然占比不高，但用户总体基数大，并且在人们日常生活中的渗透率持续提升，因而发生矛盾纠纷的风险大。根据有关统计数据，2023 年，全国快递业务量达 1320.7 亿件，日均业务量达到 3.6 亿件，国内网

---

① 《今年上半年全国公安机关共侦办网络暴力案件 3500 余起》，https：//www.mps.gov.cn/n2255079/n6865805/n7355741/n7355786/c9750392/content.html，2024 年 9 月 15 日。

② 《清理网络谣言信息 156.2 万余条》，https：//epaper.cpd.com.cn/szb/wwwcpd_9/dzb_16465/rmga/2024/2024_09_20/16466_2024_09_20_39149/#1151774，2024 年 9 月 20 日。

上外卖用户规模已达到5.5亿人。①② 随着快递业务量的增长和外卖用户的增多，由服务质量问题引发的矛盾纠纷高位运行。2023年，国家邮政局以及各省（区、市）邮政管理局通过"12305"邮政业用户申诉电话和申诉网站共受理有效申诉（企业负有服务质量责任的）共计51657件，投诉的主要问题包括快递损毁遗失、运输派件延误、虚假签收、投递员服务态度不好。③ 2024年，人民网"人民投诉"平台发布的"3·15"消费维权数据报告显示，外卖送餐已成为消费者投诉数量激增的高发地，外卖食品不卫生、封装不严、出现遗洒、送餐不及时、索要好评、发生争议态度恶劣等问题频现。④

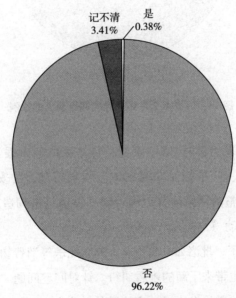

图16　过去12个月与外卖骑手、快递员发生冲突情况

① 《2023年邮政行业发展统计公报》，https：//www.spb.gov.cn/gjyzj/c100276/202405/ff1ab12da9d74425b7ddef9e38de8916.shtml，2024年5月10日。

② 《中国互联网络发展状况统计报告》，https：//www.cnnic.net.cn/n4/2024/0829/c88-11065.html，2024年8月29日。

③ 根据国家邮政局网站发布的2023年第一至第四季度邮政用户申诉情况的通告，2023年第一至第四季度分别受理有效申诉29452件、6228件、4475件、11502件，计算得出2023年总量为51657件。

④ 《人民网"人民投诉"平台发布"3·15"消费维权数据报告》，http：//yn.people.com.cn/n2/2024/0315/c378440-40776718.html，2024年3月15日。

三　矛盾纠纷的治理实践

（一）立足顶层设计，为矛盾纠纷预防化解提供规范化指引

党的二十大报告明确指出，必须全面推进国家各方面工作法治化。依法，是预防矛盾纠纷的前置条件，也是化解矛盾纠纷的必要手段。在全面依法治国的背景下，运用法治思维和法治方式预防矛盾纠纷，将各类矛盾纠纷化解纳入法治轨道，符合法治国家建设的本意。[①]

国家层面，在多个顶层设计性文件中明确强调建立健全矛盾纠纷预防化解机制，以制度为牵引，为矛盾纠纷预防化解提供支撑。2020 年，中共中央印发的《法治社会建设实施纲要（2020~2025 年）》提出"完善社会矛盾纠纷多元预防调处化解综合机制"，"充分发挥人民调解的第一道防线作用，完善人民调解、行政调解、司法调解联动工作体系"，要求社会力量与国家机关联动发挥调处化解社会矛盾纠纷的重要作用。随后，中共中央、国务院印发《法治政府建设实施纲要（2021~2025 年）》，将依法化解矛盾纠纷作为法治政府的重要任务，以专章的形式强调了要健全社会矛盾纠纷行政预防调处化解体系，不断促进社会公平正义，推动完善信访、调解、仲裁、行政裁决、行政复议、诉讼等社会矛盾纠纷多元预防调处化解综合机制，将矛盾纠纷化解在萌芽状态、化解在基层。针对矛盾纠纷的诉源治理，2021 年中央全面深化改革委员会第十八次会议审议通过《关于加强诉源治理推动矛盾纠纷源头化解的意见》，强调要推动更多法治力量向引导和疏导端用力，加强矛盾纠纷源头预防、前端化解、关口把控，完善预防性法律制度，从源头上减少诉讼增量。为深入贯彻落实该意见，最高人民法院发布《关于深化人民法院一站式多元解纷机制建设推动矛盾纠纷源头化解的实施意见》，

[①]　胡铭、徐翼：《新时代"枫桥经验"与立足法治预防化解矛盾纠纷》，《河北法学》2024 年第 7 期。

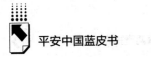

提出完善各类调解联动工作体系，推动构建源头防控、排查梳理、纠纷化解、应急处置的社会矛盾综合治理机制。

在地方层面，各地相继出台了符合地方实情的矛盾纠纷化解地方性法规和规范性文件。截至 2024 年 9 月，我国山东、福建、黑龙江、安徽、四川、河北、吉林、海南、辽宁、云南、江西、上海、河南、广东、天津、广西、贵州、重庆、内蒙古 19 个省份相继以地方性法规或经济特区法规的形式对矛盾纠纷化解机制做出安排。根据地方实际，各地立法的主要思路和具体规定各有侧重及亮点。例如，《上海市促进多元化解矛盾纠纷条例》（2021年）首次提出设立市场化运作的调解组织，鼓励在投资、金融、房地产、技术转让、知识产权、国际贸易等领域设立从事商事纠纷调解的专业化组织；作为国内同领域首部涉及全类型矛盾纠纷、囊括全种类化解方式、覆盖全链条非诉流程的地方性法规，《深圳经济特区矛盾纠纷多元化解条例》（2022 年）赋予商事调解组织合法地位，创设民商事纠纷中立评估机制；《天津市矛盾纠纷多元化解条例》（2023 年）设专章固化天津行之有效的经验做法，要求畅通和规范诉求表达、利益协调、权益保障渠道，完善社会矛盾纠纷调处化解综合机制，充分发挥社会矛盾纠纷调处化解中心的平台作用，统筹调解、仲裁、诉讼、信访、法律援助、司法救助、心理服务等资源，对矛盾纠纷实行一站式接收、一揽子调处、全链条解决；《贵州省矛盾纠纷多元化解条例》（2023 年）强调矛盾纠纷多元化解应当坚持和发展新时代"枫桥经验"，深化"一中心一张网十联户"基层社会治理机制，完善城乡社区和农村网格服务体系建设，及时预防、排查、疏导、化解各类矛盾纠纷；《内蒙古自治区矛盾纠纷多元化解条例》（2024 年）围绕推动矛盾纠纷多元化解工作，明确工作机制和主体责任，规定要构建以人民调解为基础，人民调解、行政调解、司法调解优势互补、衔接联动的工作机制，并从多方面规定了矛盾纠纷多元化解工作的保障机制；《重庆市促进矛盾纠纷多元化解条例》（2024 年）以数字化手段畅通和规范当事人诉求表达、利益协调、权益保障通道，开发建设矛盾纠纷多元化解多跨协同应用场景。

（二）立足源头预防，最大限度避免和减少矛盾纠纷发生

法治建设既要抓末端、治已病，更要抓前端、治未病，加强矛盾纠纷的源头防控，做到发现在早、防范在先。为实现社会矛盾纠纷"止于未发、解于萌发、终于始发"，各地创新完善基层矛盾纠纷源头性风险排查预警工作，最大限度地把问题化解在萌芽、解决在基层。

一是建立矛盾纠纷风险评估机制，从源头防范化解重大社会风险。近年来，各地区各有关部门认真贯彻中央精神，结合各自实际，以关系人民群众切身利益的重大工程项目建设、重大政策制定等决策事项为重点，积极探索开展社会稳定风险评估工作，取得明显成效。以社会稳定风险评估机制为依托，地方政府探索创新，把矛盾纠纷源头发现及其预警研判工作纳入社会稳定风险评估体系建设，作为抓稳定风险评估机制和大调解层级管理机制建设的重要基础，对研判评估出的风险隐患，逐项研究制定落实针对性化解管控措施，做到未雨绸缪、防患于未然。例如，昆明市把社会稳定风险评估作为源头预防和化解社会矛盾纠纷的重要环节，以制度机制建设抓责任落实，先后印发《昆明市重大决策社会稳定风险评估实施办法》《昆明市重大决策社会稳定风险评估工作操作指南》等制度文件，通过民意调查、征求意见、专家咨询等环节收集掌握的群众心理情绪、权益诉求等可能引发的不稳定信息，及时研判、消除风险隐患；河南省通过社会公示听证、专家咨询、合法性审查、执法监督等制度，对关系群众切身利益的重大决策、重大事项等做到应评尽评，尤其聚焦社会矛盾、公共安全等风险突出领域，不断加强社会治安重点地区和突出治安问题排查。在评估工作的专业化推进方面，绍兴市单独设立管理机构，具体承担社会风险评估管理职能，在市本级与 6 个县（市、区）建立社会风险评估指导中心，落实相应机构编制和人员，专门承担风险评估管理工作，确保评估工作的规范化、科学化。① 在此基础上，地

---

① 郑琪：《源头防范化解重大社会风险的重要制度安排——以浙江重大决策社会风险评估工作为例》，《浙江警察学院学报》2023 年第 4 期。

方政府创新评估机制，探索引入第三方机构参与社会矛盾风险评估工作，推动社会各界、中介组织、专家学者依法有序参与评估决策。例如，浙江省委政法委推动成立浙江省社会风险评估促进会，组织实施了医疗保障制度改革、规范完善被征地农民参加基本养老保险等重大决策事项的风险评估，截至 2024 年 4 月，浙江省社会风险评估促进会已有会员单位 446 家。①

二是广泛开展矛盾纠纷排查，及时发现引发矛盾纠纷的苗头和潜在风险。各地方在推行过程中，运用"线上+线下"双线并行的方式，构建系统完备、无盲区、零死角的排查机制，全面开展对社会面的矛盾纠纷动态排查工作。在线上，通过搭建"互联网+"社情民意平台，畅通社区社情民意反馈渠道。例如，河北省迁安市研发"有事儿您说话"微信小程序，第一时间收集群众关于安全隐患、环境整治、意见诉求、矛盾纠纷等信息②；深圳市光明区公明街道依托 3300 多个"平安网"三级微信群，积极打造群众诉求服务"微阵地"，网格员可以通过微信群线上及时收集辖区群众各类诉求和纠纷线索。③ 在线下，实行日常排查、集中排查、条块排查相结合，通过入户走访调查的形式，开展拉网式矛盾纠纷摸排工作，及时获取婚恋纠纷、家庭矛盾、邻里冲突等苗头性、倾向性的矛盾纠纷信息，第一时间掌握辖区群众思想动态，确保各类矛盾纠纷底数清、情况明，超前做好防范措施。一方面，组织广大党员干部、政法干警在村组社区、居民小区、企事业单位，深入了解民意、民情、民忧。例如，太原市公安局将常见性、多发性民间矛盾纠纷摸底排查工作纳入基层基础工作体系，以社区警务室为前沿阵地，将矛盾纠纷排查触角延伸至每家每户，收集各类苗头信息并建立台账实时更

① 《浙江省社会风险评估促进会换届》，https：//mp. weixin. qq. com/s？_ _ biz = MzU1MzkzNTUyMw = = &mid = 2247868242&idx = 1&sn = 7068fbe2386c9188a7c6fc4806acdb33& chksm = fab4cab74f9adf56840e7f2495c7b3d15f603e4c34c805c81d7f42463f2494e6a56ce96c58cf& scene = 27，2024 年 4 月 18 日。

② 《迁安："有事儿您说话"小程序解决群众烦心事》，https：//szbz. hbfzb. com/hbfzbpaper/ pc/content/202401/18/content_66754. html，2024 年 1 月 18 日。

③ 《深圳公明街道深化"小分格 + 诉求"治理模式 提升群众服务水平》，https：// baijiahao. baidu. com/s？ id =18048130129723086868&wfr = spider&for = pc，2024 年 7 月 17 日。

新、动态管理，确保早介入、早发现、早控制。另一方面，充分发挥群防群治力量，利用新乡贤、网格员、楼栋长、"五老"人员、志愿者等贴近群众、熟悉民情的优势，及时发现苗头隐患。① 例如，四川省宜宾市南溪区统筹综治网格、物业保安、小区楼长等基层群防群治力量，分片包干、逐村逐户摸排，重点收集群众间涉林地、婚恋、家庭、邻里、经济等各类矛盾纠纷，时时做到矛盾纠纷全掌握，同时聚焦高发、多发的突出矛盾纠纷类型和重点领域、重点人群，形成专属隐患清单，实施前瞻式跟踪治理策略。② 甘肃省民乐县组成以网格员、村民小组长、村级调委会、镇调委会为主体的四级网络，在重大节日和敏感时期进行地毯式排查，并将排查结果及时上报镇综治中心，发现重大纠纷和群访苗头随时上报，由镇调委会成立工作专班调处，切实防止群访、越级访和民转刑案（事）件发生。

三是健全矛盾纠纷预警机制，将矛盾纠纷风险预警在初始。在依托走访排查、社区邻里等渠道提供矛盾纠纷线索的同时，坚持"情报先行"的工作理念，以情报预警为驱动，发挥公安机关矛盾纠纷情报信息收集及预警研判的专业性与精准性，以"专业+机制+大数据"新型警务模式为牵引，构建由警情触发的风险感知和预警预防体系，提升矛盾纠纷预警的实际效能，实现超前预警、提前防范。通过梳理每日警情数据，从中摸排出可能涉及矛盾纠纷的警情，划定风险等级，强化预警研判。例如，南昌市公安局实行警情每日一梳理制度，利用派出所每日晨会，对前一日工作中涉及矛盾纠纷的警情，进行逐条分析、逐条研究、逐条调度，明确包案所领导和责任民辅警，后续加强追踪③；浙江省金华市婺城公安分局针对排查发现的各类隐患，列出问题清单、责任清单，并按照风险由低到高进行"绿、橙、黄、红"四色预警，形成辖区治安"晴雨表"，为社区民警提供

---

① 陈文清：《坚持和发展新时代"枫桥经验" 提升矛盾纠纷预防化解法治化水平》，《社会与公益》2023年第11期。

② 《宜宾市南溪区："摸、预、调、回、防"五维模式做实矛盾纠纷排查化解》，https：//www.sichuanpeace.gov.cn/dfdt/20240924/2913342.html，2024年9月24日。

③ 《"三项机制"推动矛盾纠纷化解》，https：//nc.jxzfw.gov.cn/2024/0701/2024070119907.html，2024年7月1日。

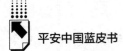

精准的工作指引①。在智治支撑方面，向科技借力、以数字赋能，运用大数据技术采集、挖掘矛盾纠纷相关数据，建立矛盾纠纷数据模型，对具有重大风险的矛盾纠纷进行专业预警，提早监测防范矛盾纠纷高发的重点类型、重点区域、重点人员、重要时段等，特别是对同人、同号、同地的重复类警情进行深度分析。例如，上海市浦东公安分局依托矛盾纠纷数据模型，每天对半年内因同一纠纷向公安机关反映 2 次及以上的数据进行筛选研判，将重警类矛盾纠纷的数据发送到各派出所，按照对应类别进行梳理并组织开展化解。再如，温州市鹿城公安分局依托归集的多维数据集，从性格异常、行为异常、家庭结构异常和涉事情况 4 个维度开展重点风险评估，构建了重复报警、个人极端倾向感知、易涉爆感知、家暴感知等七大预警模型。与此同时，各地方利用公安情报指挥中心这一"最强大脑"的中枢指挥作用，汇聚纠纷数据，提升预警力。例如，湖北省通山县以金融、房地产、教育、征地拆迁等领域为重点，充分发挥市、县公安机关的情报收集作用，强化情报信息报告和推送共享，公安机关第一时间将重大矛盾风险、涉稳信息推送至县综治中心，县综治中心会商研判后推送至乡镇综治中心，有效实现了精细预警。②为进一步打通公安机关与政府部门的流转通道，破除不同部门间的"数据壁垒"，搭建集成式平台，将公安口线索和政府口线索统一汇集，实现数据源对接。例如，浙江省乐清市通过基层智治综合应用、110 平台、12345 热线等线上系统进行大数据分析研判，对易引发纠纷的风险，及时预警通报乡镇及相关部门，切实做到早预防、早处置。③

四是依托法治赋能，提升全民法治意识。深入推进基层依法治理矛盾纠纷，关键在于引导人民群众自觉尊法学法守法用法。将法治宣传教育贯穿

① 《金华婺城打造矛盾纠纷闭环治理体系》，https://epaper.cpd.com.cn/szb/wwwcpd_9/dzb_16465/rmga/2023/2023_12_27/16466_2023_12_27_36505/1223/t_1117344.html，2023 年 12 月 27 日。
② 《努力推动矛盾纠纷预防化解提质增效》，http://www.legaldaily.com.cn/Village_ruled_by_law/content/2024-08/22/content_9043203.html，2024 年 8 月 22 日。
③ 《浙江乐清织牢纠纷防范化解 "一张网" 今年矛盾纠纷警情下降 44.8%》，https://www.163.com/dy/article/JEKP8PR10550TYQ0.html，2024 年 10 月 16 日。

矛盾纠纷预防排查全过程，向群众普及相关法律知识，积极营造办事依法、遇事找法、解决问题用法的良好社会法治环境，从而在源头上减少不必要的冲突。各地方在开展日常排查走访的同时，持续加强普法宣传工作，发放法律宣传手册等宣传品，结合具体事例，向群众讲解生活中常见的法律问题，与群众深入交流身边发生的矛盾纠纷问题，引导群众依法理性地处理矛盾纠纷，学会运用法律武器，采取合法途径理性表达合理诉求，维护自身合法权益。以安徽省淮南市胜利社区为例，社区工作人员与法律专家携手，在社区搭建法律讲堂，通过生动具体的矛盾纠纷案例分析、深入浅出的法律条文解读，让居民在轻松愉快的氛围中掌握了相关法律法规的核心要点与实际应用路径。① 除了开展传统的下社区普法宣传教育以外，近年来，各地积极探索创新普法方式，拓宽普法渠道，取得了显著成效。辽宁省大连市依托公共法律服务工作站，为公众提供零距离、普惠性、公益性的法律咨询服务，解答法律问题，提供法律意见，积极有效化解社会矛盾纠纷。贵州省黔东南苗族侗族自治州将普法融入新媒体运营中，开展了一系列富有创意的法治宣传教育活动，创作普法情景剧在抖音、快手、微视、头条等新媒体平台发布，用接地气、入人心的生活案例视频吸引群众网上学法，并且邀请律师和相关执法部门进驻新媒体直播间，结合法律法规和典型案例开展"直播带法"。② 四川省遂宁市在官方政务新媒体平台"法治遂宁"微信公众号上开辟普法新阵地，搭建普法宣传全媒体矩阵，整合全市政法系统和潼南司法宣传平台，将法治遂宁微博和网站动态、法治遂宁以案说法电视节目、以案说法电台节目、潼南司法微信公众号和微博、法治蓬溪民法典小剧场、大英普法视频、遂检"漫漫"说等法治相关栏目、谁执法谁普法责任单位新媒体平台以及法治教育基地云游链接到法治遂宁微信公众号菜单栏，实现全市法治动态、普法作品一键获取。③

① 《胜利社区：紧抓矛盾纠纷排查与法治宣传共筑和谐社区新防线》，https：//www.bagongshan. gov. cn/public/118323487/1260364108. html，2024 年 9 月 6 日。
② 《黔东南州司法局："新媒体+"矛盾纠纷预防排查化解一体化工作法》，https：//sft.guizhou. gov. cn/xwzx_97/sxdt/202410/t20241028_85988625. html，2024 年 10 月 28 日。
③ 《遂宁：充分发挥新媒体优势打造线上普法"新阵地"》，https：//www. sichuanpeace.gov. cn/fzsc/20230609/2754640. html，2023 年 6 月 9 日。

（三）立足多元调解，聚力推进矛盾纠纷实质性化解

我国大量的社会矛盾纠纷主要是因利益问题引发的非对抗性人民内部矛盾，这类矛盾纠纷不宜简单地以诉讼途径解决，完全可以通过调解的方式解决。实践证明，复杂矛盾纠纷往往涉及多种化解方式的有效衔接，只有情、理、法皆备于其中，才能实现矛盾纠纷的有效化解。① 基于不同矛盾纠纷本身的发展特点，不同矛盾纠纷化解方式有着不同的适用时间与适用对象。具体来说，矛盾纠纷化解通常有三道防线：人民调解是第一道防线，行政机关化解是第二道防线，司法是第三道防线。从城市既有矛盾纠纷处理经验来看，主要遵循着人民调解优先、分层递进、司法兜底的规律，在厘清各主体职能分工的基础上，各类矛盾纠纷解决方式依次递进，形成功能互补的矛盾纠纷调处体系和机制。

1. 激活人民调解潜力，筑牢矛盾纠纷化解"第一道防线"

人民调解是一项具有中国特色的法律制度，随着国家依法治理、源头治理进程的推进，人民调解已基本形成覆盖城乡和重点领域的组织网络，在预防化解矛盾纠纷、维护社会稳定中发挥着重要的基础性作用。我国各地各级政府单位充分重视人民调解工作，开展了形式多样的实践探索。

一是织密人民调解组织网络。健全调解组织网络是做好人民调解工作的基础，目前我国人民调解组织已经基本实现覆盖城乡、重点领域和重点单位，全国共有人民调解委员会69.8万个。② 人民调解既要广覆盖，还要高质量，特别是要在专业性上下功夫。除了在纵向上建立市、县（区）、乡镇（街道）、村（社区）四级人民调解组织网络，各地还积极推动人民调解组织向矛盾纠纷多发的重点、新兴领域延伸，因地制宜推进行业性专业性人民

---

① 郑延瑾、任勇：《新时代"枫桥经验"与城市基层纠纷治理共同体构建——以上海市 D 区为例》，《党政研究》2024 年第 4 期。

② 《坚持和发展新时代"枫桥经验"推进调解工作高质量发展》，https：//www.chinalaw. org.cn/portal/article/index/id/33380.html，2024 年 3 月 13 日。

调解组织建设，全国已成立行业性专业性人民调解组织近 5 万个。[①] 例如，江苏省徐州市泉山区在道路安全、物业纠纷、消费纠纷、知识产权纠纷、校园安全事故纠纷、医患纠纷、劳动纠纷、婚姻家事纠纷等领域指导成立了人民调解组织，为优化营商环境，还指导区总商会、电商产业园及有需要的企业成立了多家人民调解委员会。[②] 再如，安徽省芜湖市司法局联合多个单位建设市海事海商调解中心，选聘熟悉海事法律法规、航运、海事保险等方面知识的人员作为人民调解员，入驻海事海商调解中心开展日常调解服务。[③] 通过着力打造横向到边、纵向到底的立体化人民调解组织网络，将国家的法律、政策和价值观念渗透到社会的各个角落，努力把更多矛盾纠纷化解在基层。

二是加强人民调解队伍建设。人民调解员是人民调解工作的具体承担者，其政治素养、业务能力、职业规范等直接影响矛盾纠纷化解成效。一方面，各地不断扩大调解员来源渠道，广泛吸纳法学专家学者、人大代表、政协委员、律师、公证员、仲裁员、心理咨询师、医生、教师、退休政法干警等专业力量加入调解员队伍。截至 2023 年底，全国共有人民调解员近 320 万人。[④] 针对人民调解工作常出现兼职调解员动力不足、业务不专的情况，以及基层专职人民调解员比例低、缺乏法规保障的现状，地方政府大力发展专职人民调解员队伍。例如，贵州在全国率先探索建立并有效落实村（居）专职人民调解员队伍建设的制度体系和工作机制，采用司法局招聘、司法所管理、人民调解委员会聘任使用的管理模式，并予以完善的薪酬制度保障。[⑤] 另一

① 《坚持和发展新时代"枫桥经验"推进调解工作高质量发展》，https：//www. chinalaw. org. cn/portal/article/index/id/33380. html，2024 年 3 月 13 日。

② 《泉山区深入践行新时代"枫桥经验"的实践探索》，https：//www. zgjssw. gov. cn/shixianchuanzhen/xuzhou/202311/t20231113_8147113. shtml，2023 年 11 月 13 日。

③ 《芜湖市司法局"三个聚焦"拓宽纠纷化解渠道》，https：//sfj. wuhu. gov. cn/openness/public/6596371/39503517. html，2024 年 8 月 13 日。

④ 《聚焦急难愁盼全面提升群众法治获得感》，https：//www. moj. gov. cn/pub/sfbgw/fzgz/fzgzggflfwx/fzgzggflfw/202401/t20240118_493802. html，2024 年 1 月 18 日。

⑤ 《贵州推进村（居）专职人民调解员全覆盖 筑牢基层矛盾化解"第一道防线"》，https：//sft. guizhou. gov. cn/ywgz_97/rmfz/202403/t20240319_83954517. html，2024 年 3 月 19 日。

方面，持续加强人民调解员培训工作，各地普遍通过集中授课、网络视频、调解案例研讨、实习跟班调解、旁听庭审等多种形式，每年定期组织培训，切实提高人民调解员的专业素养和业务水平。

三是开创地方特色调解模式。矛盾纠纷复杂多样、地域差异大，没有现成的或一成不变的经验，各地在实践中不断创新和探索，结合本地经济、人文等实际情况，坚持问题导向，开拓创新人民调解思路，形成了三种较为典型的人民调解工作模式。第一种，文化赋能人民调解模式。通过挖掘和汲取优秀文化精髓，在人民调解工作中融入历史智慧与传统文化，因地制宜发展具有区域特色的人民调解模式。例如，安徽省桐城市创造性地传承转化"六尺巷"文化，在全城设立了 300 个"六尺巷调解工作室"，将六尺巷"谦和礼让、以和为贵"的理念注入化解各类矛盾纠纷实践中，推动形成礼让和谐的良好民风[①]；广东省客家地区将客家优秀传统文化融入人民调解工作，巧用客家家训、谣谚、宗祠调解室、村民理事会等载体，以群众都认同的客家传统文化，引导群众明辨是非、修德自律，从而找到情、理、法的最大公约数，化矛盾于无形。第二种，人民调解品牌模式。通过积极培育本土化人民调解品牌，以"一域一特色"打造新时代人民调解新局面。作为"枫桥经验"的发源地，浙江省诸暨市坚持和发展新时代"枫桥经验"，着力在人民调解专业化、品牌化上下功夫，在成功打造"老杨调解中心""江大姐工作室""电力老娘舅"3 家省级金牌调解室的基础上，持续推进"一镇一品""一业一品"调解室建设，先后建立大唐"红袜子"、同山"酒乡义警"、山下湖"珠正"等品牌调解室。[②] 第三种，"人民调解+"融合模式。借助外部资源来扩展人民调解的功能和影响力，推动人民调解工作提质增效。例如，河南省开封市打造"人民调解+媒体"模式，依托《宋都调解》法治电视栏目和宋都调解人民委员会专业力量，将人民调解工作搬上

---

① 《六尺巷百年礼让智慧 助力安徽基层治理"蹚"出新路》，https://sft.ah.gov.cn/ztzl/wmcj/ddjs/57559541.html，2024 年 10 月 24 日。

② 《诸暨市以新时代"枫桥经验"为引领 着力构建多元矛盾纠纷化解新格局》，https://www.sx.gov.cn/art/2024/2/21/art_1229327908_59534519.html，2024 年 2 月 21 日。

"荧幕"，用真实的镜头记录人民调解员化解各类矛盾纠纷的全过程，向广大群众宣传法律知识，引导群众依法维护自身权益。[①] 再如，安徽省芜湖市弋江区打造"人民调解+购买服务"模式，通过购买社会组织服务，在辖区5个街道试点推行人民调解社会服务项目，引导社会组织以项目化方式参与人民调解工作，充实基层人民调解力量。[②]

2. 发挥行政机关"分流阀"作用，夯实矛盾纠纷化解"第二道防线"

对各类社会矛盾纠纷，行业主管部门具有更加了解情况、更加熟悉相关法规政策和行业规范的优势，在化解消费服务、医疗卫生、劳资、房屋土地、社会保障、治安管理等领域的矛盾纠纷中发挥着主要作用。在当前基层社会矛盾纠纷调解实践中，作为肩负着维护公共安全和社会治安秩序重大使命的公安机关，与人民群众联系密切，经常面对各种矛盾纠纷，是矛盾纠纷多元化解的主力军，其化解矛盾纠纷的数量已成为中国"矛盾纠纷解决金字塔的塔基"[③]，矛盾纠纷化解成效直接影响着公安机关社会基层治理目标能否圆满实现。近年来，公安机关年均化解矛盾纠纷600万起左右，因矛盾纠纷引发的"民转命"案件连续4年下降。[④] 在新形势下各地公安机关不断强化各类矛盾纠纷化解工作，以机制保障推动矛盾纠纷排查化解，切实增强矛盾纠纷化解质效。

一是建立矛盾纠纷分级管理机制。根据矛盾纠纷的性质、对社会稳定的影响程度和激化的可能性，细分矛盾纠纷风险级别，做到分类施策、分级化解。例如，安徽省太湖县公安局采取"红、黄、蓝、绿"四色等级评定模式，绿色标识为当事人诉求简单、情绪稳定、社区工作人员已介入处理的日

---

① 《有矛盾纠纷可找〈宋都调解〉》，https://www.moj.gov.cn/pub/sfbgw/fzgz/fzgzggflfwx/fzgzrmcycjfz/202401/t20240117_493733.html，2024年1月17日。

② 《芜湖市弋江区创新人民调解模式 推动调解服务社会》，http://gongyi.ahwang.cn/yqxd/20231020/2584778.html，2023年10月20日。

③ 于龙刚：《法治与治理之间——基层社会警察"解纷息争"机制分析》，《华中科技大学学报》（社会科学版）2016年第3期。

④ 《公安部：共命名"枫桥式公安派出所"1313个》，https://baijiahao.baidu.com/s?id=1780609938238163553&wfr=spider&for=pc，2023年10月24日。

常普通矛盾纠纷；蓝色标识为由经济、租赁等引发，接处警民警已参与处置，且双方当事人也有调解意愿的一般矛盾纠纷；黄色标识为因婚姻、情感、邻里琐事引起，虽经过调解但仍未化解的复杂矛盾纠纷；红色标识则是风险隐患大的复杂矛盾纠纷。[①] 通过对不同颜色标注的矛盾纠纷进行精准分流处理，分别由社区民警、接处警民警、分管所长、所长进行牵头包干、领办化解，实现在化解上更有力、更快捷。

二是健全矛盾纠纷联动调处机制。一方面，压实内部各警种单位责任，进一步明确部门分工，派出所按照属地管理原则具体承办治安调解工作，治安部门重点负责社会面监控和指导协调化解工作，法制部门提供法律援助，警务督察部门督办纠纷调解，各警种部门各司其职、相互策应、密切配合，形成上下联动、左右协同的工作格局。例如，江西省南昌市经开公安分局构建"社区+治安"一体作战联动调处工作模式，案件办理队和社区警务队紧密协作、联动配合，对于一般矛盾纠纷，社区警务队负责调解工作；对于复杂矛盾纠纷，案件办理队介入并提供执法保障，存在违法行为的，依法依规打击处理，确保矛盾纠纷高质量、高效率调处。[②] 另一方面，实行"民警+社会自治力量"联动化解模式，广泛发动群众参与组建义务调解队伍，对普通的家庭矛盾纠纷、邻里纠纷等一般性矛盾纠纷就近调处，实现简单矛盾纠纷初步就地化解。例如，青海省海北公安巧用村干部、网格员等群防群治力量，充分发挥其"人熟、地熟、情况熟"的优势，构建"身边人+专业人"的"温暖"调解氛围，及时受理群众反映的各类问题，实时跟踪辖区可能产生治安隐患的矛盾纠纷，必要时主动参与调解，防止矛盾激化。[③]

三是完善公安信访工作机制。通过定期开展领导"接访"和"下访"，倾听群众上访事项，了解信访人的合法诉求，借力信访化解矛盾纠纷。以浙

---

① 《"四色"预警精准排查化解矛盾纠纷》，https：//szb. ahnews. cn/fzb/pad/con/202408/13/c1046209. html，2024 年 8 月 13 日。

② 《"三项机制"推动矛盾纠纷化解》，https：//nc. jxzfw. gov. cn/2024/0701/2024070119907. html，2024 年 7 月 1 日。

③ 《海晏：坚持"三到位"确保全覆盖 努力打造平安建设新局面》，https：//www. haiyanxian. gov. cn/xwdt/jrhy/3477551. html，2024 年 10 月 28 日。

江省为例，近年来，浙江公安机关建立健全"一把手"负总责、其他领导分工负责、部门警种负主体责任的下访接访和化解信访问题责任体系，各级公安机关"一把手"审签下访接访工作方案，明确工作目标、细化责任分工、推动工作落实，实现了从上访到下访、从被动应对到主动出击、从"公文转着办"到"就地马上办"、从信访拐弯办到领导直接办的转变，大量矛盾纠纷和诉求被解决在当地、办结在群众"家门口"。①

四是推行矛盾纠纷回访机制。对已化解的矛盾纠纷，以微信、电话、上门走访等形式开展回访，掌握矛盾双方当事人的思想动态，了解调解协议履行情况、调解结果满意度评价，防止矛盾纠纷"解而不合"、反弹升级。例如，江苏省常州市公安局分等级对矛盾纠纷进行跟踪回访，对调处成功的 A 级（重点）风险矛盾纠纷 7 日内回访一次，后续至少回访 5 次；B 级（关注）风险矛盾纠纷，15 日内回访一次，至少回访 2 次；C 级（一般）风险矛盾纠纷，30 日内进行回访，及时巩固调解成效，有针对性地落实跟进措施。②

3. 强化司法保障，延伸矛盾纠纷化解"第三道防线"

司法作为维护社会公平正义的最后一道防线，在化解社会矛盾纠纷中起着兜底性保障作用。各级司法机关始终坚持把非诉讼纠纷解决机制挺在前面，向引导和疏导端用力，寻求纠纷化解的"最优解"，推动实现案结事了，促进法律效果与社会效果的有机统一。从最高人民法院公布的数据来看，2024 年 1~9 月，全国法院诉前调解成功案件 1020.4 万件，占诉至法院民事行政案件总量的 42.1%，95.84% 的诉前调解案件得到自动履行，较上年同期上升 1.07 个百分点③，实现了大量矛盾纠纷化解在诉前。全国各地

---

① 《深化源头治理 绘就基层新"枫"景》，https://epaper.cpd.com.cn/szb/wwwcpd_9/dzb_16465/rmga/2024/2024_08_27/16466_2024_08_27_38923/824/t_1148495.html，2024 年 8 月 27 日。

② 《打造矛盾纠纷排查化解、风险防控治理体系》，https://www.mps.gov.cn/n2255079/n4242954/n4841045/n4841079/c9700183/content.html，2024 年 8 月 15 日。

③ 《最高人民法院公布 2024 年 1 至 9 月司法审判工作主要数据》，https://www.court.gov.cn/zixun/xiangqing/445361.html，2024 年 10 月 17 日。

司法机关创新和发展新时代"枫桥经验"，加强诉源治理，涌现出一批具有地区特色、实践特色、可推广的工作模式或经验。

一是坚持调解优先的司法政策。"调解优先、调判结合"是我国司法实践长期秉持的工作原则，要求对于通过两道防线过滤后以诉讼个案进入司法领域的矛盾纠纷，依法可以调解、依案情有可能通过调解解决的、调解处理的效果更好的，在保障当事人诉权前提下，优先选择非诉讼纠纷解决方式，按照自愿、合法原则引导当事人和解、协商。甘肃法院传承和创新马锡五审判方式就是坚持调解为先，将法律的专业判断与人民群众的朴素认知相结合，鲜明提出"调解是高质量、高效益审判，调解能力是高水平司法能力"的理念，做到当调则调、能调则调，尽最大可能促成案件调解解决和自动履行。①

二是推行"诉前调解+司法确认"模式。各级司法机关积极为非诉讼纠纷解决机制提供工作支持与法律保障，对于家事纠纷、小额债务纠纷、医疗损害责任纠纷、劳动争议、消费者权益纠纷、交通事故纠纷等法律关系适宜调解的民商事案件，推动对调解协议的司法确认，审查调解协议的合法性和自愿性并赋予其强制执行力，保证调解协议效力。各级法院还主动创新司法确认模式，促进矛盾纠纷及时高效化解。例如，重庆市武隆法院开创在线司法确认模式，开发了"同步录音录像"远程在线司法确认系统，使得确认流程更便捷，让申请人实现零成本化解纠纷②；河北省高阳县法院探索建立"示范调解+司法确认"模式，充分发挥示范案件生效裁判的引导作用，促进其他平行案件依据示范案件调解结果达成一致意见并向法院申请司法确认，成功实现"一案巧解，多案共赢"③。

三是加强司法建议工作。诉讼案件被视为社会矛盾纠纷的"晴雨表"，

---

① 《打造新时代践行马锡五审判方式的"甘肃样本"》，https：//www.chinagscourt.gov.cn/Show/94297，2024年11月2日。

② 《武隆法院：创新在线司法确认模式 跑出司法便民"加速度"》，https：//www.thepaper.cn/newsDetail_forward_28622906，2024年9月3日。

③ 《高阳法院运用"示范调解+司法确认"模式 成功实现类案止争》，https：//bdgyfy.hebeicourt.gov.cn/article/detail/2024/06/id/7988562.shtml，2024年6月17日。

不仅反映了新时代人民群众对司法的新需求，也暴露出社会治理中的堵点和难点。法院在审理案件过程中，通过总结分析案件背后反映的普遍性、倾向性、趋势性问题，及时发现可能引起矛盾纠纷的风险隐患，有针对性地向有关行业、领域的主管机关提出司法建议，督促其改进工作、完善治理，避免类似的问题再次发生，以有效减少并预防社会矛盾纠纷。2023 年以来，最高人民法院针对房地产及建工领域纠纷、信用卡纠纷、涉电影知识产权纠纷、融资性保证保险纠纷、超龄劳动者用工纠纷等，先后向有关部门和企业发出 1～5 号司法建议，有力维护了人民群众的切身利益，让纠纷止于未萌。①

4. 完善"三调联动"工作机制，汇聚矛盾纠纷化解合力

面对复杂多变的基层矛盾纠纷现实情境，简单依靠某种单一力量往往难以有效化解矛盾纠纷，建立一个由多主体参与、采用多种形式、通过多渠道共同运作的矛盾纠纷多元化解机制就显得尤为重要。近年来，各地贯彻落实习近平总书记关于完善社会矛盾纠纷多元预防调处化解综合机制的重要指示精神，以综治中心规范化建设为抓手，打造"一站式"矛盾纠纷多元化解中心，形成优势互补、有机衔接、协调联动的矛盾纠纷多元化解工作机制，最大限度满足人民群众多层次多样化纠纷化解需求。

一是大力整合资源，构建统一平台。一方面，以部门入驻的方式将分散的调解资源整合到一个统一的平台，解决以往各部门间权责不清、推诿扯皮的问题。通过统筹综治、信访、维稳、司法等力量，推进"诉调对接""警调对接""访调对接"。例如，甘肃省将综治中心打造成矛盾纠纷化解的"集散地"，推动信访接待中心、法律服务中心、诉讼服务中心、检察服务中心、社会心理服务中心等多中心一体化运行，一站式提供法律咨询、法律援助、矛盾化解、诉讼服务、信访接待、心理疏导等一条龙服务。② 另一方

---

① 《助力社会治理 司法建议让纠纷止于未萌》，http：//yn. people. com. cn/n2/2024/0308/c361322-40768630. html，2024 年 3 月 8 日。

② 《城关区：扎实推进综治中心实战化 打造新时代基层治理"城关样板"》，https：//www. lzzfw. gov. cn/Show/411053，2024 年 9 月 10 日。

面，广泛汇集社会资源，发挥各自专业优势，共同应对解决复杂矛盾纠纷。例如，江苏省淮安市吸纳行业性专业性调解机构、个人品牌调解工作室、心理服务机构、社会帮扶机构等社会力量进驻矛调中心，拓宽律师、乡贤等参与矛盾纠纷化解的制度化渠道。[①]

二是以流程再造为支撑，打造矛盾纠纷闭环调处机制。各地矛盾纠纷多元化解中心普遍按照"一站式接收、一揽子调处、全链条解决"原则运行，落实统一受理、分流转办、集中调处、跟踪督办的闭环式工作机制，对简单问题当场办理、一般问题限期办理、复杂问题联合办理、疑难问题司法兜底，实现矛盾纠纷流水线式化解。例如，浙江省宁波市奉化区矛盾调解中心构建一级事件"快速办"、二级事件"多方解"、三级事件"联合调"、四级事件"提级化"的矛盾纠纷四级闭环化解机制，形成"问题发现—流转—化解—督查—反馈"的闭环处理链条，通过系统化、规范化的流程设计，确保矛盾纠纷得到高效化解。[②]

三是打通数据壁垒，推动信息资源共享。针对多种调解方式之间标准不一、难以衔接的问题，横向打通各部门间的数据藩篱，实现多源头、多结构、多类型的矛盾纠纷数据有效汇聚，保证入驻矛盾调解中心的公安、信访、司法等部门的矛盾纠纷数据能够联通共享，为部门间指挥联动和业务协同提供数据支撑。例如，江苏省常州市新北区矛盾纠纷调解中心建立社会矛盾纠纷调解化解信息平台，通过在信息平台上统一登记办事服务事项，实现全流程可溯可控；针对跨部门、跨区域的重大矛盾纠纷，由矛调中心召集相关事权单位，依托信息平台推进业务上下协同、数据互通共享，综合运用法律、政策、经济行政等手段，协调指导开展矛盾纠纷化解、公共服务、社会治理等工作，全力解决群众诉求，有效避免了群众遇到矛盾纠纷多头多次跑的情况。

---

① 《打造解纷"终点站"探寻善治"最优解"——我市矛盾纠纷"一站式"调处服务中心实战实效》，http://zfw.huaian.gov.cn/shzl/content/17119008/1711938507141uxug1URJ.html，2024年2月29日。

② 《浙江奉化矛调中心："四轮驱动"文明之花倾城绽放》，http://www.zgxnczz.com/news/details/1699，2023年9月12日。

四　推进矛盾纠纷多元化解的建议

在新的时代背景下，人民群众对矛盾纠纷的化解有了更多的期待和更高的要求，而我国的国情决定了大量社会矛盾纠纷不能"一诉了之"。法治建设既要抓末端、治已病，更要抓前端、治未病。这就要求建立多主体、多形式、多渠道的矛盾纠纷多元化解机制。

（一）基层堡垒：筑牢法治根基与发挥基层党组织力量

党的二十大报告明确指出，必须全面推进国家各方面工作法治化。应以制度为引领，筑牢矛盾纠纷预防化解的根基，确保全国上下有统一的方向遵循。例如，可依据大数据分析全国矛盾纠纷的总体类型、高发领域等共性问题，制定通用性的矛盾纠纷分类标准及初步化解流程框架，助力基层在处理矛盾时有基本规范可依。基层党组织应发挥领导核心作用，一是协调法院、公安、政府职能部门等，建立快速响应联动机制。当接到群众纠纷诉求后，依据纠纷类型，能迅速调配专业人员，如法律专业背景的调解员、熟悉行政流程的公职人员等，组成调解小组，限时介入调解，确保纠纷得到及时、专业的处理。二是加强矛盾排查预警，组织党员干部、网格员深入社区、村落，定期走访群众，了解邻里关系、土地纠纷、民生诉求等潜在矛盾点。例如，通过设立"民情收集日"，每周固定时间安排专人接待群众来访，汇集各类问题；同时，借助信息化手段，如建立社区微信群、线上意见箱等，拓宽信息收集渠道，为及时化解矛盾赢得先机。三是创新调解方法。基层党组织要立足本地实际，对于简单邻里纠纷，采取"邻里评议"模式，召集周边邻居摆事实、讲道理，依靠群众舆论压力与情感纽带促使矛盾双方和解。

（二）三调联动：构建矛盾纠纷多元化解纠纷体系

"三调联动"是构建矛盾纠纷多元化解体系的核心，让人民调解、行政调解与司法调解各司其职、紧密协作，形成环环相扣、层层递进的高效化解格局。一是构建分层递进的纠纷解决体系。以人民调解与行政调解筑牢根基，各层级、各类型调解组织依据自身专长精准定位矛盾纠纷类型，有序承接并高效化解任务，编织成一张严密有序的解纷网络。二是全方位强化部门协作与配合。法院、司法行政部门、人民调解组织以及行业调解组织等应紧密携手，搭建常态化、制度化的沟通会商平台，定期组织深度研讨交流活动，针对矛盾纠纷多元化解进程中的疑难杂症、共性瓶颈问题汇聚各方智慧，协同发力，逐一攻克。三是全力畅通诉调衔接程序。秉持调解优先的基本原则，在纠纷刚刚进入司法领域的初始阶段，积极主动地引导当事人优先尝试调解方式化解矛盾，并同步配套建立调解不成快速立案机制，切实保障当事人合法权益不受延误，解纷进程紧凑高效。与此同时，精细打磨诉调对接的各项制度规范，理顺调解、仲裁、行政裁决、行政复议、诉讼等多元环节之间的衔接逻辑，确保各部门在解纷流程中紧密协同、高效对接。

（三）组织培育：加强矛盾纠纷调解队伍建设

加强调解队伍建设是提升调解工作水平、推动矛盾纠纷多元化解的关键。一是完善调解员选任机制。应设立专职调解员岗位，选拔具有丰富法律专业知识、熟悉行政流程、擅长理性沟通且拥有较强调解能力的优秀人才加入调解队伍，发挥专职调解员"术业有专攻"的优势。同时，规范熟人调解与乡贤老人调解模式，对乡贤老人开展基础法律知识普及，让他们在调解中知法守法，避免过度受人情干扰，保障调解既照顾情面又不违背法律。二是加大培训教育力度。定期邀请资深律师、司法所骨干工作人员等前来授课，分享处理复杂纠纷的调解经验与前沿法律知识，通过真实案例分析、情景模拟等形式，着重提升调解员运用法律条文、解读政策法规的水平，以及结合传统习俗、乡规民约化解矛盾纠纷的能力。三是建立健全经费保障机制和调解激励机制。增加经费投入，设立科学合理的调解员绩效考核制度，依据调解成功率、群众满意度以及调解规范性等指标进行考核，对表现优秀的调解员和成效显著的先进调解单位予以表彰，稳固调解员队伍，保障矛盾纠纷调解工作的高质量推进。

参考文献

［1］陆益龙：《后乡土中国》，商务印书馆，2017。

［2］江必新、黄明慧：《习近平法治思想中的法治政府建设理论研究》，《行政法学研究》2021 年第 4 期。

［3］颜慧娟、陈荣卓：《国家治理现代化进程中的社会矛盾解决机制建构》，《江汉论坛》2017 年第 1 期。

［4］李占国：《诉源治理的理论、实践及发展方向》，《法律适用》2022 年第 10 期。

B.4
中国治安治理力量调查报告（2024）

隋玉龙　吕昶*

摘　要： 治安治理力量是中国社会治安治理的重要组成部分，是社会治安治理发展的主体范畴。根据"国家—社会—市场"的分析框架，可以将治安治理力量分为以公安机关为代表的国家治安治理力量、以治安志愿者为代表的社会治安治理力量以及以保安公司为代表的市场治安治理力量。其中，公安机关主要发挥维护社会总体秩序、指导与监督其他治安治理力量的统筹作用，中国每万人公安警察数量为 14 人，低于世界其他主要国家，却实现了社会治安高质量发展。中国社会治安志愿力量规模较大且蓬勃发展，可以有效弥补国家治安力量不足的问题，居民有意愿参与各项社会治安维护活动的占比为 49.86%，但实际参与过治安志愿活动的比例为 8.30%。市场化的安保力量提供高质量、专业化的治安服务，2023 年全国保安服务公司发展到 1.7 万余家，全国保安员增至 676 万余人，且持续保持增长势头，中国保安行业取得飞速发展但规范化建设存在短板。三种治安治理力量对社会治安的影响存在强弱差异，由高到低分别为国家治安治理力量、市场治安治理力量与社会治安治理力量。因此，应当充分发挥公安机关的主导作用，并大力推动基层警务建设；持续提升社会治安治理力量的组织化水平，加强志愿服务的规范性与专业性；鼓励保安服务行业发展，加强保安行业内部认同与外部监管。

关键词： 治安治理力量　公安机关　社区民警　保安公司　治安志愿者

---

* 隋玉龙，中国人民公安大学治安学博士研究生；吕昶，中国人民公安大学治安学硕士研究生。

一　中国治安治理力量的组成内容

中国治安治理力量是维护社会秩序与社会治安的主体，是中国社会秩序持续健康运转的关键力量。从主体构成上看，中国治安治理力量可以根据"国家—社会—市场"的框架划分为国家治安治理力量、社会治安治理力量与市场治安治理力量三个范畴，不同范畴的治安治理力量具有不同的主体构成，各种主体既有自身分工负责的治安领域，又存在相互合作的机会，共同在中国社会治安中发挥重要作用。在国家治安治理主体之外，各种非政府、非营利组织迅速发展，并通过各种形式参与到政府部门的决策和执行之中，形成了不同主体通力合作实现治安治理目标的现实局面。治安治理力量的多元合作，在打破碎片化治理、提升社会控制水平、供给高质量安全服务等方面，发挥着不可替代的重要作用，对国家、社会与市场治安治理力量各自组成内容、运行特征与功能作用的充分了解，是实现良性合作的前提，只有厘清并发挥不同治安治理力量的功能优势，对各种治安治理力量进行建构培育，才能为后续合作机制设计提供基础。总的来说，治安治理主体的多元化是中国治安治理力量的发展趋势。

（一）国家治安治理力量

国家治安治理力量在中国社会治安治理力量的构成中占据主导地位，是多种治安治理力量的中心。党的十八届三中全会，习近平总书记创新性地提出了"国家治理体系和治理能力现代化"这一重要命题，并将其作为全面深化改革的总目标。党的二十届三中全会提出："进一步全面深化改革的总目标是继续完善和发展中国特色社会主义制度，推进国家治理体系和治理能力现代化。"不同于西方政治"现代化""民主化"的话语概念，以及由此延伸出的社会自治与国家弱化，治理能力是一个具有中国特色的治理概念，强调国家权力体系对社会各项事务的有效治理，满足广大人民群众诉求，进而实现国家共同体的最高之善。"国家治理"作为比较政治学话语概念的

"中国方案"，符合现代国家建设的历史和实践。同理，社会治安治理工作也离不开国家治安治理力量的主导地位，市场与社会治安治理力量必须在国家治安治理力量的安排与协调下参与社会治安治理工作。

1. 公安机关

在所有国家治安治理力量之中，公安机关是核心主体，是维护社会秩序与社会治安的主力军，相对于其他治安治理力量具有主导地位。党的十八大以来，习近平总书记高度重视公安事业发展，会见全国公安系统英雄模范立功集体表彰大会代表，出席全国公安工作会议并发表重要讲话，向中国人民警察队伍授旗并致训词，充分体现了以习近平同志为核心的党中央对公安工作的高度重视。习近平总书记明确提出对党忠诚、服务人民、执法公正、纪律严明"四句话、十六字"总要求，深刻揭示了公安工作的基本属性和职业特点，精辟回答了公安工作和公安队伍建设中带有根本性、原则性、方向性的重大问题，科学指明了新时代建警治警的指导思想、基本原则和目标方向，引领新时代公安工作取得了历史性成就、发生了历史性变革。公安机关是人民民主专政的重要工具，是党和人民手中的"刀把子"；公安姓党是公安机关的根本政治属性，是公安队伍永远不变的根和魂；坚持党的绝对领导是公安工作的根本政治原则，是党对公安工作的根本政治要求。

公安机关的宗旨是坚持全心全意为人民服务，坚持以人民为中心的发展思想，牢记人民公安为人民的初心使命，充分发挥在推进平安中国建设中的主力军作用，紧紧围绕人民群众反映强烈的突出治安问题，深入开展专项打击整治行动，坚持打防结合、整体防控，专群结合、群防群治，加快完善立体化信息化社会治安防控体系，着力提升对动态环境下社会治安的控制力，确保社会治安大局持续稳定。

截至 2024 年 2 月 26 日，中国警察的总数量为 200 万人。[1] 这一数字包括了全国公安机关在职民警、法院和检察院的司法警察、狱警以及国家安全

---

[1] 《全国 200 万公安民警中女民警有 28 万多人》，https://www.mps.gov.cn/n2254536/n2254544/n2254552/n7768818/n7768837/c7771380/content.html，2021 年 3 月 8 日。

部的警察等多个组成部分。其中，公安系统的警察数量为130万人，是警察队伍中的主体部分。2024年1月17日，国家统计局公布2023年人口数据，2023年末全国人口140967万人（约14.1亿人）①，也就是说，当前我国警察在总人数中的占比约为0.14%，每万人警察数量大约有14名。随着国家对社会治安和公共安全投入的增加以及警务技术的不断创新和发展，警察队伍将更加专业化、现代化和智能化。全国公安机关组织开展"教科书"式执法培训，全国已有191.8万名在职公安民警取得基本级执法资格，6.5万人取得高级执法资格。② 结合世界其他国家来看，由于各国人口总数与地域面积不同，以每万人警察数量作为衡量各国警力的标准，总的来看，西方国家每万人警察数量基本在25名以上，根据欧盟统计局官方网站Statistics Explained③，2020~2022年，欧盟每万人警察数量为34.1名。

第一，美国。根据网站Our World In Data④的数据统计，2015年，美国人口大约为3.36亿⑤，警察数量约为100.8万人，每万人警察数量为30名。美国警察可以分为联邦警察、州警察和地方警察，分别对应美国的三级政府，其中地方警察又可以分为县警察和市镇警察。地方警察是美国警察的主体，是美国警察的"基层"，其中的主力是市镇警察。正如数据所示，地方警察机构占全美的80%，全职警察占全美的70%。市镇警察构成了美国警察的主力，也是现代警务主要的研究对象和参与主体。

第二，英国。1856年，为维持治安秩序，英国议会通过治安法，决定在伦敦等地创立警察，要求每个郡都建立警察队伍。英国没有统一的警察部队，根

---

① 国家统计局"政府信息公开"网站，https://www.stats.gov.cn/xxgk/jd/sjjd2020/202401/t20240118_1946711.html，2024年1月18日。

② 《9组数据看全国公安工作这五年》，https://news.cctv.com/2024/05/30/ARTIa2PXj2HMlQJjrmDBU1xQ240530.shtml，2024年5月30日。

③ Statistics Explained是欧盟统计局官方网站，以易于理解的方式介绍统计主题，这些文章共同构成了一本适合每个人的欧洲统计百科全书。

④ Our World In Data网站是全球变化数据实验室的一个项目，该网站所在实验室是英格兰和威尔士注册的慈善机构（慈善编号为1186433）。

⑤ 外交部：《美国国家概况》，https://www.fmprc.gov.cn/gjhdq_676201/gj_676203/bmz_679954/1206_680528/1206x0_680530/，2024年4月。

据地域界限划分设 52 支警察队伍，其中英格兰和威尔士 43 支，苏格兰 8 支，北爱尔兰 1 支。2024 年 7 月 24 日，英国内政部官网发布了英国的警力信息。截至 2024 年 3 月 31 日，英格兰和威尔士 43 个地区的警察部队共有 147746 名全职警官，相较于 2023 年同期增加 0.20%，是有记录以来英国警察人数的最高值。根据全球数据和商业智能平台 Statista① 的统计数据，2023 年英国警察数量为 17.1 万名②，同时根据 CEIC 的统计，2023 年英国人口数量为 6835 万③，每万人警察数量约为 25 名。英国负责维持社会治安和公共秩序的警察分为三种：正规警察、志愿警察和社区服务警察。正规警察享有警务人员的全部权力，是警察队伍的主要力量，英国现有正规警察 143000 名。志愿警察是指拥有自己的全职工作，业余时间义务执行警务，着制服，与正规警察享有相同的权力，领取一笔补助金，英国现有志愿警察 13000 人。社区服务警察是全职警察，只享有正规警察的部分权力，负责维护社区安全和阻止反社会行为，英国现有社区服务警察 7000 人。④

第三，德国。根据 2022 年人口普查结果，德国全国人口为 8267 万。⑤德国是欧盟人口最多的国家，也是欧洲人口最稠密的国家之一。德国的警察与警察组织分为联邦级和州级，分别由联邦内政部和各州内政部管理，两级组织各有自己的管辖权限和分工，又相互配合和相互制约，双方之间不存在领导和被领导的关系，如遇工作上的矛盾和冲突，则由全国内政部长联席会议及其下设的专门委员会协商解决。⑥ 根据 Statistics Explained 网站统计，

---

① Statista 是一个全球数据和商业智能平台，广泛收集来自 170 个行业 22500 个来源 80000 多个主题的统计数据、报告和见解。Statista 于 2007 年在德国成立，在全球 13 个地点开展业务，拥有约 1100 名专业人员。

② "Number of police officers in the United Kingdom from 2003 to 2023"，https：//www.statista.com/statistics/303963/uk-police-officer-numbers/，2024 年 10 月 28 日。

③ CEIC：《英国人口》，https：//www.ceicdata.com.cn/zh-hans/indicator/united-kingdom/population，2023 年 12 月 1 日。

④ 英国内政部官网，https：//www.gov.uk/government/statistics/police-workforce-england-and-wales-30-september-2023/police-workforce-england-and-wales-30-september-2023，2024 年 1 月 24 日。

⑤ 德国联邦统计局，https：//www.destatis.de/DE/Home/_inhalt.html，2024 年 6 月 25 日。

⑥ 熊安邦：《德国警察制度（上）》，《现代世界警察》2021 年第 3 期。

2020~2022 年，德国每万人警察数量为 30.5 名。

第四，法国。法国警察体系分为由法国内政部管理的国家警察和由所负责城市政府管理的城市警察。根据 Statistics Explained 网站统计，2020~2022 年，法国每万人警察数量为 35.9 人。

第五，日本。日本的警察组织由中央警察机构和地方警察机构组成，中央警察机构有国家公安委员会和警察厅，地方警察机构有各都道府县公安委员会、警视厅和警察本部。警视厅通过协调警察应对跨区域有组织犯罪、犯罪鉴识、犯罪统计等业务对都道府县的警察进行指挥和监督。都道府县设有都道府县公安委员会，负责管理都道府县警察，都道府县警察则设有警察本部（东京都为警视厅）和警察署，警察署之下设立交番和驻在所（相当于派出所）。根据日本官方统计网站 e-Stat 统计，2022 年每万人警察数量为 20.9 名，日本警察数量总数大约为 25.4 万人。

第六，印度。印度是世界上警察数量最多的国家之一，达到约 230 万人。印度警察体系由联邦警察和地方邦警察构成，其中治安警察队伍最为庞大，约 160 万人，印度边境警察约 1.36 万人。这一庞大的警察队伍在印度广袤的国土上分布，承担着维护社会治安的重要任务。2023 年，印度总人口约为 14.4 亿[①]，每万人警察数量大约为 15 名。

第七，俄罗斯。2011 年，俄罗斯杜马下院通过了新《警察法》，进一步加强俄罗斯警察机关的集中、垂直领导体制，改革后原先主要由地方政府开支经费并进行领导的治安警察各警种全部由内务部直接领导，全部警察经费来自联邦预算。同时实行减员增效，20% 左右的警察被裁撤，但剩余人员的总体薪资增长 30%。2011 年俄罗斯警察人数约为 128 万人，经过精简后，到 2018 年约有 90 万人。根据俄罗斯统计局的数据，截至 2024 年 1 月 1 日，俄罗斯的人口约为 14620 万[②]，也就是说每万人警察数量约为 61 名。

---

① 外交部：《印度国家概况》，https：//www.mfa.gov.cn/web/gjhdq_676201/gj_676203/yz_676205/1206_677220/1206x0_677222/，2024 年 8 月。

② 俄罗斯联邦统计局，https：//eng.rosstat.gov.ru/folder/76215，2024 年 11 月 14 日。

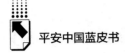

不同国家警务力量处理案件的能力有着很大差异。根据中英两国国家统计部门、司法部门和第三方国际刑警组织的数据，这几年来，刑事犯罪（包括与一般百姓生活密切相关的抢劫、盗窃等），中国年均发生 580 万件，英国年均发生 570 万件；刑事案件年均破案结案率，中国为 47%，英国为 10%；刑事案件中命案的年均破案率，中国为 99.6%，英国不足 74%。虽然中国和英国年均刑事案件发生数差不多，但是，中国人口数量是英国的 22 倍以上，国土面积是英国的 39 倍以上。再看每万人警察数量，英国约为 25 名，中国约为 14 名，也就是说，英国的人均警力配额约是中国的 1.8 倍。如此高的警力配比，却没有达到中国公安机关的犯罪控制效果与案件处置水平，表明中国警察体系具有独有的治理优势，即通过具有中国特色的社会治安治理机制实现高质量的社会秩序。

据《赫芬顿邮报》网站报道，FBI 公布的数据显示，与 2022 年第四季度相比，2023 年第四季度美国各地的暴力犯罪下降了约 6%。在同一时间段内，谋杀案下降了 13%，强奸案下降了 12%，抢劫和恶意伤害案件均下降了 5%。尽管数据表明美国犯罪率出现下降，但是民众的反应并不满意。根据 2023 年 11 月盖洛普（Gallup）发布的民意调查，多达 77% 的美国人认为犯罪问题在过去一年中有所恶化。① 一方面，FBI 自身的数据来源存在缺陷。福克斯新闻报道称，2019 年仅有 89% 的市政警察部门向 FBI 提交了犯罪数据，2021 年这一数字不到 63%，洛杉矶、纽约和芝加哥等几个大城市并未向 FBI 提交犯罪数据。另一方面，数据统计中关于犯罪的定义出现偏差。美国公共安全组织"法律秩序与安全联盟"（CLOS）发布报告称，FBI 的统计数字不能体现真实情况，实际犯罪情况比官方数据表现出来的更为严重。警方如何对暴力犯罪进行分类会影响各类犯罪率。该报告主要作者肖恩·肯尼迪指出，如果将某件事归为严重袭击，就是暴力犯罪或重罪；但如果归类为

---

① 《美国犯罪率"下降"难消民众不安》，https://cn.chinadaily.com.cn/a/202403/22/WS65fcfadaa3109f7860dd67ff.html，2024 年 3 月 22 日。

简单的袭击，那么就是轻罪和非暴力犯罪。① 相较于其每万人 30 名警察的配比，美国社会治安治理效果并不显著，民众的满意度与安全感较低。

《中共中央 国务院关于加强基层治理体系和治理能力现代化建设的意见》指出：“基层治理是国家治理的基石，统筹推进乡镇（街道）和城乡社区治理，是实现国家治理体系和治理能力现代化的基础工程。”② 作为社会的基础单元，社区是社会治安治理的“最后一公里”，良好的社区治理是人民安居乐业、社会长治久安的基础。加强公安派出所基层建设，提升社区警务的治理效能，不仅是“夯实国家安全和社会稳定基层基础”的重要举措，而且是完善社会治理体系，“建设人人有责、人人尽责、人人享有的社会治理共同体”的重要路径。社区警务是公安机关社会治安治理体系的末梢，是最接近社会的单元，在当前派出所由“重打”转“主防”的职能变迁过程中，解决社会矛盾纠纷、联系和沟通社区民众、服务社区公共需求等，成为派出所日常性的职能和任务。因此，社区警务工作的定位与职责不断调整，积极实施主动警务、预防警务，将派出所的工作重心转移到做好源头防范管理和提供社区公共服务等基础工作上来。

2023 年 5 月 19 日，根据公安部线上新闻发布会“通报公安机关奋力开创公安工作和队伍建设新局面取得的新成效”介绍，党的十八大以来，公安机关坚持和发展新时代“枫桥经验”，落实系统治理、依法治理、综合治理、源头治理各项措施，深化公安大数据智能化建设应用，健全完善“情指行”一体化运行机制，持续开展“枫桥式公安派出所”创建活动，强化推行派出所“两队一室”“一村（格）一警”等机制模式，1.17 万个警力较多的派出所推行“两队一室”，全国设立社区（驻村）警务室 19.5 万个，配备社区民警 22.3 万人。③ 2023 年 3 月，公安部印发《加强新时代公安派

---

① 《美国犯罪率下降？误导性说法难掩枪支暴力痼疾》，https：//news. cnr. cn/native/gd/20240420/t20240420_526674286. shtml，2024 年 4 月 20 日。

② 《中共中央 国务院关于加强基层治理体系和治理能力现代化建设的意见》，https：//www. gov. cn/zhengce/2021-07/11/content_5624201. htm，2021 年 7 月 11 日。

③ 《通报公安机关奋力开创公安工作和队伍建设新局面取得的新成效》，https：//www. mps. gov. cn/n2254536/n2254544/n2254552/n9048891/index. html，2023 年 5 月 19 日。

出所工作三年行动计划（2023~2025 年）》。① 文件要求，进一步优化警力布局，推动市县公安机关警力向派出所下沉、派出所警力向社区前置，全面落实派出所和社区民警警力配置"两个 40%以上"要求，即派出所警力达到区（县）公安机关总警力的 40%以上，社区民警达到派出所总警力的 40%以上。截至 2024 年 5 月，全国派出所警力占县级公安机关警力、社区民警占派出所警力基本实现"两个 40%"标准。②

根据全国社会治安调查问卷的统计，针对问题"所居住社区（村）是否设置了社区（村）警务室"，问答"是"的比例为 53.40%，回答"否"的比例为 25.60%，回答"不清楚"的比例为 21.0%（见表 1）。这表明社区警务建设情况良好，未来需要强化社区警务建设过程中的宣传推广，提高基层群众对社区警务的认知度与接受度，帮助社区警务进一步扎根社区。

表 1　居住社区（村）警务运行情况

单位：%

社区(村)警务室和民警常驻情况	是	否	不清楚	合计
所居住社区(村)是否设置了社区(村)警务室	53.4	25.6	21.0	100
所居住社区(村)警务室是否有民警常驻	58.2	17.5	24.3	100

针对问题"所居住社区（村）警务室是否有民警常驻"，回答"是"的比例为 58.2%，回答"否"的比例为 17.5%，回答"不清楚"的比例为 24.4%，表明社区民警扎根社区情况较好。但是，目前依然存在少数社区民警常驻社区时间不够的问题，并且有不少民众对社区民警是否常驻社区警务室并不了解，这是后期需要改进的地方。

---

① 《公安部印发〈加强新时代公安派出所工作三年行动计划（2023~2025 年）〉》，https://www.gov.cn/xinwen/2023-03/29/content_5748938.htm，2023 年 3 月 29 日。

② 《我国基本实现派出所和社区民警"两个 40%"警力配备标准》，https://baijiahao.baidu.com/s？id=1800196468408429503&wfr=spider&for=pc，2024 年 5 月 27 日。

全国已建成的警务室数量庞大，其中社区警务室在农村和城市社区中均有广泛分布。随着城市化进程的推进和社区警务工作的加强，社区警务室的数量还会不断增加，成为新时代公安机关社会治安治理的重要基础阵地，依托社区警务可以更好地贯彻真正的群众路线，积极主动地去联系、沟通和动员群众，并通过构建相应的平台和机制实现社区公众的有序和有效参与。总体上可以认为，社区警务室在城市社区中实现了较高的覆盖率。

2. 社会治安综合治理机构

1981 年 6 月 14 日，中央政法委在《京、津、沪、穗、汉五大城市治安座谈会纪要》中首次提出了"综合治理"的概念。1991 年 3 月 2 日，全国人大常委会通过了《关于加强社会治安综合治理的决定》。"综合治理"强调的是"标本兼治、重点治本"，其所用的具体方法就是要在多部门、多主体的协同作用下，发动社会力量，让群众参与到社会问题的治理过程中，从源头治理社会治安。2017 年全国社会治安综合治理表彰大会上明确提出："要坚定不移走中国特色社会主义社会治理之路，善于把党的领导和我国社会主义制度优势转化为社会治理优势，着力推进社会治理系统化、科学化、智能化、法治化，不断完善中国特色社会主义社会治理体系。"[①] 1991 年 2 月 19 日中共中央、国务院发布的《关于加强社会治安综合治理的决定》中规定，社会治安综合治理是在各级党委和政府的统一领导下，各部门协调一致，齐抓共管，依靠广大人民群众运用政治、经济、行政、法律、文化、教育等多种手段，整治社会治安，打击犯罪和预防犯罪，保障社会稳定。在具体工作措施上，要求各级党委和政府把综合治理摆上重要议程，健全社会治安综合治理的领导机构和办事机构；各部门、各单位齐抓共管，形成"谁主管谁负责"的局面；落实各项措施到城乡基层单位，形成群防群治网络；健全领导体制，加强办事机构建设。综合治理工作涉及全党全社会的各个方面，必须由党委统一领导，政府担负重要的领导责任，大量工作由政府具体组织实施。为了加强对社会治安综合治理工作的领导和具体指导，中共中央成立了社会治安综

---

① 中共中央文献研究室编《习近平关于社会主义社会建设论述摘编》，中央文献出版社，2017。

合治理委员会（简称中央综治委），下设办公室。各地从省、自治区、直辖市到地市、县区，都相继建立健全了社会治安综合治理领导机构，以党委一名领导同志为首，政府一名副职协助，各有关部门负责同志共同参与。[①]

社会治安综合治理是从基层经验中升华的产物，经历了自改革开放以来长期实践的检验，符合中国社会治安的实际情况，是具有中国特色的治理经验模式。从社会治安综合治理的提出到现代社会治安治理，社会治安综合治理的内涵也在不断创新发展，但其来自"枫桥经验"的核心却从未改变，综合治理的核心思想表明以下三点。其一，社会问题的复杂性决定了在解决社会问题的时候绝对不能采用单一的手段，要仔细研究社会秩序问题背后的经济、文化与制度原因，通过多重手段进行系统性、综合性治理，才能够真正探索出解决社会问题的有效方案。其二，社会治安治理不能过度依赖"被动反应"，而要突出主动预防，利用综合治理网络中不同单位、组织与成员的力量，从源头遏制社会失序，做到防患于未然。其三，强调通过组织建设和组织网络，不断提升国家的社会控制能力。公安机关及其他行政部门主动把各种伴随市场转型与社会变迁而出现的现代治理资源纳入国家治理体系，借助基层党支部、村（居）委会、单位等组织形式，将社会成员吸纳在一起，力图培育现代治理结构，通过重构国家治理体系来应对急剧社会变迁过程中的秩序问题。

中央综治委是中共中央、国务院领导全国社会管理和综合治理的常设机构，与中共中央政法委合署办公。在地方层面，中央综治委下设办公室（简称综治办）作为办事机构。综治办作为社会治安综合治理的重要机构，工作内容丰富多样，且在公检法之间发挥着重要的协调作用。截至 2021 年 12 月，全国已建成各级综治中心 58.3 万余个，省级综治中心建成率达到 100%，市、县、乡三级建成率均达 90%以上。[②] 2018 年3 月，根据中共中央印发的《深化党和国家机构改革方案》，不再设立中央

---

① 唐皇凤：《社会转型与组织化调控》，武汉大学出版社，2008。

② 《完善社会治理体系（认真学习宣传贯彻党的二十大精神）》，http://www.xinhuanet.com/politics/cpc20/2023-01/11/c_1129273379.htm，2023 年 1 月 11 日。

社会治安综合治理委员会及其办公室，有关职责交由中央政法委承担。① 这意味着，社会治安综合治理机构将进一步在中国政法体系之中展开，强化社会治安综合治理的政法领导，增强政治性与法治性。在社会治安综合治理方面，政法委发挥着核心作用，指导各级各部门落实社会治安综合治理的各项措施，推动形成齐抓共管的工作格局。同时，政法委负责研究和制定社会治安综合治理的相关政策，确保这些政策符合实际情况，具有可操作性，并对这些政策的执行情况进行监督，确保政策得到有效贯彻，达到预期效果。

（二）社会治安治理力量

社会治安治理力量，是指依法组建，以防范方式专职维护治安秩序，接受公安机关监督、指导或管理的各种社会力量的总称。社会治安治理力量是中国社会治安治理力量的重要组成部分，社会治安治理力量与国家治安治理力量的合作互动，表明国家与社会之间呈现互认、互知、互信、互促的良性耦合状态，社会理解国家出于社会安全的底层逻辑而对社会秩序加以调控，国家尊重社会出于自主自治的内生逻辑而对社会治理共同体进行的积极塑造。二者在合作中遵循协调有序、良性互动的"平衡逻辑"。社会治安治理力量的加入，可以有效弥补国家治安治理力量不足的问题。社会治安治理主体维护治安秩序的活动不是纯粹的私人事务，不论何种形式的社会治安治理主体，都必须在法律规定的范围内活动，接受国家机关尤其是公安机关的指导监督，以防止其蜕变成为集体或个人谋取私利的工具。从这个意义上来讲，社会治安治理主体是国家维护治安秩序的辅助力量，不是自成体系、自行其是的治安治理力量。但这种辅助性质仅体现在维护治安秩序上，并不能否定社会治安治理主体与国家治安治理主体的相对平等地位。社会治安治理力量大致可以分为组织化程度较高的治安志愿组织和组织化程度较低的一般性治安志愿者。

---

① 《中共中央印发〈深化党和国家机构改革方案〉》，https：//www.gov.cn/zhengce/202203/
content_3635301.htm#1，2018 年 3 月 21 日。

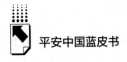
1. 治安志愿组织

健全志愿服务体系是我国社会治理创新的重要组成部分。社会结构转型、人口结构变化和治理体系变迁给志愿服务带来挑战，如何结合国家治理和社会建设，推动志愿服务供给成为志愿服务的关键议题。① 与西方讨论社会志愿服务的自主性、市场性与自治性不同，中国的志愿服务承担更重要的联结功能，联结了国家治理、社会建设和居民自治等各方面，成为国家与社会合作的中枢结构。也正是由于这种联结性，在我国的志愿服务中，社会化、专业化有一定的延伸性，如通过不同政府部门、事业单位进行培育而逐步发展，而非简单的社会领域的自我专业化。在社会治安领域，由于安全与秩序的严肃性，治安志愿组织与国家形成了更为密切的关系，需要在公安机关的组织和引导下科学开展治安治理工作，因而治安志愿队伍突出强调自身的组织性建设。

治安志愿组织是促进社会治安治理现代化的有生力量，相较于其他社会组织，治安志愿组织最大的特点在于更加强调治安治理专业性，比较具有代表性的治安志愿组织往往具有特定的标识与规律的行为模式，既在日常生活中开展治安巡逻、调解邻里纠纷、维护公共秩序等志愿活动，也会在重大会议活动期间积极开展社会面安全检查、治安巡逻防控、报告违法犯罪线索等工作。治安志愿组织与基层公安机关的联系更强，其往往是在基层民警的指导与安排下统一开展工作，对治安秩序维护过程的规范性、标准性与纪律性有着更高的要求，不能随意开展行动。在特殊时期，相关治安志愿组织也会协助公安机关开展对商铺的人员信息登记情况的监督检查。《中国志愿服务发展报告（2021~2022）》的数据显示，全国注册志愿者人数从2012年的292万人增长到2021年的2.17亿人，累计志愿服务时长达16.14亿小时，人均志愿服务时长为7.44小时。② 中国志愿服务网显示，全国实名志愿者总数为2.37亿人，志愿队伍总数为135万个，志愿项目总数为532600万

---

① 黄晓星：《制度联结：中国特色志愿服务的多重实践与逻辑》，《学术月刊》2022年第4期。
② 张翼、田丰主编《中国志愿服务发展报告（2021~2022）》，社会科学文献出版社，2022，第9页。

个，服务时间总数达 532600 万小时。① 2023 年 11 月 5 日发布的《社会组织蓝皮书：中国社会组织报告（2023）》显示，截至 2022 年底，我国共有 89.13 万个社会组织，其中社会团体 37.01 万个，民办非企业单位 51.19 万个，基金会共 9319 个。治安志愿组织在整个社会组织快速发展的背景下，也得到了充分建设与培育。

由于地方社会的差异性，不同地域的治安志愿组织往往具有不同的表现形式。在北京，"朝阳群众""西城大妈""丰台劝导队""东城守望岗"等社会治安治理力量在平安北京建设中发挥了积极作用，在提供情报线索、帮助打击犯罪、参与调解工作等方面起到了重要的作用，并且还对社会治安治理队伍的专业化建设起到了良好的示范效应，创新新时代背景下的警群合作模式。在浙江诸暨，"青年帮帮团""陈家女子防范队""村嫂巡逻队""枫桥大妈""红枫义警"等治安志愿组织在当地社会治安治理中发挥重要作用，作为其中突出典范的"红枫义警"，由诸暨市枫桥镇行政区域内自主参与社会治安治理工作的社会公众自愿组成，并接受诸暨市公安局治安大队和枫桥派出所的业务指导及监督管理，依照国家法律法规和章程，协助参与治安防范、安防教育、纠纷调解、文明劝导、帮困解难、交通管理等治安志愿工作。作为新时代"枫桥经验"的实践模式，"红枫义警"始终把党的领导贯穿基层治理全过程，义警成员具有共同的文化记忆和价值符号，源源不断地吸纳各领域、各行业的党员参与到治安活动之中。而在宁波，宁波市公安局组织开展"千警下基层、万警大巡访"专项行动，依托完善的社会志愿服务体系，培育孵化社会治安志愿组织，探索社会志愿组织合作新机制，并以岔路派出所为试点，对接岔路辖区社会志愿组织"阳光志愿服务社"，成立"阳光义警"，以公益服务的形式引导社会志愿力量开展群防群治工作。

2. 一般性治安志愿者

一般性治安志愿者是指不需要具备较高专业性，在一定区域内开展治安

---

① 中国志愿服务网，https：//chinavolunteer.mca.gov.cn/site/home，2024 年 10 月 19 日。

志愿服务的志愿者。相较于治安志愿组织，一般性治安志愿者最大的特征是组织化程度较低，没有相互联结成为组织集体，往往是分散的独立个体。一般性治安志愿者由于不具备治安治理工作方面较高的专业素质，开展的志愿活动并不直接关系群众的生命财产安全。因此，通常不对一般性治安志愿者进行过多的监管，其自主性与灵活性较强。在很多情况下，一般性治安志愿者会在社区民警或居委会的带领下开展治安治理工作，并且自身的治安志愿者身份并不稳定，依托于特定的机会结构，例如，当地返校大学生在社区民警的动员下对社区居民开展反电诈宣传，增强居民的安全防范意识。一般性治安志愿者与公安机关之间被监管与监管、被指导与指导的关系较弱，但他们也可能转化为治安志愿组织的成员，是专业化治安志愿组织的发展力量。一般性治安志愿者具有参与社会治安治理工作的价值追求，基层公安机关要不断完善志愿服务的"互惠"激励体系，延续和巩固其社会正向情感，使其在服务社会过程中形成支持型伙伴关系，逐步将其吸纳进组织之中。

根据全国社会治安调查中治安志愿模块的统计，针对问题"未来您是否愿意参与下列治安志愿活动——社区（村）治安巡逻"，回答"愿意"的占65.10%，回答"看情况"的占25.20%（见表2）。统计数据表明，平均来看，几乎半数民众有较高的治安志愿服务参与意愿，还有相当比例的民众具有潜在的治安志愿服务参与意愿，其中，愿意参与社区（村）治安巡逻的比例最高，表明中国社会一般性治安志愿者的治理潜力巨大。

表2　治安志愿服务工作的参与意愿

单位：%

治安志愿活动	不愿意	愿意	看情况
社区（村）治安巡逻	9.70	65.10	25.20
学校治安服务	10.90	45.20	43.90
治安调解员	14.00	48.20	37.80
重大活动安保	12.90	41.20	45.90
交通协管	13.20	49.60	37.10
平均	12.14	49.86	37.98

　　同时，通过问题"您本人在过去 12 个月是否参加过以下志愿服务"来测量民众的社会治安志愿服务参与情况，图 1 显示，91.3%的民众在过去 12个月没有参加过治安志愿服务，仅有 8.30%的民众参与过校园护学、重大活动安保、社区巡逻、反诈宣传等治安秩序维护活动，表明基层社会中广大群众对社会治安志愿工作的实际参与度有待提高，结合高水平的治安志愿服务意愿，必须强化对基层社会治安志愿者的动员与引领，促进治安志愿服务意愿向治安志愿服务行动转化，进一步调动一般性治安志愿者的行动，并引导其进入治安志愿组织。

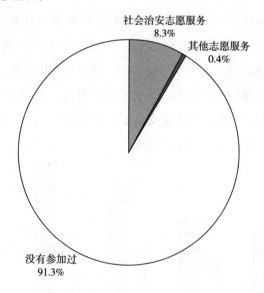

图 1　受访者过去 12 个月参加社会治安志愿服务的情况

（三）市场治安治理力量

　　市场治安治理力量是中国社会治安治理力量的重要组成部分，与国家治安治理力量自上而下的运行方式不同，市场治安治理力量自下而上的组织形式和多元参与体现了其在鼓励自主创新、提高资源交换效率等方面的突出优势，其能够以专业化的工作模式，快速维护社会治安。市场治安治理力量发展最明显的方面是保安行业的壮大。改革开放以后，市场经济为整个国民经济发展注入活力的同时，也为社会治理领域提供了有生力量。1984 年成立的中国第一家保安公司——深圳蛇口保安公司，就是为应对政府治安管理无法满足外商安全保卫需求而诞生的。保安逐渐成为社会治安治理的重要力量。2010 年底，全国保安从业人员就已经达到 421 万人。随着改革开放的不断深入，在政府与市场的关系不断调整、边界不断明晰的整体背景下，治安治理领域中的政府警察和市场保安的关系也在不断重塑。2010 年，《保安服务管理条例》正式施行，原来公安机关创办的保安公司逐渐分离，实现政企分开管办分离，从而进一步激发了市场力量参与治安治理的活力。如图 2 所示，截至 2019 年，全国保安公司已达 9500 家，保安员达到 515 万人。截至 2020 年底，全国保安公司已达 1 万家，保安员达到 530 万人。截至 2021 年底，全国共有 1.3 万家保安公司，保安员 640 万人。截至 2022 年底，全国保安公司发展到 1.6 万家，保安员 644 万人。截至 2023 年底，全国保安公司发展到 1.7 万家，全国保安员增至 676 万人，比上年增加 5%。

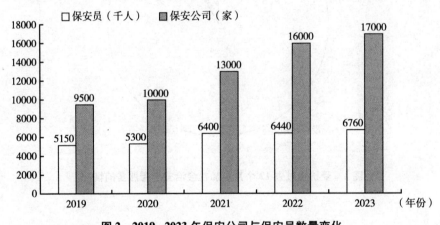

图 2　2019~2023 年保安公司与保安员数量变化

资料来源：笔者自制。

　　近年来，随着社会治安需求的增长和科技的进步，保安行业的市场规模持续扩大。根据《2024~2029 年中国保安服务产业运行态势及投资规划深度研究报告》中的数据，中国保安行业的市场规模从 2016 年的 1331.1 亿元增长至 2022 年的 2709 亿元。2023 年保安行业的市场规模更是达到了 3000 亿元，显示出强劲的发展势头。预计未来几年，随着市场需求的持续增长，市场规模还将继续扩大。截至 2023 年 8 月 7 日，我国保安企业数量达到 40253 家，较 2022 年底增长 1008 家，其中 5000 万元以上注册资本的企业数量为 1753 家，占 4.4%，100 万元以内注册资本的企业数量为 16892 家，占 42.0%。①

政府对保安行业的重视和支持为该行业的发展提供了良好的政策环境，为行业发展提供了相应的保障。随着我国经济的持续发展和城市化进程的加速，经济活动和社会交往日益频繁，对保安服务的需求也随之增加，这是保安行业发展的经济条件。社会治安形势的复杂多变，政府、企事业单位和个人对保安服务的需求不断增加，成为推动保安行业快速发展的动力。同时，智能化、信息化技术在保安服务领域的应用越来越广泛，提高了保安工作的效率和准确性，也为客户提供了更加便捷和安全的生活和工作环境。这些技术的应用推动了保安行业的创新和发展。因此，我国保安行业市场规模的显著增长，得益于经济发展、社会治安需求增加、科技进步以及政策支持等多重因素的共同作用。未来，随着社会治安领域的精细化、层次化需求不断增加，我国保安行业的市场规模有望继续扩大，保安行业参与社会治安治理工作的深度也会随之提升。

二　中国治安治理力量的实践效能

传统社会治安治理是公安机关"包打天下"的模式，公安机关承担了几乎所有的社会治安治理责任，市场或社会主体难以发挥治安治理功能。随着社会治安治理的现代化建设，公安机关、治安志愿组织和保安企业分别处于不同的中心节点，其中公安机关占据国家治安治理力量的中心，负责整个社会面的治安防控和犯罪打击；保安企业占据市场治安治理力量的中心，提供差异性和个性化的安全服务，具有完成多样性安全任务的优势；治安志愿

---

① 《2024 年保安服务市场现状分析》，https://www.chinabgao.com/info/1251638.html，2024 年 7 月 31 日。

组织占据社会治安治理力量的中心，成为保障社会秩序稳定的基层力量。公安机关、治安志愿组织与保安企业分别占据不同的治安领域，形成国家、社会与市场治安治理力量有机适配的协同结构，公安机关把适合社会与市场治安治理力量的行动分配出去，既减轻了自身负担，也让其他主体获得了更多的活力。传统的"中心—边缘"的横向扩散结构向"国家治安—社会治安—市场治安"的分类结构转变，不同主体各司其职，对各自专属领域承担主要治理职责，多主体参与提高了社会治安治理的稳定性，充分发挥了不同主体的治安治理优势。

（一）国家治安治理力量的实践效能

党的二十大以来，全国公安机关全面贯彻党的二十大和二十届二中、二十届三中全会精神，深入学习贯彻习近平总书记关于高质量发展的重要论述，落实全国公安工作会议部署，进一步创新理念、优化措施、改进方式，努力为高质量发展创造良好的政治环境、社会环境、服务环境和法治环境，为续写经济快速发展和社会长期稳定"两大奇迹"新篇章做出新贡献。

关于公安机关参与社会治安治理的宏观效能，公安机关坚持党对公安工作的绝对领导，坚持以人民为中心的发展思想，履行维护国家安全和社会稳定、守护人民幸福和安宁的神圣职责。公安机关积极推动新质公安战斗力建设，推动完善社会治安治理机制，服务高质量发展，建设更高水平平安中国。2023 年全国公安机关刑事案件立案数较 2022 年下降 4.8%，查处治安案件数与 2022 年基本持平；2024 年 1~7 月，刑事案件立案数同比下降 30.1%，电信网络诈骗立案数同比下降 23.8%，现行命案破案率保持 99.94%的历史最高水平；人民群众安全感不断提升，来华旅居的外国人对中国社会的安全感评价极高。2023 年全国群众安全指数达 98.2%，连续 4 年保持在 98%以上的高水平。① 同时，公安机关扎实推进社会治安立体化防

---

① 《国新办举行"推动高质量发展"系列主题新闻发布会（公安部）》，http://www.scio.gov.cn/live/2024/34551/tw/，2024 年 8 月 27 日。

控体系建设，守护社会安宁。强化"110报警服务"建设，探索警务运行体制机制改革，加快建立"情指行"一体化运行机制，有力提升警务运行质效和实战指挥能力，持续深化全国治安防控体系建设。[①]

关于公安机关参与社会治安治理的微观效能，即基层社会治安治理成效，基于全国社会治安调查数据，可以从三个方面进行考察：一是基层警务工作效能；二是社会治安领域公安专项行动的效能；三是公安治安工作的社会支持度。

第一，对基层警务工作效能，从警察巡逻、社区警务、派出所工作几个方面具体展开考察。对于警察巡逻情况，如图3所示，认为警察巡逻的社会治安防范效果"好"和"非常好"的比例分别占43.7%和46.7%，合计达90.4%；认为警察巡逻的社会治安防范效果"差"和"非常差"的比例分别占0.5%和0.2%，合计不足1.0%，表明警察巡逻能带来十分显著的社会治安防范效果。根据系数制计分法，警察巡逻的社会治安防范效果评价分数很高，在问卷涉及的"治安志愿服务""邻里互助""保安服务""警察巡逻""监控探头"5个分项中排名第2，表明民众对警察巡逻的社会认可度高（见图4）。

对于社区警务的工作效能，根据调查统计内容，将社区民警熟悉度作为测量指标。如图5所示，关于社区民警熟悉度，"非常熟悉""比较熟悉""一般"的比例分别为12.1%、33.4%和36.7%，合计82.2%，"不太熟悉""很不熟悉"的比例分别为11.0%和6.7%。在社区民警工作满意度评价方面，评价为"很好""好""一般"的比例分别为18.0%、53.2%和27.2%，"较差"和"差"的比例分别为1.2%和0.4%（见图6）。根据系数制计分法，居民对社区民警熟悉度得分为58.26分，对社区民警工作满意度得分为71.8分（见图7），表明社区民众对社区民警的熟悉度有待提升，社区民警扎根融入社区的工作还需要进一步强化。居民对社区民警工作满意度的得分较高，但仍存在改善空间，尤其是认为社区民警工作"一般"的比例较大，需要推动社区民警工作的高质量发展，提升民众对社区民警工作的认可度与满意度。

[①] 《通报公安机关奋力开创公安工作和队伍建设新局面取得的新成效》，https://www.mps.gov.cn/n2254536/n2254544/n2254552/n9048891/index.html，2023年5月19日。

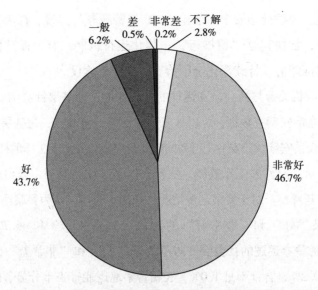

图3　居民对警察巡逻的社会治安防范效果评价

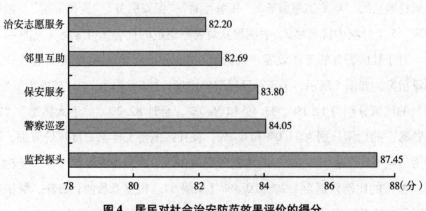

图4　居民对社会治安防范效果评价的得分

对于派出所工作效能，根据调查统计内容，将"对派出所维护治安的信心"与"到派出所办事的难易程度"作为测量指标。如图8所示，对于问题"您对附近派出所民警维护周边的治安是否有信心"，受访者表示"非常有信心"的占21.8%，"比较有信心"的占58.8%，"一般"的占17.4%，"不太有信心"的占0.9%，"没有信心"的占1.1%。根据系数制得分法，居民对派出所维护治安的信心得分为74.8分（见图10）。这表明

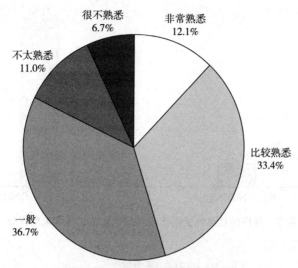

图 5　居民对社区民警熟悉度评价

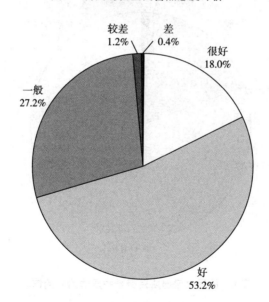

图 6　居民对社区民警工作满意度评价

绝大多数民众对派出所的社会治安治理能力表示信任，也从侧面反映出基层派出所的社会治安治理水平较高。关于民众对到派出所办事难易程度的感受，认为"比较容易"和"非常容易"的分别占 59.40% 和 18.30%，认为

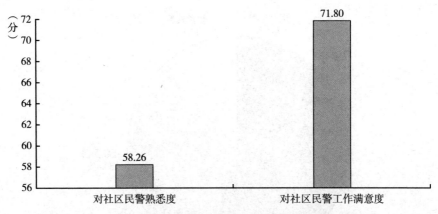

图7　居民对社区民警熟悉度和社区民警工作满意度得分

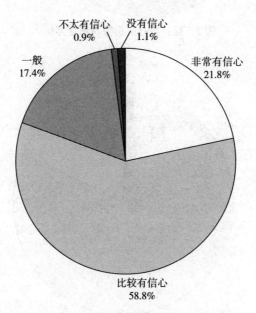

图8　居民对派出所民警维护周边治安的信心

"一般"的占20.6%，认为"比较不容易"和"非常不容易"的占1.4%和

0.4%（见图9）。按照系数制计分法，居民对到派出所办事难易程度的评价

得分为73.5分（见图10）。这表明基层警务的开展坚持以人民为中心的理

念，降低民众办事难度，降低民众办事门槛，通过公安便民服务"让数据

多跑腿，让群众少跑腿"，夯实基层警务的群众基础。但同时，从图8和图9可以看出，受访群众认为"非常有信心"和"非常容易"的比例不高，导致得分不高。对此，要推动派出所社会服务工作和社会治安工作的高质量发展，加强做实基层基础治安工作，努力提高民众对社会治安的信心。

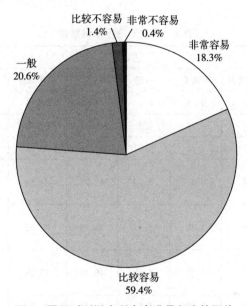

图9　居民对到派出所办事难易程度的评价

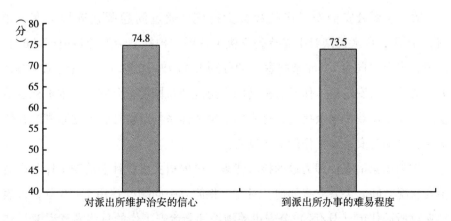

图10　居民对派出所工作效能感知得分

第二，对社会治安领域公安专项行动的效能，从酒驾查处、"扫黄打非"、黑车整治等方面具体进行考察。表3表明，广大人民群众对社会治安领域的公安专项行动满意度较高，公安专项行动的社会治安治理效能突出。

表3　公安专项行动满意度

专项行动	占比（%）						满意度计分（分）
	非常不满意	不满意	一般	满意	非常满意	不知道	
酒驾查处	0.22	0.35	4.3	37.86	54.03	3.24	84.66
"扫黄打非"	0.14	0.38	4.3	40.57	50.89	3.73	83.56
黑车整治	0.17	1.18	6.61	39.12	49.51	3.41	82.08
夏季治安打击整治	0.14	0.43	5.32	45.95	44.54	3.62	81.77
净化网络环境	0.49	1.38	5.11	46.76	43.62	2.65	81.59
打击电信网络诈骗	0.41	1.57	5.89	46.38	43.38	2.38	81.50
扫黑除恶	0.30	0.73	5.54	45.24	44.22	3.97	81.10

第三，对公安治安工作的社会支持度，通过问卷调查进行考察。如图11所示，广大民众对于支持公安机关开展维护社会治安的各项行动的态度中，表示"同意""非常同意"的分别占45.0%和50.7%，表明民众对公安机关社会治安治理工作具有极高的支持度和认同度，公安机关维护社会治安的各项工作获得民众接受，这有助于警务体系与基层社会建立紧密的合作关系，推动公安治安工作的深入发展。

作为国家治安治理力量的核心代表，公安机关维护社会治安工作与社会治安状况之间的关系究竟如何？对此，将问卷中问题"请用1~10分，来表达您对所居住市（县/区）公安机关维护社会治安工作的总体满意程度"作为自变量"公安治安工作"的测量指标，将"您对目前居住地的治安状况

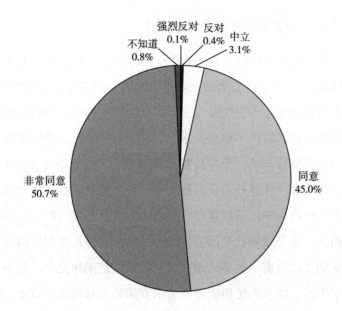

图 11　公安机关开展维护社会治安行动的社会支持度

评价"作为因变量"社会治安状况"的测量指标，将二者分为"较差""一般""较好"3 个等级，采用非参数检验中的 Kruskal Wallis 检验，由表 4 可知，整体模型检验结果的 Kruskal Wallis-H 值为 1039.50，自由度为 2，$p<0.001$，显示不同等级公安治安工作的社会治安状况差异有统计学意义，证明公安治安工作对社会治安状况的影响显著。

表 4　公安治安工作对社会治安状况影响的分析结果

单位：%

		社会治安状况			总计
		较差	一般	较好	
公安治安工作	较差	35.3	0	64.7	100
	一般	1.2	48.8	50.0	100
	较好	0	0.8	99.2	100
Kruskal Wallis-H = 1039.50, df = 2, p < 0.001					

（二）社会治安治理力量的实践效能

党的二十大报告明确提出："建设人人有责、人人尽责、人人享有的社会治理共同体。"① 社会治安治理力量是中国治安治理力量的重要组成内容，是社会治安与社会秩序维护的推动力。在社会治安治理的现代化建设中，公安机关坚持和发展新时代"枫桥经验"，坚持专群结合、群防群治，充分调动各方面力量共同参与社会治安防控体系建设，积极培育平安类社会组织，鼓励吸纳退休人员、快递外卖员以及企业单位人员共同参与群防群治，大力开展多种形式的群防群治队伍建设，群众参与社会治安防控工作的途径和渠道进一步拓宽，充分发挥社会治安治理力量的社会防控作用。因此，社会治安治理力量的实践效能，更多体现在日常的预防性工作之中，从源头发现问题，防患于未然。治安志愿组织是社会治安治理力量的主要载体，治安志愿队伍的建设，是基层社会治理共同体的重要建设内容，通过强化基层警务引领与公众赋权的相互结合，嵌入全过程人民民主理念，塑造中国特有的"整体性治理"结构，建设人人有责、人人尽责、人人享有的社会治理共同体，助推基层治理体系与治理能力的现代化。

根据全国社会治安调查的数据统计，民众认为治安志愿服务的社会治安防范效果"好"和"非常好"的分别占 46.8% 和 41.6%（见图 12）。可见，民众认可治安志愿服务的社会治安防范效果，证明治安志愿服务在社会治安治理中具有重要的补充地位。对民众是否参与治安志愿活动和参与有关培训的调查表明，未参与治安志愿活动的民众有 93.40% 的人没有参与相关培训，而即使已经参与治安志愿活动的民众，也依然有 47.68% 没有参与相关培训（见表 5）。治安志愿服务的规范性、专业性与组织性水平不高，是影响治安志愿服务效果的主要因素。

---

① 《高举中国特色社会主义伟大旗帜 为全面建设社会主义现代化国家而团结奋斗——在中国共产党第二十次全国代表大会上的报告》，https：//www.gov.cn/xinwen/2022 - 10/25/content_5721685.htm，2022 年 10 月 25 日。

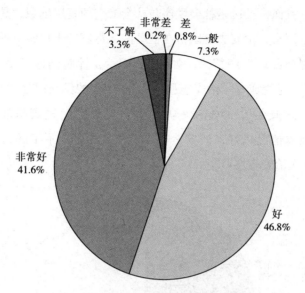

不了解 3.3%
非常差 0.2%
差 0.8%
一般 7.3%
非常好 41.6%
好 46.8%

图 12　居民对治安志愿服务社会治安防范效果的评价

表 5　参与治安志愿活动与参与有关培训

单位：%

是否参与治安志愿活动	是否参与有关培训			合计
	是	否	不记得	
是	43.65	47.68	8.67	100
否	0.68	93.40	5.92	100

　　社区是国家治理的基础单元，社区志愿服务与一般志愿服务有所不同，其价值突破了志愿服务的公益性，而与治理性紧密相连，承担着"通过服务提升治理"的责任使命。一方面，社区中的社会关系网络与多种成熟的社会组织，为社区治安志愿服务建设提供基础和支持。社区网络中附有的资源、规范与知识，不仅能够助推社区治安志愿服务的运行机制建设，实现治安志愿服务的常态化运行，还能在公共空间中塑造统一的治安志愿体系，提升治安志愿服务的公共性、统一性与认同度。社区丰富的社会关系网络为治安志愿队伍的长久运行提供了基础，能够调动更广泛的社区民众参与治安志

139

愿工作。另一方面，社区是社会秩序与社会治安的基层场域，是诸多社会治安问题的发生源头，治安志愿队伍在社区的运行有助于从源头预防问题的产生，及时控制与遏止失序行为。如图 13 所示，针对问题"您所在的社区（村）或街道，是否成立了治安志愿队伍"，35%的民众回答"成立"，30%的民众回答"没成立"，35%的民众回答"不清楚"。这表明基层社会治安志愿队伍的成立情况较好，但依然有 1/3 左右的民众不了解自己所在社区（村）是否存在治安志愿队伍。

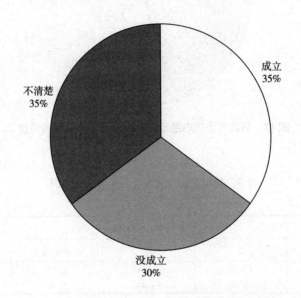

图 13　社区（村）或街道治安志愿队伍成立情况

对不同场所中治安志愿者的可见度进行统计，结果如表 6 所示。"经常见到"治安志愿者的比例最高的场所是医院，占 35.1%；其次为学校，占 32.9%；再次为商场或广场，占 29.1%。回答"没见过"治安志愿者的场所比例由高到低分别为社区（村）（31.9%）、商场或广场（19.6%）、医院（17.5%）、学校（16.6%）。统计表明，社区（村）的治安志愿者可见度最低，一方面这可能与社区场域的治安志愿队伍成立不足有关，另一方面还可能与治安志愿者本身的社区可见度有关。

表6 治安志愿者在公共场所的可见度统计

单位：%

场所	经常见到	一般	没见过	不清楚
社区（村）	28.0	34.4	31.9	5.7
学校	32.9	42.2	16.6	8.3
医院	35.1	40.0	17.5	7.4
商场或广场	29.1	43.5	19.6	7.7

作为社会治安治理力量的核心代表，治安志愿力量参与社会治安工作对社会治安状况的影响如何？从"行动"与"意愿"两个角度即"治安志愿组织的成立情况"与"治安志愿服务的参与意愿"两个角度来分析自变量治安志愿服务与因变量社会治安状况的关系。具体来说，将问卷中问题"您所在的社区（村）或街道，是否成立了治安志愿队伍"作为自变量之一"治安志愿组织的成立情况"的测量指标，该问题的答案分别为"成立""没成立""不清楚"；将问卷中问题"我对参加各类维护社会治安的活动的态度"作为自变量之二"治安志愿服务的参与意愿"的测量指标，该问题的答案分别为"强烈反对""反对""中立""同意""非常同意"。将"您对目前居住地的治安状况评价"作为因变量"社会治安状况"的测量指标，该问题的答案分别为从"非常不好"到"非常好"的 $1\sim10$ 分连续变量，将其分为"较差""一般""较好"3 个等级。对于治安志愿组织的成立情况和社会治安状况的关系，采用非参数检验中的 Kruskal Wallis 检验，整体模型检验结果中的 Kruskal Wallis-H 值为 17.69，自由度为 2，$p<0.001$，说明二者存在较为显著的相关性，说明治安志愿组织的成立情况会影响社会治安状况（见表7）。对于治安志愿服务的参与意愿与社会治安状况的关系，也采用非参数检验中的 Kruskal Wallis 检验，整体模型检验结果中的 Kruskal Wallis-H 值为 128.55，自由度为 4，$p<0.001$，说明二者存在较为显著的相关性，说明治安志愿服务的参与意愿也会影响社会治安状况（见表8）。

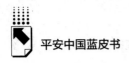
表7 治安志愿组织的成立情况对社会治安状况影响的分析结果

单位：%

		社会治安状况评价情况（%）			总计
		较差	一般	较好	
治安志愿 组织的成立情况	没成立（$n=1074$）	0.5	1.8	97.8	100
	不清楚（$n=1194$）	0.1	3.4	96.6	100
	成立（$n=1264$）	0.2	0.8	99.1	100

Kruskal Wallis-H $= 17.69$, df $= 2$, p < 0.001

表8 治安志愿服务的参与意愿对社会治安状况影响的分析结果

单位：%

		社会治安状况			总计
		较差	一般	较好	
治安志愿服务的 参与意愿	强烈反对	22.2	0	77.8	100
	反对	1.2	2.4	96.4	100
	中立	0	11.5	88.5	100
	同意	0.4	2.4	97.2	100
	非常同意	0	0.6	99.4	100

Kruskal Wallis-H $= 128.55$, df $= 4$, p < 0.001

（三）市场治安治理力量的实践效能

市场治安治理力量是中国治安治理力量的重要组成部分，可以有效弥补国家治安治理力量的不足。市场保安全天候的在岗执勤模式和多元的安保防护职能，使其不同于其他的群众性治安防范组织，视安全为天职的职业理念和规范的组织形式对公安工作具有专业意义上的辅助作用。对这一市场力量加以整合利用，使其融入基层警务，充分发挥保安业务范围分布广、全时空守护、基层触角多的功能特点，不仅可以进一步提高基础信息采集率和情报信息的可靠性，还能在一定程度上实现社会治安的预防体系延伸。在公安机关指导下，各地保安从业单位和广大保安员积极推进警保联勤联动机制建设，投身各项社会公益活动，在服务经济社会发展、服务人民群众和协助维护社会治安方面发挥了重要作用，保安行业的社会效益不断凸显，社会形象进一步提升。2023 年，各地参加岗前培训保安员 94 万余人，在岗培训保安员 135 万余人。2023 年，各地保安从业单位和保安员共参加各种大型活动安保 3 万余场次，协助抓获违法犯罪嫌疑人 4.7 万余人，为客户和群众直接挽回经济损失 23.93 亿元。[①]

在社会治安治理中，保安力量具有以下几点优势。其一，科技赋能。随着人工智能、大数据、物联网等技术的不断成熟和普及，保安行业正在经历着一场深刻的变革。传统的巡逻、监控模式正在被智能化、自动化技术所取代。无人机、智能监控摄像头、人脸识别系统等新技术的应用，使保安工作更加高效、精准，同时推动社会治安治理技术不断更新。其二，场景多元。随着社会的不断发展，人们对保安服务的需求日益多样化。除了传统的安全巡逻、门岗把守等基础服务外，越来越多的企业和机构开始需要专业化、定制化的保安服务。比如，单位企业需要保卫处组织下的保安队伍，商场需要专业的保安服务，金融机构需要具备金融知识和技能的保安人员，文化场所也需要具有艺术服务技能的保安人员等。这种多元化场景中的保安服务，是其他治安治理力量难以提供的。其三，警保联动。通过加强保安联勤联防体系建设，将"保安"这一庞大的群体转变成可以为公安直接使用的辅助力量，搭建公安与保安的有效对接通道，充分发挥社会保安在治安防范中"点多、线长、面广"的重要作用，为社会治安防控体系提档升级注入新的动力，从而有效缓解基层派出所警力不足的问题，形成联勤联控的治安防控局面，构建起更加密集的治安防控安全网，为公安机关第一时间获取情报、预警处置、临场控制、打击违法犯罪提供信息支撑和人力支持。

根据全国社会治安调查的问卷统计，对于保安服务的社会治安防范效

---

① 《保安服务业改革发展取得新成效》，https：//app. mps. gov. cn/gdnps/pc/content. jsp？id = 9489553，2024 年 3 月 19 日。

果，回答"好"和"非常好"的分别占 38.6% 和 49.0%（见图 14）。这表明保安服务的社会治安防范效果十分显著，保安力量在社会治安治理中的作用深入人心。

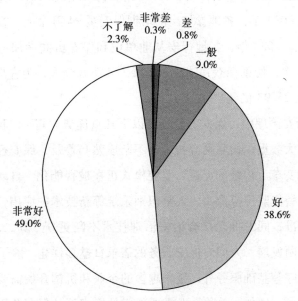

图 14 居民对保安服务社会治安防范效果的评价

作为市场治安治理力量的核心代表，保安力量参与社会治安工作对社会治安状况的影响，需要进一步实证检验。将问卷中问题"您对保安服务的社会治安防范的效果评价"作为自变量"保安服务效果"的测量指标，该问题的答案分别为"非常差""差""一般""好""非常好"。将"您对目前居住地的治安状况评价"作为因变量"社会治安状况"的测量指标，该问题的答案是从"非常不好"到"非常好"的 1~10 分连续变量，将其分为"较差""一般""较好"3 个等级。采用非参数检验中的 Kruskal Wallis 检验，由表 9 可知，整体模型检验结果的 Kruskal Wallis-H 值为 409.80，自由度为 4，$p < 0.001$，表明保安服务工作对社会治安状况的影响显著。

表9 保安服务效果对社会治安状况影响的分析结果

单位：%

保安服务效果	社会治安状况			总计
	较差	一般	较好	
非常差	20.0	30.0	50.0	100
差	3.6	39.3	57.1	100
一般	0.9	7.7	91.3	100
好	0.1	0.9	99.0	100
非常好	0.1	1.0	98.9	100
Kruskal Wallis-H=409.80,df=4,p<0.001				

最后，对国家治安治理力量、社会治安治理力量与市场治安治理力量的实践效能进行比较分析。对于国家治安治理力量，选取"公安治安工作"作为自变量；对于社会治安治理力量，选取显著性更高的"治安志愿服务的参与意愿"作为自变量；对于市场治安治理力量，选取"保安服务效果"作为自变量。3个自变量均为连续变量，因此在引入人口学变量之后，采用多元线性逐步回归方程的统计方法，模型结果显示，公安治安工作、治安志愿服务的参与意愿与保安服务效果均可以显著影响社会治安状况。如表10所示，整体回归模型检验结果的F值为240.35，p<0.001，说明回归方程的构建有意义；R^2等于0.32，说明自变量共能解释因变量32%的变异；共线性诊断值均小于5，表明不存在共线性问题。进一步看系数的结果可知，在3种治安治理力量对社会治安状况的影响中，公安治安工作的影响程度最高，其次为保安服务效果，最后为治安志愿服务的参与意愿。"公安治安工作"每增加1个单位，社会治安状况就会提升0.50个单位；"保安服务效果"每增加1个单位，社会治安状况就会提升0.12个单位；"治安志愿服务的参与意愿"每增加1个单位，社会治安状况就会提升0.10个单位。

表10　3种治安治理力量对社会治安状况影响的比较结果

社会治安状况	模型 1	模型 2	模型 3	模型 4	模型 5
性别	−0.14***	−0.05	−0.15***	−0.14***	−0.06*
年龄	0.02	0.01	0.02	0.02	0.01
受教育程度	−0.02	−0.01	−0.03**	−0.02	−0.01
婚姻状况	−0.02	−0.01	−0.02	−0.02	−0.01
公安治安工作		0.53***			0.50***
治安志愿服务的参与意愿			0.27***		0.10***
保安服务效果				0.32***	0.12***
F 值	9.50	314.95	34.818	45.24	240.35
R^2(未调整)	0.01	0.31	0.05	0.06	0.32
ΔR^2	0.01	0.31	0.05	0.06	0.32
常数	8.80	4.12	7.66	7.38	3.44

三　中国治安治理力量的发展建议

随着社会治安治理现代化的不断推进，社会治安治理主体的多元化是中国治安治理力量的必然发展趋势。在多元主体积极参与社会治安与社会秩序维护工作中，需要进一步提升主体参与的规范性、制度性与有序性，厘清合作过程中各主体的职责与分工，进一步拓展多元主体的合作空间，促进国家治安治理力量、社会治安治理力量与市场治安治理力量共同发展。

（一）加强公安机关主导作用，强化基层警务建设

相较于传统社会治安治理，现代治安治理有了市场、社会力量的加入，但这种多元主体参与是在国家治安治理力量引导下的社会治安治理参与，公安机关让渡了部分权力和责任，但依然是社会治安公共事务最主要的责任人。具体来说，公安机关作为国家治安治理力量的代表，不仅要在维护整体社会治安秩序与打击违法犯罪的行动中处于核心和主导位置，还要在社会和市场治安治理主体负责的领域发挥引领、调整与规范作用。同时，针对基层

公安工作中存在的部分问题，需要进一步强化基层警务建设，筑牢派出所主防阵地，坚持大抓基层、大抓基础的导向。

第一，创造多元主体参与社会治安治理的空间。打破传统社会治安治理中公安机关"包打天下"的局面，从"中心—边缘"式结构向立体、多中心的复合网络结构转变，公安机关必须及时并适当地向社会与市场转移部分治安职责。公安机关需要在基层社会构建一个综合性的治安供需网络，这张社会网络凝聚了维护社会治安所需的资金、技术、物资和服务等治安治理供给，以及单位、组织与群众等对社会治安的各种需求，从而为保安公司或治安志愿组织提供更多的治安治理空间。对于社会治安治理力量，公安机关必须加强对治安志愿组织的培育，给予其充分的发展空间，使其拥有成长空间，逐渐成为一个独立的治安治理主体，积极引导治安志愿组织参与社会治安工作，在大型活动安保、社区治安防控与街道治安巡逻等方面发挥作用。对于市场治安治理力量，要支持保安企业继续发展，在一些非核心警务上引入市场竞争，将部分治安工作以市场形式分担给保安公司，利用市场交换机制提升市场治安治理力量的活力。

第二，建设多元主体参与社会治安治理的合作机制。多元主体参与社会治安治理只是治安治理合作的第一步，在参与基础上，必须形成不同主体规范有序的合作机制。具体来说，要建立并不断完善多元主体间的合作责任制度，将原本由公安机关包揽的责任有序有限地分给市场和社会，落实多元主体的治安治理职责，避免责任不清引发的"有组织不负责"问题。但是，公安机关仍将在宏观层面承担社会治安维护的最终责任，市场和社会只是分担部分治安工作责任，并根据具体情况上下波动，是微观层面具体治安事项的责任主体。合理分配治安责任，是多元主体治安治理合作的保障与支持，只有责任落实到位，国家、市场与社会主体才能在适合自己的领域进行治安维护，并形成制度化的合作关系，引导社会治安治理合作的规范化发展。

第三，强化基层警务建设，提升基层警务工作效能。大力推动社区警务室建设，保障社区警务的扎根能力，对社区民警入驻社区警务室情况进行激励、监督与定期点评。针对社区民警可见度与熟悉度不高的问题，要推动社区警务融入社区，形成与社区居委会、业委会、社团组织、社区群众的协作治理关系，促进社区警务参与社区公共事务，并将社区民警的社区认知度作为考核要素之一。对于派出所建设，要扎实推动《加强新时代公安派出所工作三年行动计划（2023～2025年）》的执行，牢固树立大抓基层、大抓基础的鲜明导向，坚持把派出所工作置于战略性、基础性地位来抓，组织实施基层提振、基础提质、基本能力提升三大行动。继续深化派出所的公安行政管理服务改革，提升为民服务的工作效率，提升民众办事的便利度。同时，派出所要尝试建立基层警务工作的公开汇报机制，强化民众对派出所治安治理效能的感知，从而提升民众对基层警务的满意度和支持度。

（二）提升社会治安治理力量的组织化水平

虽然目前各地社会治安志愿力量的参与程度不断提高，治安志愿者数量持续增多，但总的来说，治安志愿力量的组织化水平不足，"西城大妈""红枫义警"等专职性治安志愿组织少见，多是分散型治安志愿者。治安志愿力量参与基层社会治安治理需要整合志愿服务系统内置的多方资源，也就意味着必须在党政部门主导下，将政府部门、企事业单位、社会组织、公众等多元主体组织起来协同参与社区自治，构建合理且科学的管理制度，实现组织层面的有机联动。因此，组织化水平决定了治安志愿服务的效率。当前，治安志愿服务呈现出组织体系松散的状态，具体表现为以下几点。一是治安志愿工作呈现分散化、碎片化。治安志愿服务没有常规运作机制，一般呈现"紧急反应"或"响应动员"的应激状态，下沉基层社区的治安志愿者在常规状态下往往"不知所措"，仅仅依靠强制动员、志愿精神内驱和碎片化奖励很难保障治安志愿工作的稳定性与连续性，频繁动员甚至反向压制个体的治安志愿。二是治安志愿工作参与社区治理的无序性。由于缺乏组织化体系，治安志愿工作与其他志愿工作的边界往往不清晰，难以保证治安志愿工作的自主性和独立性。同时，治安志愿与非志愿的边界也逐渐模糊，治安志愿者重复劳动、无效劳动等问题突出，权责不清、专业错位、"帮倒忙"等问题频繁发生。

提升社会治安治理力量的组织化水平，需要从党建引领与基层警务引领两个方面着手。首先，党建引领，提升社会治安治理力量的组织化水平。基层党组织是基层社会整合的基础力量。在基层社会治安治理中，各地探索建立了党建引领下的社区民辅警"两任"机制，即社区民警在社区党组织或居（村）委会兼职党支部副书记，推动社区民警进社区"两委"班子，通过"借势党建"来推动基层警务体系的系统化、组织化与立体化。同样，治安志愿力量也应通过基层党建加以整合，以党组织为中枢，将不同种类的社会治安治理主体整合形成协作互信、资源共享的合作网络，推动社会治安治理力量的组织化发展。伴随党组织的政治嵌入，党建引领下的再组织化逐渐成为平安类社会组织发展的新特征与新趋势，即依托党的关系网络充分吸纳各种社会治安力量参与到平安类社会组织的各类志愿活动中，同时以党建工作为纽带，在加强组织与组织、组织与政府之间的联系中推动社会治安治理整体合力的形成。

其次，基层警务引领，动员社会治安治理力量参与。基层警务也是整合社会治安治理力量的重要推动力。基层派出所为了解基层社会治安的实际情况，基于基层社会治安的问题导向，建设符合地方社会治安情况的治安志愿者组织架构，在治安志愿者招募管理、保障激励、系统培训、督导评级等重点方面强化制度建设，提升治安志愿力量的规范化、专业化与制度化水平。大力发展社区警务，突出社区警务将专门机关与群众力量相结合的重要性，将组织水平较低的社会治安治理主体都纳入社区警务的主体范畴，在不断提升治安志愿力量的治安治理能力的过程中，科学配置治安志愿力量，精准对接基层社会治安需求，提高社会治安治理力量的组织化水平。推动基层警务提升社会动员能力，综合运用资源动员、情感动员、社会关系动员等多重动员策略，调动社会治安志愿群体的积极性，使其完成从"旁观者"到"自己人"的身份转变。注重达成参与共识，使动员对象有认同感、归属感，强烈追求自我价值的实现，并因地制宜地探索社会治安治理力量的参与意愿向参与行为的转化路径，最终实现社会治安治理力量有序参与动员工作，补

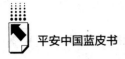

平安中国蓝皮书

齐国家治安治理短板，实现社会治安治理参与从工具理性向价值理性的升华。

（三）促进市场治安治理力量的规范化建设

保安行业的发展可以有效弥补社会治安治理中警力不足的情况，对于打造共建共治共享的社会治理格局，实现公共安全治理创新具有重要意义。随着行业的发展，保安行业逐渐成为我国社会治安防范的重要力量，在公安机关指导下，各地保安从业单位和广大保安员积极推进警保联勤联动机制建设，保安行业不断融入社会治安治理体系，社会治安治理对保安行业的要求也不断提升，在这一过程中，也产生了一些问题，需要及时解决与调整。其一，保安行业的规范化建设不够。保安队伍缺乏正式监督与系统管理，不仅影响了保安员的行为规范，也容易导致保安员对自身身份的不认同，难以带领保安行业融入社会治安治理的制度体系。其二，保安行业提供私人安全服务与社会公共安全服务的关系不清，保安工作与公安工作的协同机制不畅，容易产生市场安全服务与国家治安工作的冲突，引发国家与市场的治安内耗。而这些问题背后的本质又是由于保安行业缺乏制度规范与国家调控，因此，保安行业必须紧紧依托公安机关，强化自身的规范化与体系化建设，有机融入社会治安治理的大谱系之中。

第一，强化保安职业认同感，培育保安行业的职业精神。稳定性是职业认同感的重要特征，职业认同感体现的是职业态度稳定，职业认同感低是造成队伍流失和不稳定的根本原因。目前，保安员对自身的保安职业缺乏职业认同感和专业化精神，保安员无法对公司及整个职业产生归属感和认同感，进而造成人员流失率高、安全服务整体效率低下、行业评价低等问题。保安职业的自我认同感低，引发保安员参与社会治安治理的行为不规范，保安与其他社会群体之间的暴力冲突时有发生。对此，必须从制度规范与警务支持两个方面，共同增强保安员的职业认同感，培育保安行业的职业精神。具体来说，从制度规范层面，完善保安行业的制度体系，保障保安员的合法身份。推动保安服务管理规定的高位优化，进一步加强国家和各级政府部门对我国保安行业的监管和调控，及时更新完善多种所有制并存的保安行业的法律法规和实施细则，逐步明确并履行各级公安机关的监管职责。同时，地方各级公安机关也要积极推动警保联合制度的建设，包括但不限于治安合作行动、治安信息交换、治安责任分配等，通过密切公安机关与保安的关系来提高保安员的职业认同感，培育保安行业的治安治理精神。从警务支持方面，公安机关应当鼓励、支持与引导地方保安企业参与社会治安治理工作。一方面，鼓励保安力量"走出去"，不断提升社会治安治理的实践能力，通过市场机制扩大自身规模，借鉴先进的商业运营理念和模式，打造全新的保安组织运行模式，提升治安服务效率，提高专业化服务水平。另一方面，保安力量也要"引进来"。鼓励保安企业扎根社区与单位，学会读懂政府的话语体系，及时回应社会需求，助力政府解决好社会问题，提升保安员因地制宜解决地方社会治安问题的能力，并通过提高社会治理效能获得政府的信任和支持。在此基础上，引导保安企业之间的交流与合作，帮助其认识到自己的不足，并学习其他组织的有益经验，从而实现取长补短，促进自身社会关系网络的构建。

第二，加强保安内部整合，规范保安参与社会治安治理的监管机制。对于保安服务碎片化与无序化问题，必须加强保安力量的内部整合，建立保安参与社会治安治理的警务监管机制。一要理顺不同层级公安机关对辖区保安工作的监管责任，建立逐级对口的监管工作机制与队伍，定期、定时对保安工作情况进行考核评估，并督促其改进，促进保安组织的规范化建设。二要高位推动制度建设，制定针对保安工作不同内容的监管工作标准和实施办法，依法加强对保安从业单位、保安培训单位、保安员就业准入和保安服务活动的监督管理。三要建立保安组织和保安员的定期考核体系。创新保安服务企业的信用管理办法，鼓励各地充分运用检查结果，形成"一企一档"，对各类保安企业采取赋分赋色等信用分类管理，实现风险预警和精准监管。探索创立保安服务的社会评价体系，将民众对保安服务工作的满意度作为衡量保安服务的重要标准，提升保安服务的人民性、公共性与集体性。

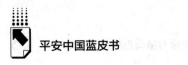

参考文献

1. ［德］斐迪南·滕尼斯：《共同体与社会：纯粹社会学的基本概念》，林荣远译，商务印书馆，1999。

2. 宫志刚、王彩元：《治安学导论》，中国人民公安大学出版社，2015。

3. 邹湘江：《中国式治安治理现代化：内涵、实践、成就与展望》，《公安学研究》2023 年第 5 期。

4. 邹湘江、裴岩、刘佳文：《基于主体现代化的社会治安治理共同体构建研究》，《公安学研究》2020 年第 4 期。

5. 张平、商晨阳：《提升社区居民获得感：驱动机制与策略选择》，《学术交流》2024 年第 8 期。

6. 袁超越：《城市社区治理共同体的主体协同与效能提升》，《学习与实践》2024 年第 6 期。

7. 王炳权：《基层社会治理共同体的理论谱系与行动逻辑》，《中共中央党校学报》2024 年第 1 期。

8. 郝文强、黄钰婷：《基层治理的复合联动结构与长效互动机制——基于 C 市 R 社区的案例研究》，《北京理工大学学报》（社会科学版）2023 年第 6 期。

中国社区治安调查报告（2024）

周楠　周勋帅*

摘　要：　社区治安状况体现了基层治理体系以及治理能力现代化的建设水平。影响社区治安的因素包括社区物理环境、社区社会环境和警务工作。调查显示，54.16%的居民在家中安装了监控摄像头，88.90%的居民表示社区安装了监控摄像头。家中安装监控摄像头能显著降低居民对家中被盗的忧虑，社区安装监控摄像头能够显著减少故意破坏公共社区的行为，且居民认为监控摄像头在各类治安防控措施中效果最好。60.41%的社区外来人员或车辆不能随意出入，出入口管理对盗窃案件的发生有显著抑制作用。53.41%的社区设置了社区警务室，且其中79.96%的居民观察到警务室有社区民警常驻。社区警务室有社区民警常驻，以及社区见警率高都能够有效减少社区内"黄赌毒"等治安秩序乱象。此外，社区保安服务工作能够提升社会治安防范效果。为此，建议继续推进智慧小区建设，强化智能监控的作用，控制社区出入口；加强邻里互助，打造熟人社会，支持鼓励治安志愿服务，加强群防群治力量；强化社区民警"沉入"社区，做实基础工作，推进"警保联防联控"，促进公共安全治理向预防转型，提升居民的安全感、满意度。

关键词：　社区治安　安全感　警务室

社区是社会的构成单元，是社会进步与稳定的基石，是社会治安综合管理的核心环节和关键领域，同时也是实现我国社会安全稳定目标的"最后一公

---

* 周楠，中国人民公安大学治安学博士研究生，北京警察学院治安系讲师；周勋帅，中国人民公安大学治安学硕士研究生。

里"。社区这一概念最初由德国社会学家滕尼斯在其 1887 年出版的著作《社区与社会》中提出，他区分了"社区"与"社会"两个概念，认为社区是与社会相互对立的理想类型，是基于自然意志以及血缘、地缘和心理而形成的生活共同体。① 目前在我国，社区的概念在学界和政府的话语表达体系中存在差异，概括而言，社区的概念为：聚集在一定地域范围内，进行一定的社会活动，具有特定的互动关系和共同文化维系力的社会实体，是一个地域社会生活共同体。②

在我国，随着经济社会的不断发展，社区治理的重要性日益显现。党的二十大报告中对社区治理提出了重要论述，报告强调要保障社区安全，加强社区治安管理，预防和减少社区犯罪。③

违法犯罪的根源在社会，而社区是社会的一个基础单元，将最终承接犯罪行为的落地。人的行为总要受到所处客观环境的影响，社会治安状况也会受到客观环境的影响。社区作为家的延伸空间，是人民追求美好生活的落脚点，加强社区环境建设，有助于维护良好的社区治安环境，同时也是实现城市精细化治理的路径。治安环境主要是指与治安工作密切相关的社会和自然环境，治安环境对治安状况的评估至关重要。影响社区治安环境的因素十分复杂，不仅包括社区的物理空间等基础设施，而且包括周边的违法犯罪形势，同时，社区成员间的协作、互助，社区文化建设以及警务活动也发挥了重要作用。

一 社区警务与治安

（一）社区警务的发展概况

1. 理论源流

克拉伦斯·雷·杰弗利提出通过环境设计预防犯罪的理念，他认为通

---

① Ferdinand Tnnies. *Community and Civil Society*. Cambridge：Cambridge University Press，2001：19-27.
② 杨瑞清、王淑荣主编《社区警务》，中国人民公安大学出版社，2015。
③ 《高举中国特色社会主义伟大旗帜 为全面建设社会主义现代化国家而团结奋斗——在中国共产党第二十次全国代表大会上的报告》，https://www.gov.cn/xinwen/2022-10/25/content_5721685.htm，2022 年 10 月 25 日。

过改造一定背景下的自然和社会环境，通过对居住环境的规划，增强人与人之间的沟通交流，能够减少犯罪活动的发生。在该理论中，犯罪预防为重点，对物理空间的规划，如在社区内部设置监控、在社区出入口设置门禁控制、加强照明系统等措施可以改善社区环境，从而减少违法犯罪活动的发生。

1969 年，美国斯坦福大学的心理学家开展了一项实验，从中总结出了著名的破窗理论。实验中，他们将一辆汽车停放在旧金山的街道上，最初一周，车辆完好无损。然而，当研究人员故意砸破汽车的一扇窗户后，仅仅过了 4 个小时，窃贼便盯上了这辆"破窗"汽车，将车内财物洗劫一空，仅剩下轮胎。根据这一理论，如果对社区中出现的失序行为不及时制止和干预，给人一种社区无人管理的印象，那么失序行为就会逐步演化为更为严重的违法犯罪活动。破窗理论不仅阐释了早期干预、预防的重要性，同时也指明了社区环境与违法犯罪活动之间的紧密关系。

2. 社区警务发展

社区警务起源于西方的第四次警务变革，其核心理念在于扎根社区、预防犯罪，从源头上减少犯罪的发生。这一理念对各国的警务模式产生了深远的影响，我国自 20 世纪 80 年代引入这一理念。近年来，社区警务以警民携手、专群结合为导向，不断推动警力前置，警务工作重心下移，为维护我国社会治安环境、提高居民的安全感奠定了坚实基础。

社区警务作为一种新型警务模式，强调社区民警深入社区这一基础的社会单元，坚持以服务社区为导向，与社区融为一体，充分整合人民群众的力量，整合社区各类资源，形成治安防控网络，坚持以预防为主的理念，消除违法犯罪活动发生的土壤，进而减少犯罪活动。社区警务模式的发展随着社会形势的变化而不断变革，过去一段时间派出所过于注重打击指标，造成主业不突出、社区民警沉不到社区、基层基础工作薄弱等突出问题。党的十八大以来，以习近平同志为核心的党中央高度重视公安基层基础工作，2019 年 5 月，习近平总书记在全国公安工作会议上指出：要推行扁平化管理，把机关做精、把警种做优、把基层做强、把基础做实。① 全国各地公安机关深入贯彻党中央和公安部决策部署，全力推动重心下移、警力下沉，全面落实派出所"两队一室"改革，保障社区民警的数量要求。从中央和公安部的一系列决策部署来看，"主动警务、预防警务"成为公安工作的基本导向，强化社区警务防范在先，立足社区掌握各类治安信息和社情民意，力求将问题隐患化解在萌芽阶段，从根本上预防和控制违法犯罪活动。

（二）社区治安秩序维护

社区作为社会的基础单元，是实现社会治理的落脚点，社区的安全稳定直接影响了居民的安全感和满意度。党的十八大以来，以习近平同志为核心的党中央创造性地提出总体国家安全观这一重大战略思想，在党的十九大报告中提出要"不断满足人民日益增长的美好生活需要，不断促进社会公平正义，形成有效的社会治理、良好的社会秩序，使人民获得感、幸福感、安全感更加充实、更有保障、更可持续"②，为新形势下社会治安工作的开展提供了根本的遵循和行动指南。2023 年 3 月，公安部印发《加强新时代公安派出所工作三年行动计划（2023~2025 年)》③，文件要求按照"党委领导、部级抓总、省级主责、市县主战、派出所主防"的思路，明确不同层级的职能定位，推动基层社会治理精细化，将派出所的职能定位为"防范为主"，以人民群众的安全感和满意度为导向，加强基础信息建设、风险隐患排查、矛盾纠纷化解等人民关心、关切的问题，确保辖区的安全稳定。

1. 智慧小区建设

2019 年 5 月，习近平总书记在全国公安工作会议上指出，要把大数据作为

① 《习近平出席全国公安工作会议并发表重要讲话》，https://cn.chinadaily.com.cn/a/201905/08/WS5cd2d068a310e7f8b157b8e8.html，2019 年 5 月 8 日。
② 《决胜全面建成小康社会 夺取新时代中国特色社会主义伟大胜利——在中国共产党第十九次全国代表大会上的报告》，https://www.gov.cn/zhuanti/2017-10/27/content_5234876.htm，2017 年 10 月 27 日。
③ 《公安部印发〈加强新时代公安派出所工作三年行动计划（2023~2025 年)〉》，https://www.gov.cn/xinwen/2023-03/29/content_5748938.htm，2023 年 3 月 29 日。

推动公安工作创新发展的大引擎、培育战斗力生成新的增长点，全面助推公安工作质量变革、效率变革、动力变革。① 习近平总书记赴浙江考察时，在杭州城市大脑运营指挥中心指出，让城市更聪明一些、更智慧一些，是推动城市治理体系和治理能力现代化的必由之路。② 由国家八部委联合发布的《关于促进智慧城市健康发展的指导意见》特别强调了智慧社区的重要性，将其作为重点发展领域。该文件指出，要依托城市统一公共服务信息平台建设社区公共服务信息系统，拓展社会管理和服务功能，强调建设应"以人为本"，并以推动社区和谐稳定安全发展为目标，营造更加良好的社会环境，为社区居民提供便捷的综合信息服务。③ 公安机关始终以人民的满意为最高要求，不断探索创新警务模式，依托智慧社区警务模式切实改善社区治安环境。

按照"科技引领、基础支撑、融合共享、保障有力"的原则，智慧社区充分融合互联网、物联网以及大数据技术，通过智慧门禁系统以及高清视频监控实现车牌识别、人脸识别等功能，全方位提高社区的管理效能。2021年，公安部以全国社会治安防控体系建设"示范城市"创建活动为牵引，在更大范围、更宽领域、更深层次推进治安防控体系建设，全面落实保平安、护稳定、促发展各项关键举措，进一步提升了人民群众安全感和社会满意度。④ 各地公安机关在党委政府领导下，积极参与"示范城市"创建活动，不断增强治安管理能力。2022年，共有21.8万个小区实现了"零发案"。⑤ 2023

---

① 《习近平出席全国公安工作会议并发表重要讲话》，https：//cn. chinadaily. com. cn/a/201905/08/WS5cd2d068a310e7f8b157b8e8. html，2019年5月8日。

② 《让城市更聪明更智慧——习近平总书记浙江考察为推进城市治理体系和治理能力现代化提供重要遵循》，https：//epaper. gmw. cn/gmrb/html/2020 - 04/05/nw. D110000gmrb _ 20200405_ 1-02. htm，2020年4月5日。

③ 《发展改革委 工业和信息化部 科学技术部 公安部 财政部 国土资源部 住房城乡建设部 交通运输部关于印发促进智慧城市健康发展的指导意见的通知》，https：//www. gov. cn/gongbao/content/2015/content_ 2806019. htm，2014年8月27日。

④ 《"公安2021"年终盘点报告治安防控这一年：日均50万警力守护安全》，https：//www. mps. gov. cn/n2254314/n6409334/c8302580/content. html，2022年1月2日。

⑤ 《公安机关推动社会治安防控体系建设提档升级2.1万个街面警务站、日均74万巡防力量维护社会安全稳定》，https：//www. mps. gov. cn/n2254314/n6409334/c8901036/content. html，2023年3月1日。

年，全国公安机关以全国社会治安防控体系建设"示范城市"创建活动为抓手，围绕中心、着眼大局，科学谋划、系统推进，防控体系建设不断提档升级。坚持大抓基层、大抓基础导向，积极推行基层派出所"两队一室""一村（格）一警"建设，推动"重心下移、警力下沉、保障下倾"，推进智能安防小区建设，全面提升基础防范和基层治理水平。截至2024年2月，全国已建成智能安防小区33.6万个，社会治安环境明显改善，小区居民生活幸福感、安全感有效提升。①

2.社区民警配置

2022年8月9日，公安部召开全面深化公安改革推进会，会议强调，要按照"党委领导、部级抓总、省级主责、市县主战、派出所主防"的思路，明确不同层级的职能定位，构建职能科学、事权清晰、指挥顺畅、运行高效的职能体系。② 目前，全国正在以"派出所主防"为导向，推进各项改革举措落地。防范是派出所工作的基本属性和定位。全国各地公安机关深入落实党中央和公安部决策，全力推进重心下移、警力下沉、保障下倾，落实派出所"两队一室"改革，将警力充实到基层。按照公安部印发的《加强新时代公安派出所工作三年行动计划（2023~2025年）》③，全面落实派出所和社区民警警力配置"两个40%以上"要求，即满足派出所警力占区（县）公安机关警力的40%以上和社区民警占派出所警力40%以上。2023年5月19日，根据公安部线上新闻发布会介绍，党的十八大以来，我国扎实推进社会治安立体化防控体系建设，守护社会安宁。强化"110报警服务"建设，探索警务运行体制机制改革，加快建立"情指行"一体化运行机制，有力提升警务运行质效和实战指挥能力。持续深化全国治安防控体系建设

---

① 《社会治安防控体系提档升级》，https://app.mps.gov.cn/gdnps/pc/content.jsp? id = 9437143，2024年2月7日。
② 《全面深化公安改革推进会召开 深入推进警务体制机制改革 不断推动公安工作高质量发展》，https://www.mps.gov.cn/n2253534/n2253539/c8653949/content.html，2022年8月9日。
③ 《公安部印发〈加强新时代公安派出所工作三年行动计划（2023~2025年）〉》，https://www.gov.cn/xinwen/2023-03/29/content_5748938.htm，2023年3月29日。

"示范城市"创建活动，积极推进以小区、学校、医院为重点的智能安防单元建设。① 坚持和发展新时代"枫桥经验"，落实系统治理、依法治理、综合治理、源头治理各项措施，深化公安大数据智能化建设应用，健全完善"情指行"一体化运行机制，持续开展"枫桥式公安派出所"创建活动，强化推行派出所"两队一室""一村（格）一警"等机制模式，1.17万个警力较多的派出所推行"两队一室"，全国设立社区（驻村）警务室19.5万个，配备社区民警22.3万人。②

3. 保安值守

保安行业是在我国社会转型期顺应社会治理的需求而诞生的产物。一方面，它满足了私营企业的安全防范需求；另一方面，它满足了宏观社会治安防控的需求。1984年我国第一家保安公司成立，标志着市场治安力量的诞生；2010年《保安服务管理条例》③ 正式实施，条例确立了保安员群体社会治安主体的地位，保安公司从公安机关直接管理的下属单位转变为独立的市场化单位，公安机关对保安公司由管理转为监管，自此各地公安机关开始探索与保安员群体开展合作，"警保联防联控"机制逐渐形成；2023年，公安部发布了《关于深入推进警务工作与保安业联勤联动强化社会治安防控的指导意见》，要求公安机关指导保安从业单位和保安员认真履行保安服务职责，广泛参与社区联治、巡防联勤、应急联动等多种形式的联勤联动工作。

保安力量作为社会治安治理的重要组成部分，在配合公安机关维护社会治安秩序方面做出了重要的贡献，是维护社会治安防控体系不可或缺的重要力量。社区保安员作为市场治安力量，有效补充了公安机关警力的不足，在

---

① 《公安部线上新闻发布通报公安机关奋力开创公安工作和队伍建设新局面取得的新成效》，https：//www.mps.gov.cn/n2254536/n2254544/n2254552/n9048891/index.html，2023 年 5 月 19 日。

② 《公安部线上新闻发布通报公安机关奋力开创公安工作和队伍建设新局面取得的新成效》，https：//www.mps.gov.cn/n2254536/n2254544/n2254552/n9048891/index.html，2023 年 5 月 19 日。

③ 中华人民共和国国务院令（第 564 号）：《保安服务管理条例》，https：//www.gov.cn/gongbao/content/2009/content_1448998.htm，2009 年 10 月 13 日。

社区的日常巡逻和监控活动中，及时发现社区存在的治安隐患，延伸了警力的触角。警保联动不是简单"打下手""听指挥"的问题，而是要科学推进警务工作与保安服务业有效衔接，促进公共安全治理向预防转型，完善社会治理体系。在维护社区治安秩序上，保安力量作为专业化的治安力量，发挥了重要的作用。

根据全国社会治安调查问卷统计，我国城镇地区的楼宇、院落有保安或者其他人值守的比例为84%，没有保安或者其他人值守的比例为16%；我国乡村地区的楼宇、院落有保安或者其他人值守的比例为4.79%，没有保安或者其他人值守的比例为95.21%。从全国整体来看，楼宇、院落有保安或者其他人值守的比例为56.3%，没有保安或者其他人值守的比例为43.7%（见表1）。数据表明，城镇地区有保安等专业力量值守楼宇、院落的比例占八成以上，而乡村地区有保安等专业力量值守楼宇、院落的占比不足5%，在保安等专业力量值守情况上城镇和乡村存在着巨大的差异。就全国整体来看，半数以上的楼宇、院落有保安或者其他人员值守，表明保安或者其他人员作为社区的安保力量在社区巡逻、门卫值守等工作中发挥了维护社区治安秩序的积极作用。

表1 楼宇、院落值守情况

单位：%

居住地	楼宇、院落是否有保安或者其他人值守		合计
	否	是	
城镇	16.00	84.00	100
乡村	95.21	4.79	100
总体	43.70	56.30	100

4. 社区盗窃案件

盗窃案件是观察社区治安的"窗口"。2020年全国可防性案件零发案小区达6.6万个，2021年1~11月，全国入室盗窃案件同比下降9.8%。① 入

---

① 《"公安2021"年终盘点报告治安防控这一年：日均50万警力守护安全》，https：//www.mps.gov.cn/n2254314/n6409334/c8302580/content.html，2022年1月2日。

室盗窃案作为可防可控类案件，连续多年大幅度下降，取得了历史性突破。2012年我国受理盗窃治安案件205.29万件，立案盗窃刑事案件428.47万件，合计633.76万件；2023年受理盗窃治安案件224.58万件，立案盗窃刑事案件98.18万件，合计322.76万件。2012～2023年，我国盗窃类案件的整体数量呈现下降趋势，2023年相比2012年下降了近一半（见图1）。根据全国社会治安调查问卷统计，过去12个月，家庭成员是否有财产被盗情况，99.2%的受访人员表示没有被盗，0.8%的受访人员表示发生过财产被盗。通过以上数据，可以看出盗窃类案件发案率低，入室盗窃类案件属可防可控案件，表明社区治安状况良好。

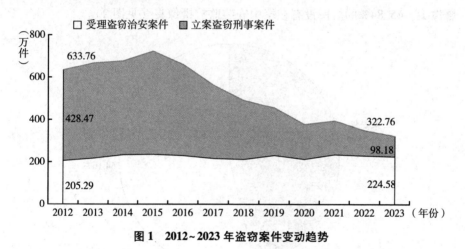

图1　2012～2023年盗窃案件变动趋势

二　影响社区治安的环境因素

（一）社区物理环境

社区物理环境主要是指社区中的自然结构空间、建筑环境设计情况，表现为社区内的住房类型、出入口控制、监控设施、公共区域维护等情况。社区物理环境既为社区居民的正常生活提供了空间，同时也是违法犯罪活动发生的主要场所。关于社区物理环境对社区治安状况的影响，根据全国社会治安调查数据，可从两个方面进行分析：一是社区监控摄像头发挥的防范效能；二是社区出入口管理发挥的防范效能。

1. 监控摄像头

监控摄像头是社区物理环境的一个重要方面，它在社区治安防范中扮演着至关重要的角色。监控摄像头不仅能够实时记录犯罪行为，为打击犯罪提供有力证据，还能起到强大的震慑作用，有效预防和减少盗窃、抢劫等违法犯罪活动，同时，它还能协助社区管理人员及时发现问题，快速响应处理紧急情况，保障社区居民的人身和财产安全，提升社区的整体治安管理水平。

根据全国社会治安调查数据统计，有 54.16% 的居民在家中安装了监控摄像头，45.84% 的居民没有在家中安装监控摄像头（见图 2）。

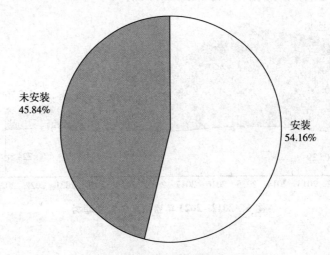

未安装
45.84%

安装
54.16%

图 2　家中安装监控摄像头情况

为探究家中是否安装监控摄像头与无人在家时是否担心家中被盗之间的关系，对交叉表进行卡方检验。表 2 显示，家中未安装监控摄像头的居民，无人在家时"非常担心"和"比较担心"家中被盗的比例合计为 12.83%，家中安装监控摄像头的居民"非常担心"和"比较担心"的比例合计为 6.25%。采用统计系数制计分法，在家中安装了监控摄像头且无人在家时担心家中被盗的得分为 71.47 分，低于没有在家中安装监控摄像头且无人在家时担心家中被盗的得分 76.09 分。对交叉表进行卡方检验表明，两者存在显著差异。因此，在家中安装监控摄像头对无人在家时担心家中被盗有积极作用，监控摄像头能够发挥一定的安全防范作用，保护家中财物安全。

表2　家中是否安装监控摄像头与无人在家时是否担心家中被盗的关系

单位：%

家中是否安装监控摄像头	无人在家时是否担心家中被盗					合计
	非常担心	比较担心	一般	不太担心	一点不担心	
未安装	0.65	12.18	17.27	40.47	29.44	100
安装	0.71	5.54	17.75	40.68	35.32	100
总体	0.68	9.14	17.49	40.57	32.12	100

注：Pearson chi^2 (4) = 54.2975，p=0.000。

　　根据调查统计，88.9%的居民表示社区安装了监控摄像头，6.7%的居民表示社区没有安装监控摄像头，4.4%的居民表示不知道社区是否安装监控摄像头（见图3）。从数据上看，八成以上的社区安装了监控摄像头，说明监控摄像头在维护社区治安中发挥着重要的作用。

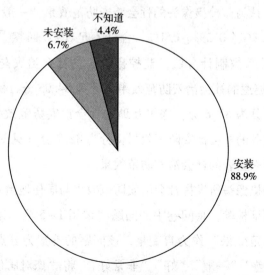

图3　社区是否安装监控摄像头

　　为检验社区是否安装监控摄像头对社区治安环境的影响，对问卷采用独立样本 t 检验，将"社区是否安装监控摄像头"作为自变量，将"社区是否存在故意损坏公共设施的现象"作为因变量进行分析检验，$p < 0.01$，分析结果显著，说明社区安装监控摄像头对故意损坏公共设施的现象有显著影响。社区安装监控摄像头且社区存在故意损坏公共设施现象的得分为 4.21分，社区没有安装监控摄像头且社区存在故意损坏公共设施现象的得分为3.85 分（见表 3，分值越高说明存在故意损坏公共设施的现象越少），说明社区安装监控摄像头对故意损坏公共设施现象有积极的防范作用，监控摄像头能够发挥安全防范作用，保护社区公共设施。

表 3　故意损坏公共设施与安装监控摄像头的独立样本 t 检验

	安装	未安装	t	p
故意损坏公共设施	4.21±0.687	3.85±0.699	−7.905	0.000

　　关于监控摄像头的社会治安防范效果，根据调查统计，认为监控摄像头的社会治安防范效果"好"的比例是 38.2%，"非常好"的比例是 56.0%，合计达 94.2%；认为监控摄像头的社会治安防范效果"一般""差""非常差"的分别占 3.8%、0.3%、0.1%，合计不足 5%；回答"不了解"的占1.6%。根据统计系数制计分法，监控摄像头的社会治安防范效果得分为87.45 分，警察巡逻的社会治安防范效果得分为 84.05 分，保安服务的社会治安防范效果得分为 83.8 分，邻里互助的社会治安防范效果得分为 82.69分，治安志愿服务的社会治安防范效果得分为 82.2 分（见图 4）。数据表明监控摄像头能带来显著的社会治安防范效果。

　　为判断监控摄像头所发挥社会治安防范效果与居住地治安状况之间的关系，需要进行实证检验。将问卷中的问题"请用 1~5 分，来评价监控摄像头的社会治安防范效果"作为自变量，该问题的答案为五点式量表，分别是"非常差""差""一般""好""非常好"。将"您对居住地的治安状况评价"作为因变量，该问题的答案是从"非常不好"到"非常好"的 1~10

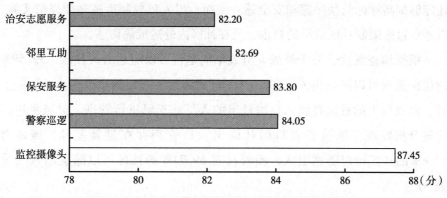

图4　居民对各项措施社会治安防范效果的评价得分

分连续变量。采取线性回归的分析方法，由表4的结果可以看出，整体回归模型检验结果的F值为103.65，$p<0.001$，说明回归方程的构建有意义；R^2等于0.027，说明自变量能够解释因变量2.7%的变异；未标准化系数等于0.283，表明监控摄像头发挥的社会治安防范效果每增加1个单位，社会治安状况就会提升0.283个单位。

表4　监控摄像头与社区治安状况评价的线性回归

	未标准化系数	标准误	标准化系数	t	显著性
常量	7.139	0.126		56.734	0.000
监控摄像头的治安防范效果评价	0.283	0.028	0.165	10.181	<0.001
R^2			0.027		
F值			103.65 ***		

注：* 表示 $p<0.05$，** 表示 $p<0.01$，*** 表示 $p<0.001$。

2. 社区出入口管理

社区出入口管理作为物理环境中的另一个重要组成部分，扮演着守护社区安全与促进居民便捷通行的双重角色。防卫空间理论认为，社区出入口管理直接影响社区安全感和犯罪预防效果。通过对出入口的人员及车辆进行管理，不仅能够有效实现社区内外部空间的区隔，能够保障居民的人身安全，

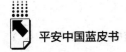

还能够提高社区的秩序感和安全感。然而，出入口控制措施必须谨慎实施，以避免过度限制社区成员的自由，或在社区内外造成隔离感。

根据调查统计，关于外来人员或车辆是否可以随意出入社区，39.59%的居民表示可以随意出入，60.41%的居民表示不可以随意出入。从数据上看，六成以上的社区在出入口对进出的人员或车辆进行管理。分城乡进行比较分析发现，城镇和农村的社区出入口管理存在显著差异，城镇有23.4%的社区可以随意出入，而农村有69.71%的社区可以随意出入（见表5）。

表 5　社区外来人员或车辆出入管理情况

单位：%

居住地类型	可以随意出入	不能随意出入	合计
城镇	23.4	76.6	100
农村	69.71	30.29	100
总体	39.59	60.41	100

注：Pearson chi^2 (1) = 754.40，p = 0.00。

通过构建交叉表，来进一步分析外来人员或车辆是否可以随意出入社区与过去12个月社区成员是否有财产被盗的关联性。通过数据检验，卡方值为21.66，p<0.01，说明两个变量之间关联紧密。通过数据可知，过去12个月，外来人员或车辆可以随意出入的城市社区，社区成员财产被盗的比例为2.31%，外来人员或车辆不可以随意出入的城市社区，社区成员财产被盗的比例为0.33%，外来人员或车辆不能随意出入的城市社区被盗比例显著更低（见表6），表明城市社区的出入口管理与社区治安显著相关；而在农村社区，外来人员或车辆是否可以随意出入与社区成员财产是否被盗没有显著相关关系（见表7）。通过分析可知，城市社区出入口的管理能够明显减少社区盗窃案的发生，因此加强城市社区出入口管理对维护城市社区治安状况有积极意义。

表6　城市社区出入口管理与被盗经历

单位：%

外来人员或车辆管理	过去12个月社区成员是否有财产被盗		合计
	是	否	
可以随意出入	2.31	97.69	100
不能随意出入	0.33	99.67	100
总体	0.79	99.21	100

注：Pearson chi^2（1）= 21.66，p = 0.000。

表7　农村社区出入口管理与被盗经历

单位：%

外来人员或车辆管理	过去12个月社区成员是否有财产被盗		合计
	是	否	
可以随意出入	0.78	99.22	100
不能随意出入	0.77	99.23	100
总体	0.77	99.23	100

注：Pearson chi^2（1）= 0.0004，p = 0.98。

　　为检验外来人员或车辆是否可以随意出入对社区治安秩序状况的影响，对问卷采用独立 t 检验，将"外来人员或车辆是否可以随意出入社区"作为自变量，将"社区是否存在以下现象"的 10 个分项计算总分作为该题的得分，将该题计算总分后命名为"社区治安乱象"作为因变量进行分析检验。结果显示，F 值为 18.519，p<0.01，结果分析显著，说明外来人员或车辆是否可以随意出入对社区的治安秩序状况有影响。外来人员或车辆能随意出入的社区存在治安乱象的得分是 35.1591 分，外来人员或车辆不能随意出入的社区存在治安乱象的得分是 39.3948 分（见表8，分值越高说明存在社区治安乱象越少）。由此可见，社区对外来人员或车辆的出入管理对社区的治安情况有积极意义，能够减少社区治安乱象。

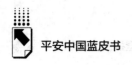

表8 社区治安乱象与外来人员或车辆随意出入的独立样本 t 检验

	可以随意出入	不能随意出入	t	p
社区治安乱象	35.1591±7.82132	39.3948±5.32952	−5.536	0.000

（二）社区社会环境

社区社会环境指的是在一个特定社区内，由社会结构、社会关系、社会文化、社会互动以及社区管理与服务体系等多种社会要素共同构成的综合环境。它涵盖了社区成员之间的相互关系、社区内部的规范与价值观、社区的文化氛围、社会网络、社会支持系统、公共服务设施与资源分配等多个维度。

具体而言，社区社会环境包括以下几方面。社会结构与人口特征：如社区居民的职业、受教育水平、收入分布、家庭结构等，这些特征共同塑造了社区的基本人口构成和社会结构。社会关系与互动：社区居民之间的交往模式、信任程度、合作与冲突解决机制，以及社区内外部的社会联系和互动情况。社会文化环境：社区共有的价值观念、信仰体系、风俗习惯、文化传统、语言使用等，这些文化因素形成了社区独特的文化氛围和身份认同。社区管理与服务：社区治理体系、居民参与机制、公共服务设施（如教育、医疗、安全、娱乐等设施）的完善程度、社区服务的质量与效率等，这些方面直接关系到社区居民的生活质量和满意度。社会支持网络：社区内为居民提供情感支持、物质援助、信息交换等功能的非正式网络（如邻里关系、朋友关系）和正式组织（如社区居委会、志愿者组织、社会服务机构）。

从社会控制角度来看，社区居民之间非正式社会关系的紧密程度会影响社区的治安状况。费孝通先生在《乡土中国》中提出"熟人社会"的概念，该结构中的居民彼此熟悉，能够轻易识别陌生人，从而给社区增加了非正式控制，同时传统习俗、乡规民约约束了居民个体的行为，个体在破坏规则时会付出更高昂的约束成本，因此"熟人社会"具有天然的抑制社区失序行为的作用。

对社区社会环境的考察，根据全国社会治安调查数据，可分为两个方面：一是邻里互助的社会治安防范效果；二是志愿服务的社会治安防范效果。

1. 邻里互助

根据全国社会治安调查问卷统计，61.9%的受访者居住在普通商品房社区，32.7%的受访者居住在农村社区，5.4%的受访者居住在其他社区（见图5）。从以上数据可以看出，我国居民六成以上居住在普通商品房社区，三成左右居住在农村社区，合计占比达94.6%。

普通商品房社区既不是传统农村的熟人社会，也不是基于共同单位的单位制小区，人员内部结构较为松散。而社区内的居民基于地缘加入共同的微信群，能够共享信息，在一定程度上实现了互助和帮扶，加强了彼此的联络和情感支持，形成了新的邻里关系。

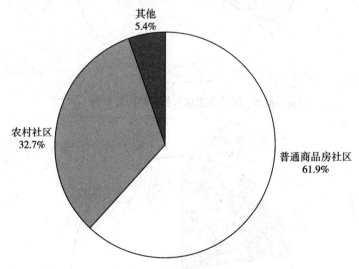

图5　受访者居住的社区类型

根据问卷调查，加入社区居民微信群的居民占64.9%，没有加入社区居民微信群的居民占35.1%，六成以上的居民加入了社区居民微信群（见图6）。继续分析微信群所能发挥的作用，根据问卷调查，微信群内有社区人员开展反诈宣传的占76.9%，没有社区人员开展反诈宣传的占9.3%，回答"不清楚"的占13.8%（见图7）。这说明七成以上的社区居民微信群会有社区人员开展反诈宣传，预防居民被诈骗，宣传反诈知识。根据问卷调查，微信群内有社区人员发布治安情况的占50.2%，没有社区人员发布治安情况的占17.4%，回答不清楚的占比32.4%（见图8）。这说明五成以上的社区居民微信群会有社区人员发布治安情况，通报当地的治安状况，提示治安防范知识。

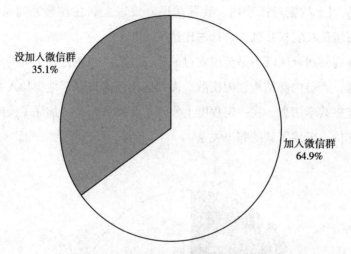

图6 居民是否加入社区居民微信群

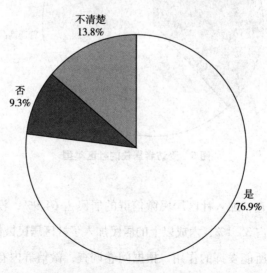

图7 居民微信群内是否有社区人员开展反诈宣传

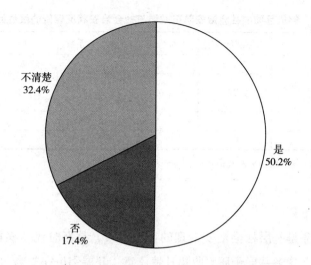

图 8　居民微信群内是否有社区人员发布治安情况

根据全国社会治安调查问卷统计，居民认为邻里互助的社会防范效果"好"和"非常好"的比例分别占 47.4% 和 42.2%，合计占比 89.7%；认为邻里互助的防范效果"一般"的占 7.2%；认为邻里互助的防范效果"差"和"非常差"的占比分别是 0.6% 和 0.2%，合计不足 1%。这表明居民认为邻里互助能够带来积极有效的社会治安防范效果。

关于邻里互助对社会治安状况的影响，需要进一步检验。将"邻里互助的社会治安防范效果"作为自变量，该问题的答案为五点式量表，分别是"非常差""差""一般""好""非常好"。将问卷中的"您对居住地的治安状况评价"作为因变量，该问题的答案是从"非常不好"到"非常好"的 1~10 分连续变量。采取线性回归的分析方法，结果显示，F 值为 148.716，$p < 0.001$，说明回归方程的构建有意义，邻里互助对社会治安状况具有显著影响；R^2 等于 0.038，说明自变量共能解释因变量 3.8% 的变异；未标准化系数等于 0.297，表明邻里互助的社会治安防范效果每增加 1 个单位，社会治安状况就会提升 0.297 个单位（见表 9）。

表9　邻里互助的社会治安防范效果与社会治安状况评价的线性回归

	未标准化系数	标准误	标准化系数	t	显著性
常量	7.142	0.106		67.671	0.000
邻里互助的社会治安防范效果评价	0.297	0.024	0.197	121.195	<0.001
R^2			0.038		
F值			148.716 ***		

注：* 表示 p<0.05，** 表示 p<0.01，*** 表示 p<0.001。

2. 志愿服务

志愿服务是基层社会治安治理的重要力量，是新时代"枫桥经验"的重要体现，在化解基层矛盾、收集社情民意、开展邻里守望等方面发挥了重要作用。在回答在社区是否见过治安志愿者时，28%的居民表示"经常见到"，34.4%的居民表示"一般"，31.9%的居民表示"没见过"，5.7%的居民表示"不清楚"。从数据中得出，62.4%的居民表示在社区中见过治安志愿者（见图9）。

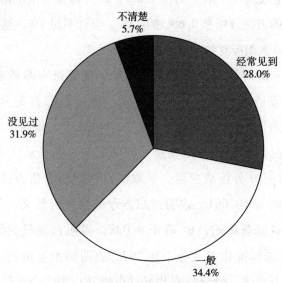

图9　在社区见到治安志愿者的频率

　　根据调查问卷统计，对于未来是否愿意参与社区巡逻维护社会治安，65.14%的居民表示愿意参与，9.7%的居民表示不愿意参与，25.16%的居民表示看情况参与。构建交叉表，来分析居民未来是否愿意参加社区巡逻志愿活动与在社区看到治安志愿者频率之间的关系。通过数据检验，$p < 0.01$，说明居民未来是否愿意参加社区巡逻志愿活动与在社区看到治安志愿者的频率之间关系显著。表10中的数据表明，居民在社区看到治安志愿者的频率越高，未来越有意愿参加社区巡逻志愿活动，由此形成了良性循环。

表10　未来是否愿意参加社区巡逻志愿活动与在社区看到治安志愿者频率的关系

单位：%

在社区看到治安志愿者频率	未来是否愿意参加社区巡逻志愿活动			合计
	不愿意	愿意	看情况	
经常见到	4.24	73.38	22.37	100
一般	10.68	64.44	24.88	100
没见过	12.89	62.77	24.34	100
不清楚	12.86	41.9	45.24	100
总体	9.70	65.14	25.16	100

注：Pearson chi^2 (6) = 114.16, $p = 0.00$。

　　根据全国社会治安调查问卷统计，认为治安志愿服务的社会治安防范效果"好"和"非常好"的比例分别占46.8%和41.6%，合计占比达88.4%；认为治安志愿服务的社会治安防范效果"一般"的占7.3%；认为治安志愿服务的社会治安防范效果"差"和"非常差"的占比分别是0.8%和0.2%，合计为1%；回答"不了解"的占3.3%。经计算可知，城市居民对治安志愿服务的效果满意度为94.47%，评分为80.71分；农村居民对治安志愿服务的效果满意度为97.06%，评分为84.99分；在全国范围，对治安志愿服务的效果满意度为95.7%，评分为82.2分。从数据来看，对农村地区治安志愿服务的效果满意度和治安防范效果评分均高于城市地区（见图10）。

　　关于治安志愿者参与社区治安工作对社区治安状况的影响，需要进一步

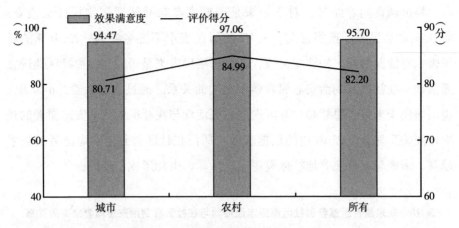

图10 治安志愿服务效果满意度和评分

检验。将"您对治安志愿服务社会治安防范效果的评价"作为自变量，该问题的答案为五点式量表，分别是"非常差""差""一般""好""非常好"。将"您对目前居住地的治安状况评价"作为因变量，该问题答案是从"非常不好"到"非常好"的 $1 \sim 10$ 分连续变量。采取线性回归分析方法，结果显示，F 值为 92.817，$p < 0.001$，说明回归方程的构建有意义，治安志愿服务对社会治安状况具有显著影响；R^2 等于 0.024，说明自变量共能解释因变量 2.4% 的变异；未标准化系数等于 0.215，表明治安志愿服务的社会治安防范效果每增加 1 个单位，社会治安状况就会提升 0.215 个单位（见表11）。

表 11 治安志愿服务的社会治安防范效果与社会治安状况评价的线性回归

	未标准化系数	标准误	标准化系数	t	显著性
常量	7.499	0.096		77.988	0.000
治安志愿服务的社会治安防范效果评价	0.215	0.022	0.156	9.634	<0.001
R^2			0.024		
F 值			92.817 ***		

注：* 表示 p<0.05，** 表示 p<0.01，*** 表示 p<0.001。

（三）警务管理活动

社区警务室的设置、巡逻防控、矛盾纠纷化解、安全知识宣传、警民日常联系等警务活动可以有效预防和减少违法犯罪行为的发生，建立良好的警民互动关系，维护社区治安环境的稳定。公安机关通过设立警务室、开展警民恳谈会等形式，使警务人员能够深入了解社区居民的需求与矛盾，及时介入调解，避免矛盾升级引发治安问题。通过加强预防警务，如深入开展法律宣传、反恐演练、安全检查等工作，能显著提升社区居民的安全防范意识和能力。

1.警务活动

根据全国社会治安问卷调查，设置了社区警务室的占 53.41%，未设置社区警务室的占 25.57%，不清楚是否设置了社区警务室的占 21.03%（见表 12）。从数据中得知，半数以上的社区设置了社区警务室。对于社区警务室是否有社区民警常驻，79.96% 的居民表示有社区民警常驻，9.26% 的居民表示没有社区民警常驻，10.78% 的居民表示不清楚（见表 13）。从数据得知，大多数社区警务室有社区民警常驻。

表 12 设置社区警务室情况

单位：%

社区所在地区	设置	未设置	不清楚	合计
城镇	61.06	18.62	20.32	100
乡村	39.18	38.49	22.33	100
总体	53.41	25.57	21.03	100

注：Pearson chi^2（2）= 206.88，p = 0.00。

表 13 社区警务室是否有民警常驻

单位：%

社区警务室所在地区	是	否	不清楚	合计
城镇	78.22	10.14	11.64	100
乡村	85.01	6.71	8.28	100
总体	79.96	9.26	10.78	100

注：Pearson chi^2（2）= 10.92，p = 0.004。

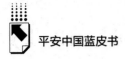

通过数据可知，12.13%的居民表示对社区民警"非常熟悉"，33.44%的居民表示对社区民警"比较熟悉"，36.67%的居民表示"一般"，11.04%的居民表示对社区民警"不太熟悉"，6.72%的居民表示对社区民警"很不熟悉"，表明八成以上居民对社区民警的熟悉度较高（见表14）。

表 14　居民对社区民警的熟悉度

单位：%

社区所在地区	对社区民警的熟悉度					合计
	非常熟悉	比较熟悉	一般	不太熟悉	很不熟悉	
城镇	15.58	34.88	32.02	11.8	5.72	100
农村	3.64	29.9	48.12	9.17	9.17	100
总体	12.13	33.44	36.67	11.04	6.72	100

注：Pearson chi^2 (2) = 124.19, p = 0.000。

关于社区居民对社区民警工作评价的情况，根据问卷统计数据，评价社区民警工作"很好"的占 16.51%，"较好"的占 49.11%，"一般"的占 26%，"较差"的占 1.16%，"很差"的占 0.35%，"不清楚"的占 6.86%（见图 11）。通过数据可知，65.62%的居民对社区民警的工作评价为"较好"及以上，说明居民对社区民警工作效果的认可度较高。

关于居民对民警维护周边治安环境的信任度评价，根据问卷统计数据，对民警维护周边治安环境"非常有信心"的占 21.8%，"比较有信心"的占 58.8%，评价"一般"的占 17.4%，"不太有信心"的占 0.9%，"没有信心"的占 1.1%（见图 12）。通过数据可知，80.6%的居民对民警维护周边治安环境的信心度较高，说明民警维护周边治安环境的效果显著。

社区民警在维护社区治安中发挥着主导作用，接下来进一步检验社区民警工作与社区治安的关系。选择问卷中的问题"您对自己所在社区的社区民警熟悉程度"作为自变量，该问题的答案为从"非常熟悉"到"很不熟

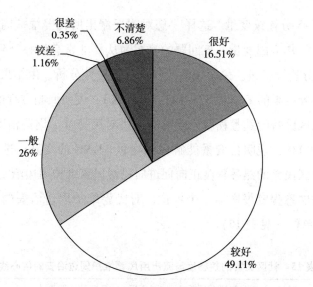

图 11　社区居民对社区民警工作的评价

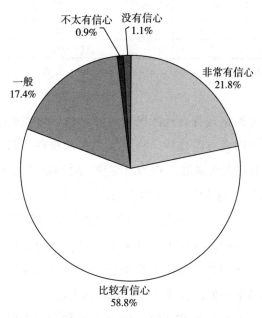

图 12　对民警维护周边治安环境的信任度评价

悉"的1~5分连续变量。选择"您对附近派出所民警维护周边治安环境是
否有信心"作为因变量，该问题的答案为从"非常有信心"到"没有信心"
的1~10分连续变量。采用线性回归进行相关性分析，由结果可知，整体回
归模型检验结果的F值为373.323，p<0.001，说明回归方程的构建有意义，
居民对社区民警的熟悉程度显著影响居民对民警维护周边治安环境的信心；
R^2等于0.119，说明自变量能解释因变量11.9%的变异；进一步看系数结
果，对社区民警的熟悉程度正向促进居民对民警维护周边治安的信心，对社
区民警的熟悉程度每增加1个单位，对民警维护周边治安的信心就会提升
0.245个单位（见表15）。

表15　社区民警的熟悉度与派出所民警维护周边治安的信心线性回归

	未标准化系数	标准误	标准化系数	t	显著性
常量	1.343	0.036		36.998	0.000
监控探头的治安防范效果评价	0.245	0.013	0.346	19.322	<0.001
R^2			0.119		
F值			373.323 ***		

注：* 表示 p<0.05，** 表示 p<0.01，*** 表示 p<0.001。

　　为检验社区警务室是否有社区民警常驻对社区内"黄赌毒"现象的影
响，对问卷进行单因素方差检验，将问题"据您观察，您所居住社区的社
区警务室是否有社区民警常驻"作为自变量，对问题"过去12个月，您所
居住社区'黄赌毒'问题的严重程度"的三个分项计算总分作为该题的得
分，计算总分后命名为"'黄赌毒'现象"作为因变量进行分析检验。由结
果可知，F值为47.499，p<0.01，结果分析显著，说明社区警务室有社区
民警常驻对社区"黄赌毒"现象的影响显著。继续比较社区警务室有和没
有社区民警常驻的平均值，有社区民警常驻的平均值为12.5762，显著高于
没有社区民警常驻的平均值10.0541，分值越高说明"黄赌毒"现象越轻微
（见表16）。数据说明，社区警务室有社区民警常驻能够有效减少社区"黄
赌毒"现象，维护社区良好的治安环境。

表16 是否有社区民警常驻与社区"黄赌毒"现象的方差分析

	指标	"黄赌毒"现象 （平均值±标准差）	F值	p
是否有社区民警常驻	不清楚	11.2832±5.49575	47.499	0.000
	是	12.5762±4.75517		
	否	10.0541±6.31245		

为检验社区警务室是否有社区民警常驻对社区居民安全感的影响，对问卷进行单因素方差检验，将问题"您所居住社区的社区警务室是否有社区民警常驻"作为自变量，将问题"晚上独自在家，您的安全感如何"作为因变量进行分析检验。由结果可知，F值为48.379，p<0.01，结果分析显著，说明社区警务室有社区民警常驻对社区居民晚上独自在家的安全感影响显著。继续比较社区警务室有和没有社区民警常驻的平均值，有社区民警常驻的情况下安全感平均值为4.3，显著高于没有社区民警常驻情况下安全感的平均值4.04（分值越高说明安全感越高，见表17）。数据说明，社区警务室有社区民警常驻能够提升居民晚上独自在家的安全感，说明社区民警的常驻提升了社区的见警率，开展警务工作能够带来较为显著的治安效益。

表17 社区民警常驻与居民安全感的方差分析

	指标	居民安全感 （平均值±标准差）	F值	p
是否有社区民警常驻	不清楚	4.06±0.674	48.379	0.000
	是	4.3±0.661		
	否	4.04±0.606		

2. 社区保安服务

根据全国社会治安调查问卷统计，居民对保安服务社会治安防范效果的评价"非常好"的占49%，评价"好"的占38.6%，评价"一般"的占9%，评价"差"的占0.8%，评价"非常差"的占0.3%，评价"不清楚"

的占2.3%（见图13）。评价保安服务的社会治安防范效果"好"和"非常好"的占87.6%，说明保安服务在维护社会治安秩序方面效果显著。

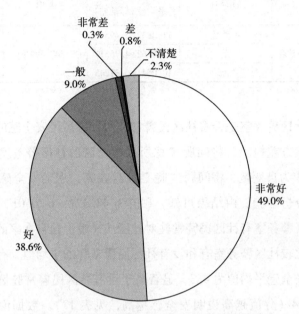

图13　居民对保安服务社会治安防范效果的评价

　　保安服务在公安机关的指导下，在维护社区治安工作中发挥着重要作用，为进一步检验保安服务与社区治安的关系，选择问卷中"您对保安服务社会治安防范效果的评价"作为自变量，该问题的答案为从"非常差"到"非常好"的1~5分连续变量（"不清楚"设置分值为0）。选择"无人在家时，您是否担心家中被盗"作为因变量，该问题的答案为从"非常担心"到"一点不担心"的1~10分连续变量。采用线性回归进行相关分析，整体回归模型检验结果的F值为79.658，$p<0.001$，说明回归方程的构建有意义，保安服务的社会治安防范效果对居民无人在家时是否担心家中被盗具有显著影响；R^2 等于0.021，说明自变量能解释因变量2.1%的变异；进一步看系数结果，保安服务的社会治安防范效果对居民无人在家时是否担心家中被盗有正向促进作用（见表18）。

表18　保安服务的社会治安防范效果与担心家中被盗的线性回归

	未标准化系数	标准误	标准化系数	t	显著性
常量	3.709	0.066		56.025	0.000
保安服务的社会治安防范效果评价	0.146	0.016	0.145	8.925	<0.001
R^2			0.021		
F值			79.658 ***		

注：＊表示 p<0.05，＊＊表示 p<0.01，＊＊＊表示 p<0.001。

　　公安机关是维护社会治安的主导力量，辅警力量是对警力的重要补充，保安服务是在市场化的选择下为社会提供差异化治安服务的机构，三者都是维护社会治安的专业化力量。为了检验社区见警率与社区治安乱象之间的关系，选择问卷中"您在社区见到警察、辅警或保安的频率"作为自变量，该问题的答案为从"较少"到"经常"的 1~3 分连续变量，将"您所在社区是否存在以下现象"的 10 个分项计算总分作为该题的得分，计算总分后命名为"社区治安乱象"作为因变量进行分析检验。由结果可知，整体回归模型检验结果的 F 值为 29.487，p<0.001，说明回归方程的构建有意义，社区见警率对社区治安乱象具有显著影响；R^2 等于 0.075，说明自变量能解释因变量 7.5%的变异；进一步看系数结果，社区见警率对减轻社区治安乱象有正向促进作用，社区见警率每增加 1 个单位，社区治安乱象的整治效果提升 2.504 个单位（见表 19）。

表19　社区见警率对社区治安乱象影响的线性回归

	未标准化系数	标准误	标准化系数	t	显著性
常量	32.979	0.96		34.354	0.000
社区见警率	2.504	0.461	0.274	5.43	<0.001
R^2			0.075		
F值			29.487 ***		

注：＊表示 p<0.05，＊＊表示 p<0.01，＊＊＊表示 p<0.001。

三 基于治安的社区环境改善建议

（一）优化社区物理环境，打造"智慧社区"

在改善社区治安环境的过程中，优化社区的物理环境是其中必不可少的关键一环。具体而言，可以通过以下途径优化社区的物理环境。

1. 构建社区的智能化监控体系

（1）扩大监控设备覆盖范围

虽然当前多数社区已安装了监控摄像头，但仍存在一些监控死角。应进一步对社区公共区域，如楼道拐角、地下停车库偏僻位置、社区花园边缘等地进行排查，合理增设监控设备，确保无监控遗漏区域。在老旧小区改造过程中，可将监控设备增设纳入重点项目，利用先进的无线传输技术，减少布线难题，快速提升监控覆盖率。

对于新建社区，在规划阶段依据社区布局、功能分区及人口流动特点，进行全方位、多层次的监控布局设计。例如，在高层住宅区域，确保每栋楼的出入口、电梯间、消防通道等关键位置都有高清摄像头覆盖；在社区的营业性区域，针对店铺门口、娱乐场所周边等人员密集且复杂区域，增加监控点密度，实现对人员活动和商业交易的有效监控，从源头上预防盗窃、诈骗等违法犯罪行为的发生，为后续可能的案件侦查提供全面影像资料。

（2）提升监控设备的技术性能

采用高分辨率、具备夜视功能和智能识别能力的监控摄像头能够显著改善社区物理环境。高分辨率摄像头能捕捉更清晰的图像细节，在车辆牌照识别、人员面部特征辨别等方面更加准确。夜视功能可保障社区在夜间也处于有效监控之下，减少犯罪分子利用黑夜作案的可能性。[1] 智能识别技术则能对异常行为（如长时间徘徊、翻墙等）、重点人员和车辆进行自动预警，使

---

[1] 王晶晶：《夜视红外激光社区视频异动监控预警系统设计》，《激光杂志》2020 年第 5 期。

安保人员能够及时响应。

定期对监控设备进行维护与升级，建立专业的维护团队或委托专业机构制定维护计划。每月检查摄像头的图像清晰度、设备运行稳定性，及时清理镜头灰尘、修复故障设备；每季度对监控系统软件进行更新，确保其具备最新的安全防护功能，避免因设备老化或技术落后导致监控失效，保障监控体系始终处于高效运行状态。

（3）整合监控数据资源

构建社区监控数据管理平台，将社区内各类监控设备采集的数据进行集中存储与管理。打破不同社区、不同物业或不同安防系统之间的数据壁垒，实现数据共享与互联互通。通过统一平台，公安机关能够便捷地调阅多个社区的监控资料，进行综合分析与比对，提高案件侦破效率。

利用大数据分析技术对监控数据进行深度挖掘。分析不同时间段、不同区域的人员和车辆活动规律，发现潜在的安全隐患和异常情况。例如，若某个区域在深夜频繁出现陌生人员活动，系统可自动发出预警，提示安保人员加强巡逻与排查；通过对长期数据的分析，还可为社区安全管理决策提供数据支持，如合理调整安保力量部署、优化巡逻路线等，实现精准防控。

2.安保力量与门禁系统协同配合，规范社区出入口管理

（1）严格落实人员与车辆出入登记制度

在社区出入口设置专门的安保岗亭，配备充足的安保人员，对进出社区的人员和车辆进行严格登记。对于外来人员，要求详细登记姓名、身份证号、联系方式、来访事由、预计停留时间及所访住户信息等，并通过与住户电话核实或使用智能门禁系统发送访客申请等方式确认身份真实性；对车辆则记录车牌号码、车辆型号、进出时间等信息，同时检查车辆是否携带可疑物品。在此基础上，逐步引入智能化登记系统，如人脸识别门禁与车辆自动识别系统相结合。居民通过人脸识别快速通行，系统自动记录出入时间；外来人员在安保人员辅助下进行身份登记后，系统生成临时通行二维码，车辆识别系统自动识别社区内登记车辆，未登记车辆需经安保人员询问登记后放行，提高出入口管理的效率与准确性，减少人为疏忽与漏洞。

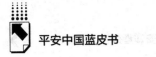

（2）推广人工智能门禁：技术赋能安全

①提升面部识别精度与速度。在社区人工智能门禁系统中，应持续优化面部识别算法。[①] 投入研发资源，使其能够适应不同光照条件，精准捕捉居民面部特征，减少识别误差。通过增加特征提取点和深度神经网络训练，提高对表情变化、面部遮挡（如戴眼镜、戴口罩等常见情况）的识别能力，确保居民能快速、顺利通过门禁，同时有效阻挡非授权人员。例如，可借鉴金融机构高端人脸识别技术的研发思路，实现门禁系统的识别准确率99.9%以上，响应时间控制在1秒以内，实现无感通行，增强社区入口管控的安全性与便捷性。

②集成多模态识别技术。为进一步提升门禁安全性，引入多模态识别技术。除人脸识别外，结合指纹识别、虹膜识别等方式，构建多维度身份验证体系。在一些对安全性要求较高的区域，如物业管理中心、设备机房等，采用多种识别方式组合验证。当居民进入这些区域时，需依次通过人脸识别和指纹识别，两者均验证通过方可进入，防止单一识别方式被破解带来的安全风险，为社区关键区域提供更严密的物理访问控制。

③门禁系统与社区监控及报警系统联动。实现人工智能门禁系统与社区监控、报警系统的深度融合。当门禁检测到异常情况，如多次识别失败、强行闯入等，立即触发周边监控摄像头聚焦事发地点，并自动将现场画面传输至社区安保室，同时启动报警装置。安保人员可依据实时监控画面迅速做出反应，及时制止潜在违法犯罪行为。在系统后台建立事件记录与分析模块，对每次异常事件进行详细记录，包括时间、地点、人员图像等信息，通过大数据分析挖掘潜在安全隐患规律，为社区安全管理策略调整提供数据支撑。

（二）强化社区关系建设

1. 强化邻里互助关系，构建社区共同体

在当今社会发展进程中，强化邻里互助关系、构建社区共同体已成为推

---

① 杜秀君、舒成业：《人工智能门禁系统在智慧社区中的实践应用》，《建筑科学》2022年第9期。

动社区和谐发展的关键任务。社区自治是构建社区共同体的核心要素之一。社区党组织、居委会和业委会等应协同发力，形成共建共治共享的良好格局。针对部分社区环境脏乱差、物业管理不善的问题，社区居委会可联合业委会积极引入优质物业公司，如在一些老旧的街坊式社区和城中村社区，通过居民参与决策的方式，筛选出服务优质、居民满意的物业公司，提升物业管理水平，增强居民对社区管理的信任。同时，合理配置社区工作人员，明确职责分工，根据社区居民数量和工作需求，科学规划人员安排，避免因工作量不均导致服务质量下降，从而提高社区治理效能，为居民提供更优质的公共服务。这有助于增强居民对社区的认同感和归属感，进而提升社区的社会资本。

借鉴传统熟人社会的邻里互助模式，建立"邻里守望"模式是强化邻里关系的有效举措。社区居委会通过与社区居民共同制定守望制度，用线上线下相结合的宣传方式，如社区公告栏、微信群、社区公众号等渠道，广泛宣传公约内容，提高居民知晓率，引导居民共同遵守执行。通过公约的约束和引导，促进居民之间的社会互动，重塑邻里间的紧密关系。

同时，积极招募志愿者担任社区联络员，发挥公安机关和社区居民间的桥梁作用。社区志愿者不仅能够及时了解居民需求，还能在突发事件发生时，迅速联络社区居委会或公安机关，为居民提供帮助和支持。例如，在面对突发安全事件或邻里纠纷时，志愿者可以第一时间赶到现场，协助处理问题，维护社区秩序，增强社区居民的安全感。通过这些措施，能够有效强化社区志愿者等群防群治力量，形成邻里互助、共同守护社区安全的良好氛围，进一步推动社区共同体的构建。

2. 丰富社区活动，增强社区的公共性

在社区建设与发展的进程中，社区活动的组织与互助体系的构建是强化社区凝聚力与居民归属感的关键路径。一是通过举办多元且富有特色的社区活动，有效促进社区成员间的深度互动与融合。例如，举办文化节活动，其中设置民俗文化展览、文艺会演等板块，积极鼓励居民深度参与活动的策划与演出环节，这不仅能够传承与弘扬本土文化，更能在筹备与实施过程中增进居民之间的相互认知与理解。体育赛事的开展应涵盖丰富多样且适合不同年龄层次的项目，从青少年喜爱的球类运动到适合老年人的健身操比赛等，促使居民在体育竞技的活力氛围中实现深度的交流与协作，打破年龄与社交壁垒。邻里节的设立则聚焦于日常生活场景，举办厨艺交流展示、趣味互动游戏等活动，营造温馨和谐的邻里氛围，有效消解邻里间的疏离感，逐步编织起紧密且稳固的社区关系网络。二是构建全方位的社区互助体系。线上层面，依托社区专属网站或定制化 App 搭建居民互助平台，为居民提供便捷高效的信息交互渠道。居民可在平台上发布诸如老年人临时照护、物品短期借用等求助信息，以及诸如维修服务、家教服务等援助信息，从而实现社区资源的高效整合与共享，形成互助互利的良性循环。线下层面，设立实体互助服务站点，并组织常态化的志愿者团队开展系列志愿服务活动。[1] 诸如定期开展孤寡老人关爱行动、社区环境卫生义务清洁活动等，在实践过程中培育居民的互助精神与公共责任意识，使居民在持续的互帮互助实践中深化对社区的情感认同并提升公共事务参与度，进而推动社区整体向和谐、有序、团结的方向持续发展，实现社区治理的现代化转型与升级。

3. 构建社区文化，增强社区凝聚力

文化治理是国家治理的文化路向[2]，在对社区进行治理的过程中，社区文化的构建占据着关键地位，其对于社区的稳定、和谐与发展具有不可替代的作用。具体而言，可以从以下几个方面着手。首先，深入挖掘社区历史文化资源是构建社区文化的基石。社区的发展历程、传统手工艺以及独特的地方文化等元素，蕴藏着丰富的文化价值与精神内涵。将这些文化瑰宝融入社区建设与各类文化活动之中，能够为社区注入深厚的文化底蕴。例如，通过精心打造社区文化博物馆或文化长廊，系统展示社区的历史文物、承载岁月记忆的老照片以及精湛的传统技艺作品，这不仅是对社区历史的庄重回溯，

---

① 蓝宇蕴、谢利发：《社区参与中的资源发掘路径探析——以 F 街社区互助会为例》，《华南师范大学学报》（社会科学版）2024 年第 2 期。

② 赵定东、万鸶鸶：《以文化人：文化建设何以推进社区治理能力的现代化转型——基于杭州市下城区武林街道的实践分析》，《学习论坛》2021 年第 2 期。

更是一种文化传承的有效实践，能够使社区成员深刻感知社区的发展脉络，增强对社区文化根源的认同感与归属感，进而凝聚起强大的社区精神向心力。其次，举办传统手工艺制作培训班是传承社区文化精髓的重要举措。邀请非遗传承人亲临授课，让居民近距离接触和学习传统技艺，在实践操作中亲身体验文化传承的魅力与责任。这种沉浸式的学习过程，能够激发居民对社区文化的热爱之情，进一步提升其对社区文化的认同感与自豪感，促进社区文化的代际延续与创新。最后，培育社区特色文化品牌是社区文化建设的创新路径。基于社区独特的地理人文特点和居民的兴趣偏好，精准定位并发展如音乐社区、书画社区、科技社区等特色文化方向。随后，成立与之对应的社团组织，定期开展丰富多彩的社团活动、展览及比赛等。以音乐社区为例，举办社区音乐节，汇聚专业音乐人和本土音乐爱好者共同登台献艺，不仅能为音乐人才提供展示平台，更能激发居民对音乐文化的热情，提升社区文化氛围。书画社区通过组织书画展览与交流活动，促进艺术创作与文化欣赏在社区内的广泛传播，吸引更多居民投身文化创作与交流，以特色文化活动为桥梁，增强社区文化的吸引力与凝聚力，推动社区文化建设迈向更高水平。

4. 强化社区管理与服务

（1）推行以"主动警务""警保联动"为特色的社区警务

以"派出所主防"为导向，持续开展"枫桥式公安派出所"创建活动，大力推行派出所"两队一室""一村（格）一警"等机制模式，推动警力下沉到基层，推进基层精细化治理，不断提升人民群众的安全感、幸福感。目前，全国范围内已基本达到派出所警力占县级公安机关警力、社区民警占派出所警力"两个40%以上"的配置标准。这一成果使警力更加贴近民众、深入社区。深化社区警务机制改革，增加社区民警在社区的驻勤时间，确保社区警务室常态化运作。社区民警在日常工作中积极作为，通过与民众的密切接触，第一时间介入邻里纠纷等问题，将矛盾消除在萌芽状态，有效预防矛盾的升级与恶化，切实增强人民群众的安全感。在打击违法犯罪方面，基层警力能够充分发挥熟悉当地环境和人员情况的优势，快速响应案件，提高案件侦破效率，对各类违法犯罪行为形成有力震慑，进一步提升社会治安防控水平。民警在服务民众过程中，积极开展社区安全宣传、便民服务等工作，增进警民之间的信任与互动，使民众切实感受到来自公安机关的关怀与支持，从而提升人民群众的幸福感。

推动"警保联动"模式深入发展，建立公安机关与保安服务公司紧密协作机制。公安机关加强对保安人员的业务培训，包括治安防范技能、应急处置能力、法律法规知识等方面，提升保安队伍素质。保安人员在日常工作中，协助民警开展巡逻防控、信息收集等工作，发现可疑情况及时报告。同时，利用现代信息技术，建立"警保联动"信息共享平台，实现公安机关与保安公司之间的信息快速传递与协同处置，增强社区治安防控能力。通过推动"警保联动"模式的深入发展，公安机关与保安服务公司携手共进，充分发挥各自优势，实现社区治安防控工作的全面升级。这不仅有效增强了社区的治安防控能力，减少了各类违法犯罪活动的发生，为居民创造了更加安全稳定的居住环境，而且进一步提升了人民群众的安全感和满意度。

（2）吸纳社会治理资源，构建多元社区治理格局

完善社区治理体系，构建政府、社区组织、居民、企业等多方参与的协同治理格局。明确各方职责与权力边界，政府部门负责政策制定与资源调配，社区组织发挥桥梁纽带作用，居民积极参与民主决策与自治管理，企业参与社区建设与服务提供。例如，在社区环境改造项目中，政府提供资金支持与规划指导，社区组织居民参与意见征集与监督，企业承担部分工程建设任务，共同推动社区发展。健全居民参与机制，拓宽居民参与社区事务的渠道。定期召开居民代表大会、社区议事会等，对社区重大事项进行民主决策。利用网络平台开展线上投票、意见征集活动，方便居民参与。建立居民参与激励机制，对积极参与社区事务的居民给予表彰与奖励，如颁发荣誉证书、提供社区服务优惠等，提高居民参与积极性与主动性。

5. 织密社会支持网络

在当代社区建设的复杂生态体系中，社区居委会、志愿组织与专业社会服务机构构成了推动社区可持续发展的核心三角力量，三者相辅相成，共同

致力于优化社区社会环境、提升居民生活品质。

首先，社区居委会作为基层治理的关键枢纽，对其组织协调职能的深度挖掘与强化是社区稳定发展的基石。它肩负着组织多元社区活动的重任，通过文化节、邻里交流聚会等形式，搭建居民互动交流的平台，促进社区人际关系网络的编织与加固，消融邻里间的隔阂，营造和谐融洽的社区氛围。在纠纷调解方面，居委会凭借其深入社区的优势，运用专业的沟通技巧与丰富的社区治理经验，公正、高效地化解邻里矛盾，维护社区秩序的稳定。对于社区内的困难群体，居委会建立起完备的帮扶救助体系，详细梳理困难家庭档案，实施定期走访慰问机制，精准提供物质援助与心理支持。在重要节假日，为困难家庭送上生活必需品与慰问金，并组织志愿者开展生活照料与心理疏导志愿服务，从物质与精神双重层面助力困难群体走出困境，增强其对社区的归属感与依赖感。

其次，志愿组织在社区建设中发挥着不可或缺的协同增效作用。应广泛吸纳社区居民、大学生及企事业单位员工等多元群体，使志愿队伍不断壮大。基于志愿者的专业特长与个人兴趣，精准组建环保、关爱弱势群体、文化教育等特色服务团队，实现人力资源的优化配置。通过定期开展系统的志愿服务培训活动，有效提升志愿者的服务能力与专业素养，确保志愿服务的高质量输出。[①] 志愿组织与社区居委会、社会服务机构紧密联动，形成强大的服务合力。在整治社区环境、关爱孤寡老人儿童、文化传承与推广等诸多方面协同作战，为社区居民提供丰富多样、精准专业的志愿服务，极大地提升了社区服务水平。

最后，专业社会服务机构的引入为社区发展注入了活力。心理咨询机构运用专业的心理测评工具与干预疗法，为居民提供个性化的心理健康咨询与辅导服务，有效应对现代社会快节奏下居民的心理压力与情绪困扰。职业培训机构依据市场需求与居民职业发展规划，量身定制就业技能培训课程，涵

---

① 党秀云：《迈向高质量的社区志愿服务：发展机遇、现实困境与未来趋势》，《中国行政管理》2024 年第 2 期。

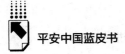

盖新兴技术、传统手工艺等多领域，提升居民就业竞争力，促进居民就业增收。养老服务机构针对老年人的特殊需求，提供居家养老、社区日间照料、康复护理等多元化服务套餐，构建全方位的养老服务体系。政府通过购买服务契约机制与优惠扶持政策，为社会服务机构在社区的落地生根创造有利条件，完善社区社会支持网络，精准满足居民在心理、职业、养老等多维度的复杂需求，推动社区迈向高品质发展阶段。

参考文献

[1] 〔德〕乌尔里希·贝克：《风险社会》，何博文译，译林出版社，2004。
[2] 袁振龙：《社会资本与社区治安》，中国社会出版社，2010。
[3] 邹湘江、齐永鑫：《警民信任对社区居民安全感影响——基于序次 Logistic 回归模型的实证研究》，《中国人民公安大学学报》（社会科学版）2019 年第 1 期。
[4] 张全涛：《从被动应对到主动防控：我国预测性侦查的理论证成与规制选择》，《中国人民公安大学学报》（社会科学版）2022 年第 3 期。

B.6
中国网络治安秩序调查报告（2024）

梁震龙　邓志浩*

摘　要： 我国网络治安问题凸显，全国受理举报网络违法和不良信息数量整体呈增长态势，网民遭遇过网络安全问题的比例呈上升趋势。22.27%的被调查居民表示遭遇过违法有害信息、网络入侵攻击、侵犯个人信息、网络骚扰行为等网络安全问题，且遭遇网络安全问题的居民网络信息安全感较低。2023年，每10万人诈骗案件数量为160.46起，其中电信网络诈骗占比最大。公安机关破获电信网络诈骗案件数逐年增加，2023年达43.7万起。问卷调查显示，居民对公安机关"打击电信网络诈骗"和"净化网络环境"两项专项行动的满意度超过95%；受访者的网络信息安全感、互联网交易安全感分别为97.73%和98.6%。对打击电信网络诈骗满意度越高的居民，其在线交易安全感也越高。维护网络治安秩序需强化网络发展规范与引导，完善网络监管法律体系，加大网络执法力度，构建全面个人信息保护体系，弥合网络安全鸿沟，维护社会整体稳定与和谐。

关键词： 网络治安秩序　网络安全　网络犯罪　网络诈骗

---

* 梁震龙，中国人民公安大学治安学博士研究生，中国人民公安大学保安研究中心研究员，研究方向为治安治理、流动人口管理；邓志浩，中国人民公安大学治安学硕士研究生，研究方向为治安治理。

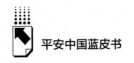

一 网络社会的发展

（一）网民数量呈现日趋增长态势

截至 2024 年 6 月，我国网民规模近 11 亿人，互联网普及率①达 78.0%。互联网普及率反映了一个国家或地区使用互联网的人口数量比例，是衡量信息化能力和水平的重要指标。随着互联网基础设施的完善和数字应用的不断拓展，数字向农、数字助老、数字惠民等常态化举措推动更多人群使用互联网，共享数字时代的便捷和红利。我国互联网行业保持了良好的发展势头，互联网基础资源的夯实、数字消费的激发以及数字应用的创新活力，都是推动网民数量增长的重要因素。

2014 年 6 月第 34 次至 2024 年 6 月第 54 次《中国互联网络发展状况统计报告》数据显示，中国网民数量一直处于稳步增长态势（见图 1）。这些数据不仅展示了中国互联网用户的庞大基数，也反映出互联网在中国社会的普及程度和影响力，随着技术的进步和服务的优化，预计未来中国网民规模还将持续增长。

（二）网络监管框架体系不断完善

伴随着网民数量的不断增长，国家网络监管体系日益完善。国家互联网信息办公室于 2011 年 5 月 4 日挂牌成立，2018 年 3 月 24 日与中央网络安全和信息化委员会办公室，列入中共中央直属机构。其主要职责为指导、协调、督促有关部门加强互联网信息内容管理，负责网络新闻业务及其他相关业务的审批和日常监管，依法查处违法违规网站，指导有关部门做好域名注

---

① 互联网普及率=互联网上网人数/人口数×100%，其中互联网上网人数指过去半年内使用过互联网的 6 周岁及以上中国居民人数。

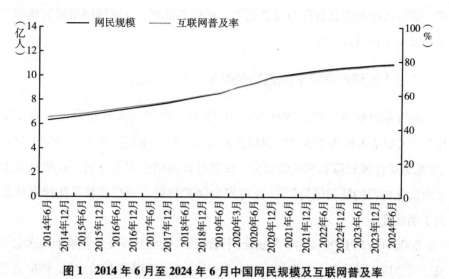

图1 2014年6月至2024年6月中国网民规模及互联网普及率

资料来源：中国互联网络信息中心第34~54次《中国互联网络发展状况统计报告》。

册、互联网地址（IP地址）分配、网站登记备案、接入等互联网基础管理工作，在职责范围内指导各地按照《中华人民共和国网络安全法》《中华人民共和国个人信息保护法》《中华人民共和国数据安全法》等法律法规的要求，全面强化重点互联网平台网络与数据安全监管工作，进一步压实网络运营主体的数据安全责任。

公安机关网络安全保卫部门的主要职责为监督、检查、指导计算机信息系统安全保护工作；组织处置重大计算机信息系统安全事故事件和实施计算机信息系统安全评估、审验；查处计算机违法犯罪案件；负责计算机病毒和其他有害数据防治管理工作；管理计算机信息系统安全服务和安全专用产品；负责计算机信息系统安全培训管理工作及法规和规章规定的其他工作。

工信部网络安全管理局主要负责组织拟订网络信息安全相关政策规划并组织实施；承担网络信息安全审查相关工作；组织实施网络新技术新业务安全评估制度；指导督促企业落实网络与信息安全管理责任，组织开展网络环境和信息治理，配合处理网上有害信息及打击网络犯罪和防范网络失窃密；拟订网络安全防护政策并组织实施；承担网络与信息安全监测预警、威胁治理、信息通报和应急管理与处置工作；承担电信网、互联网网络数据和用户信息安全保护管理工作。[①]

（三）网络秩序维护规范日益健全

在互联网规范层面，1994 年 2 月 18 日，中华人民共和国国务院令第147 号《中华人民共和国计算机信息系统安全保护条例》发布，条例中提到"注重保护计算机信息系统的安全，促进计算机的应用和发展，保障社会主义现代化建设的顺利进行"[②]，并对安全保护制度、安全监督及法律责任做出了细致规定。

2000 年 12 月 28 日，第九届全国人民代表大会常务委员会第十九次会议通过《全国人民代表大会常务委员会关于维护互联网安全的决定》，该决定根据 2011 年 1 月 8 日《国务院关于废止部分行政法规的决定》进行了修订。该文件强调"如何保障互联网的运行安全和信息安全问题已经引起全社会的普遍关注"，并规定了针对"互联网的运行安全""国家安全和社会稳定""社会主义市场经济秩序和社会管理秩序""个人、法人和其他组织的人身、财产等合法权利"的违法犯罪行为的相关刑事、行政和民事责任。[③]

2012 年 12 月 28 日，第十一届全国人民代表大会常务委员会第三十次会议通过《全国人民代表大会常务委员会关于加强网络信息保护的决定》，强调保护网络信息安全，保障公民、法人和其他组织的合法权益，维护国家安全和社会公共利益。[④]

2016 年 11 月 7 日，第十二届全国人民代表大会常务委员会第二十四次会议通过《中华人民共和国网络安全法》，规定网络安全方面的基本方针与

---

① 王文娟：《网络空间安全管理》，上海社会科学院出版社，2024。

② 《中华人民共和国计算机信息系统安全保护条例》，https：//www.gov.cn/gongbao/content/2011/content_1860849.htm，2024 年 11 月 7 日。

③ 《全国人民代表大会常务委员会关于维护互联网安全的决定》，https：//www.gov.cn/gongbao/content/2001/content_61258.htm，2024 年 11 月 7 日。

④ 《全国人民代表大会常务委员会关于加强网络信息保护的决定》，https：//flk.npc.gov.cn/detail2.html？ZmY4MDgwODE3NzRjN2EzZDAxNzc3MDEwM2Y1NTE4ZTg%3D，2024 年 11 月 7 日。

国家网信部门、国务院电信主管部门、公安部门和其他有关机关在各自职责范围内负责网络安全保护和监督管理工作。[①]

2019 年 10 月 26 日，第十三届全国人民代表大会常务委员会第十四次会议通过《中华人民共和国密码法》，强调坚持总体国家安全观，规范密码应用和管理，促进密码事业发展，保障网络与信息安全。[②]

2021 年 6 月 10 日，第十三届全国人民代表大会常务委员会第二十九次会议通过《中华人民共和国数据安全法》，强调规范数据处理活动，保障数据安全，促进数据开发利用，保护个人、组织的合法权益，维护国家主权、安全和发展利益。[③]

2021 年 8 月 20 日，第十三届全国人民代表大会常务委员会第三十次会议通过《中华人民共和国个人信息保护法》，体现了保护个人信息权益、规范个人信息处理活动、促进个人信息合理利用的立法理念，并规定了个人信息处理规则、个人在个人信息处理活动中的权利与义务、履行个人信息保护职责的部门及法律责任。[④]

从目前我国关于网络安全的管理规定来看，已经形成法律、行政法规、部门规章、地方规范性文件、司法解释、政策文件等各层级较为严密细致的规范体系。

（四）网络治安秩序问题受到广泛关注

构建必要而合理的网络秩序，是推动网络治理的内在动力和价值追求。[⑤] 治安秩序是维系社会稳定发展的基础。网络空间作为现实社会的组成

---

① 《中华人民共和国网络安全法》，https：//flk. npc. gov. cn/detail2. html？MmM5MDlmZGQ2 NzhiZjE3OTAxNjc4YmY4Mjc2ZjA5M2Q%3D，2024 年 11 月 7 日。

② 《中华人民共和国密码法》，https：//flk. npc. gov. cn/detail2. html？ZmY4MDgwODE2ZjNjYm IzYzAxNmY1YWNmNmEyNDQyMTA%3D，2024 年 11 月 7 日。

③ 《中华人民共和国数据安全法》，https：//flk. npc. gov. cn/detail2. html？ZmY4MDgxODE3O WY1ZTA4MDAxNzlmODg1YzdlNzAzOTI%3D，2024 年 11 月 7 日。

④ 《中华人民共和国个人信息保护法》，https：//flk. npc. gov. cn/detail2. html？ZmY4MDgxO DE3YjY0NzJhMzAxN2I2NTZjYzIwNDAwNDQ%3D，2024 年 11 月 7 日。

⑤ 冯建华：《中国网络秩序观念的生成逻辑与意涵演变》，《南京社会科学》2020 年第 11 期。

部分，治安秩序亦成为其内在属性。习近平总书记指出，随着互联网媒体属性越来越强，特别是微博、微信等社交网络和即时通信工具用户的快速增长，如何加强网络法治建设和舆论引导，确保网络信息传播秩序和国家安全、社会稳定，已经成为摆在我们面前的"现实突出问题"①，要求通过一系列法律法规、监管机制、道德规范和技术手段维护网络空间稳定、安全、合法且有序的状态。它涵盖了网络信息传播、网络交易、网络社交、网络应用等各个方面的行为规范和安全保障，旨在确保网络空间的正常运行，保护网络用户的合法权益，维护社会的稳定与和谐。

网络治安秩序问题日益凸显，逐渐成为社会关注的热点。随着互联网的飞速发展，网络已深度融入人们的生活、学习和工作之中，成为社会运转不可或缺的重要组成部分。网络空间的安全性和秩序性越发成为影响人民安全感、幸福感和满足感的关键因素，任何网络治安问题都可能对众多网民产生广泛影响，进而引发社会各界的高度关注。网络违法和不良信息包括色情、赌博、侵权、谣言等，不仅严重扰乱了网络信息传播的正常秩序，还对社会风气产生不良影响，冲击公众的道德观念和价值体系。借助网络的快速传播特性，网络谣言能够在极短时间内引发公众的关注和恐慌，干扰社会正常运行秩序，严重者甚至可能威胁社会稳定。网络侵财案件频发给民众造成巨大财产损失。电信诈骗以其犯罪成本低廉、跨地域性强、隐蔽性高和组织严密等特点，发案量迅速增加，严重侵犯人民群众切身利益。网络盗窃伴随着网络游戏产业的发展，利用计算机网络技术盗取电子资金和虚拟财产，损害了网民的财产权益。网络传销借助互联网的传播优势，以发展下线收取会员费为手段，形式多样且隐蔽。侵犯个人信息案件的多发同样不容忽视，中国互联网络信息中心发布的相关报告显示，居民遭遇侵犯个人信息问题的比例较高，这不仅导致个人隐私暴露，还可能引发一系列连锁反应，如网络诈骗分子利用获取的个人信息实施精准诈

---

① 习近平：《关于〈中共中央关于全面深化改革若干重大问题的决定〉的说明》，《求是》2013年第22期。

骗。网络灰产地带蔓延和畸形网络文化侵蚀也对网络治安秩序造成严重威胁。暗网作为网络犯罪的温床，其匿名性和难监管性使得非法交易、色情产业等违法犯罪活动滋生，严重危害社会治安秩序。畸形"饭圈"文化中的"粉丝"极端行为，如网络暴力、数据造假等，以及多元文化理念渗透所带来的不良文化信息泛滥、主流价值观扭曲等问题，扰乱网络生态环境，引发社会对网络治安秩序的持续担忧和关注。

二　网络治安秩序问题现状

根据中央网信办违法和不良信息举报中心受理举报的数据（见图2），包括色情、赌博、侵权、谣言等在内的网络违法和不良信息整体呈增长趋势，网络治安秩序问题突出。

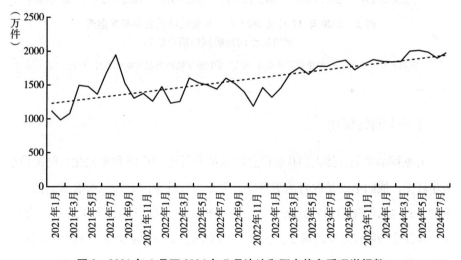

图2　2021年1月至2024年7月违法和不良信息受理举报数

资料来源：中央网信办违法和不良信息举报中心官网，https://www.12377.cn/tzgg/list1.html。

中国互联网络信息中心发布的统计数据显示，接受调查的网民中，过去半年遇到网络安全问题的比例趋于高位（见图3）。具体来说，自2020年12

月至 2022 年 12 月，表示自己在过去半年未遭遇网络安全问题的网民所占比例整体呈上升趋势。然而，到 2023 年 6 月，比例降至 62.4%。这些数据不仅揭示了网络安全问题的存在，也提供了理解和应对网络违法和不良信息增长趋势的视角。

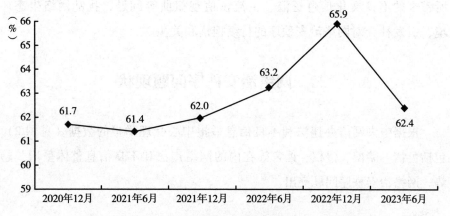

图 3　2020 年 12 月至 2023 年 6 月所统计过去半年未遭遇
网络安全问题的网民所占比例

资料来源：中国互联网络信息中心第 52 次《中国互联网络发展状况统计报告》。

（一）网络舆情

互联网的发展，使人们获取信息的渠道变得更为广泛和多元化。网民角色发生转变，他们不仅是内容的消费者，更是内容的生产者乃至所有者。信息交互的方式也从原先的门户式的单向交互，转变为平台与网民之间的双向交互，进一步演变为网民之间的聚联式交互。习近平总书记深刻指出："网络空间已经成为人们生产生活的新空间，那就也应该成为我们党凝聚共识的新空间。"[①]

在网络媒体的快速发展背景下，舆情的形成和传播对社会治理构成了前所未有的挑战，尤其是自媒体的迅猛发展，使舆论的生成、积累和演变呈现出新的特点和趋势。舆论的形成通常起始于某个事件的发生，经过意见领袖

---

① 习近平：《加快推动媒体融合发展构建全媒体传播格局》，《求是》2019 年第 6 期。

的识别和发声，再通过事实与意见的信息传播，最终在公众间形成广泛的讨论和共鸣。网络舆情具有以下特点。一是突发性，即在极短的时间内，通过少量的信息传播，就能引发广泛的关注和讨论。二是隐蔽性，由于网络的匿名性，舆情的表达和传播往往不易被追踪和管理。而且，网络舆情的传播速度快、覆盖面广，几乎可以在瞬间传达到社会的每一个角落。三是易操控性，有时真实事件还未得到充分调查，就已经被各种声音所覆盖。网络舆情的潜在危害也不容忽视，它可能导致网络谣言的产生，或者使局部事件迅速升级为社会焦点，影响社会的稳定和谐。

各级党政机关、企事业单位和学术机构越来越重视对互联网舆情的监测、研究和引导。各部门、各地区相继成立网络舆情管理部门，2008 年人民日报社网络中心舆情监测室（2017 年更名为"人民网舆情数据中心"）正式组建，创办了国家重点新闻网站首家舆情频道，研发了互联网舆情监测系统。[①] 2013 年 8 月，全国宣传思想工作会议首次提出融合发展思想，随后各地区、各部门的融媒体中心相继成立，在引导舆论、重塑主流媒体在基层的传播格局层面发挥着重要作用。网络舆情的管控与治理，仍然是一个需要不断探索和应对的难题。信息通信技术的快速发展，特别是生成式人工智能的变革，带来"后真相时代"的新挑战，如深度伪造、社交机器人以及用户 IP 地址的快速变换等，这些都为网络舆情治理带来新的难度。

（二）网络谣言

近年来，网络谣言的泛滥已成为社会关注的热点问题，其不仅冲击公众的是非观、价值观，还严重扰乱社会秩序。根据现有研究，网络谣言可分为五大类别：一是"旧谣新传"类谣言，即将旧的谣言以新的形式重新传播；二是与热点事件相伴的谣言，这类谣言通常随着某个事件的发酵而广泛传播；三是利用新技术或新应用制造的谣言，如通过深度学习等技术手段；四是涉及校园安

---

① 孙宇：《网络舆情治理：中国互联网 30 年实践的回顾与展望》，《江西社会科学》2024 年第 7 期。

全的谣言，这类谣言直接关系教育领域的安全问题；五是涉及自然灾害的谣言，这类谣言通常在自然灾害发生后产生，以博取同情或获取点击量。

网络谣言的滋生有多重因素。首先，一些自媒体为了吸引更多的关注，故意制造与热点事件相关的舆论，以此来增加广告收入或获取平台补贴，进行直播带货。其次，所谓的"网络水军"通过编造和传播虚假信息制造和利用热点，甚至进行敲诈勒索。再次，信息不对称也是一个重要因素，一些网民在信息不充分的情况下，容易被谣言所误导，从而加剧了谣言的传播。最后，一些网站企业在网络安全主体责任方面落实不力，导致谣言和暴力言论在网络上广泛传播。

我国已经启动了一系列网络舆论生态治理行动，例如"剑网行动""净网行动""护苗行动""清朗行动"等，旨在清理网络环境，维护网络秩序。以 2024 年"清朗行动"为例，该行动重点关注春节网络环境、涉企侵权信息乱象、违法信息外链、"自媒体"无底线博流量、网络直播领域虚假和低俗乱象、暑期未成年人网络环境、网络语言文字使用、违规开展互联网新闻信息服务等治理议题，跨部门协同，多主体参与，以政府为主导，落实平台的主体责任，畅通网民监督渠道，实现共筑清朗网络空间的治理目标。

公安机关高度重视打击整治网络谣言工作，2023 年 4~7 月，公安部针对热点事件中谣言高发等突出问题，组织全国公安机关开展了为期 100 天的网络谣言专项整治行动，集中查处整治了一批网上造谣传谣违法犯罪活动。为确保社会大局持续稳定，全力维护人民群众合法权益，公安部决定将2024 年作为打击整治网络谣言专项行动年，部署全国公安机关开展为期一年的专项行动，坚持打防管控一体推进，持续加大全链条、全平台、全领域打击力度，多措并举推动打击整治走深走实。

针对广泛存在的"网络水军"，2024 年，全国公安机关共侦破"网络水军"违法犯罪案件 900 余起，[1] 相比 2022 年侦办"网络水军"相关案件 550

---

① 《公安部公布 10 起打击整治"网络水军"违法犯罪典型案例》，https：//www.mps.gov.cn/n2253534/n2253535/c9881482/content.html.，2024 年 12 月 22 日。

余起,① 打击力度显著加大,公安机关全力挤压"网络水军"违法犯罪活动空间,切实维护网络公共秩序。

（三）网络暴力

网络暴力是指通过网络发布、传播等方式,故意制造社会关注的焦点,以引发、误导或恶意引导网络舆论的行为。这种行为不仅损害社会公共利益,也会侵犯个人的名誉、隐私、商誉、信誉等合法权益,严重破坏网络治安秩序。2016年4月19日在网络安全和信息化工作座谈会上,习近平总书记指出:"网络空间是亿万民众共同的精神家园。网络空间天朗气清、生态良好,符合人民利益。网络空间乌烟瘴气、生态恶化,不符合人民利益。谁都不愿生活在一个充斥着虚假、诈骗、攻击、谩骂、恐怖、色情、暴力的空间。"② 全国社会治安调查中对网络暴力的调查在问卷中对应的问题是"过去1个月,您是否在网上遭受过谩骂、侮辱、诽谤等网络暴力",回答选项为"是""否",尽管调查数据显示,仅有0.9%的受访者表示遭受过网络暴力,但不能否认网络暴力是一个复杂且危害深远的社会问题。网络暴力正是社会暴力的网络延伸,一些网民利用网络这一平台,对未经证实或已经证实的网络事件进行发帖、回帖或网络创作,以道德的名义对他们认为的不道德、不公正现象进行抨击。他们通过发布攻击性、侮辱性、谩骂性、诽谤性的言论,甚至进行搜索,公布当事人及其亲友的真实信息,以此来维护社会正义和伦理。③ 网络暴力对个人的名誉、隐私等权益的破坏程度日益加剧,对个人的影响是深远的。智能技术和视频合成技术的普及,使网络言论的发布打破了时空的限制,"有图有真相"的观念使真假信息的混淆加剧。在这种网络生

① 《公安机关依法严厉打击整治"网络水军"2022年侦办"网络水军"相关案件550余起,关闭"网络水军"账号530余万个、非法网站530余个》,https://www.mps.gov.cn/n2254098/n4904352/c9538664/content.html,2024年11月7日。

② 习近平:《在网络安全和信息化工作座谈会上的讲话》,《人民日报》2016年4月26日,第2版。

③ 侯玉波、李昕琳:《中国网民网络暴力的动机与影响因素分析》,《北京大学学报》（哲学社会科学版）2017年第1期。

态下，受到流量、利益的驱动，网络平台的监管义务履行程度也会受到影响。

网络暴力的特性主要体现在以下几个方面。首先，网络暴力主体不确定性。由于网络的开放性和匿名性，网络空间往往由非组织化、陌生化的群体构成，这使得在多主体参与的网络暴力事件中，往往难以确定具体的行为主体。其次，网络暴力操作简易低成本。随着网络信息编辑技术的飞速发展，掌握这些技术的人都有可能通过文字、图像、声音、视频等数字化手段实施网络暴力。再次，网络暴力后果具有实在性和难以控制性。网络暴力的目标通常是个人的名誉权，其后果具有一定的人身依附性，且往往会导致非虚拟性的后果。同时，由于网络交往的交互性和即时性，网络信息的传播具有流动性和扩散性，其影响范围往往难以控制。

网络暴力的形式主要有以下两种。一是道德审判。这种形式的网络暴力往往源于社会的热点舆论事件，起初可能是基于正义和道德的动机。然而，一旦嫉妒和怨恨在网络上无序宣泄，网络空间就可能变成"多数人的暴政"。在这样的情况下，大量网民可能会在网络舆论中表达自己的看法，针对的往往是热点事件中的相关人物。随着事态的升级，网络暴力的形式可能会转变为"人肉搜索"，即网民追查事件相关当事人的真相和隐私，并将调查结果公之于众，进行人身攻击、曝光隐私、公开谴责等行为。二是宣泄式的恶意攻击。这种形式的网络暴力通常以特定的舆论领袖的观点和回应为起点，围绕某一热点事件展开。当目标人群发布的信息与大众群体的观点或情绪存在较大差异时，就可能引发网络暴力。如果目标人群是公众人物或者网络红人，那么网络暴力的影响范围和强度可能会更大。我国转型期网络的基本特点主要包括扩散性较强，传播过程中容易出现群体极化现象，尤其是在信息传播过程中网络推手的作用明显，使不确定信息在传播过程中具有流变性。

2023年，全国公安机关重拳打击整治造谣诽谤、谩骂侮辱、侵犯隐私等突出网络暴力违法犯罪行为（见表1）。

表 1 　2023 年公安机关查处网络暴力违法犯罪案件数据

措施	数据
采取刑事强制措施	112 人
行政处罚	96 人
批评教育	472 人
指导重点网站平台阻断删除涉网络暴力信息	2.7 万条
禁言违规账号	500 余个

资料来源：《通报公安机关依法严厉打击整治网络谣言违法犯罪活动举措成效情况》，https://www.mps.gov.cn/n2254536/n2254544/n2254552/n9347640/n9347658/c9348362/content.html。

（四）网络侵财案件

1. 电信网络诈骗

互联网通信技术的飞速发展不仅极大地方便了人民群众的日常生活，同时也催生了一种新型的诈骗行为——电信网络诈骗。这种诈骗形式以电话、网络、短信为载体，通过编造虚假信息，对公众实施诈骗。电信网络诈骗的特点与传统诈骗截然不同。首先，电信网络诈骗的犯罪成本低廉，且具有极强的跨地域性。犯罪分子通过联网的电脑或手机，就能利用计算机网络技术或社交通信工具进行诈骗，通过网上银行或第三方支付方式迅速转移赃款，操作简便且成本低。其次，电信网络诈骗的隐蔽性强，犯罪分子可以隐藏在网络中，无需直接接触受害者即可实施犯罪。再次，电信网络诈骗通常组织严密，反侦查能力强，犯罪分子通常固定搭配，形成集团化、职业化的犯罪团伙，甚至设立固定窝点。最后，电信网络诈骗的社会危害极其严重，不仅给受害人带来巨大的财产损失，还严重扰乱了社会经济秩序。

在中国裁判文书网以"电信网络诈骗"为关键词进行检索，检索数据显示，2017 年 1 月 1 日至 2024 年 9 月 24 日相关文书共计 27290 份。以裁判年份为序可看到此类案件在 2022 年前数量明显上涨，从 2017 年开始文书数量超过千份，2020~2021 年增幅明显，2021 年达到 5448 份（见图 4）。随着"云剑""断卡""断流""拔钉"等专项行动在全国范围内的开展，电信网络诈骗犯罪防治取得一定成效，2022 年文书数量下降至 2907 份，但随后 2023 年又上升至 5610 份。

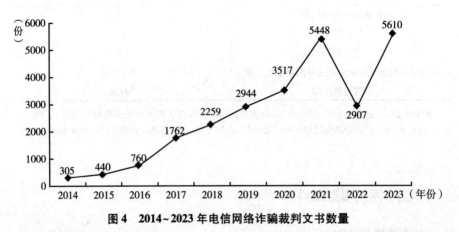

图 4　2014~2023 年电信网络诈骗裁判文书数量

资料来源：裁判文书网，https://wenshu.court.gov.cn/website/wenshu/181217BMTKHNT2W0/index.html? pageId = 51b7e8e9b3405649de2948e4a449ea40&s21 =% E7% 94% B5% E4% BF% A1% E8% AF%88%E9%AA%97。

大规模的电信网络诈骗案件频发，严重影响了社会信用体系以及公众的获得感、幸福感和安全感。2012~2023 年《中国统计年鉴》的数据显示（见图 5），我国每 10 万人诈骗案件数至 2015 年达到峰值 186.49 起，诈骗案件占比至 2020 年达到峰值 19.63%。此后公安机关开展了各项尤其是针对电信网络诈骗的专项行动，加大打击力度，形势有所缓解，至 2023 年每 10 万人诈骗案件数下降到 60.99 起，诈骗案件占比下降至 17.17%。此外，根据中国互联网络信息中心发布的第 52 次《中国互联网络发展状况统计报告》，在接受调查的网民中，遭遇电信网络诈骗的网民比例从 2020 年 12 月的 16.5%波动提升到 2023 年 6 月的20.0%（见图 6）。

在 2023 年 6 月所调查的网民遭遇各类电信网络诈骗类型中，遭遇虚拟中奖信息诈骗的占比最大，为 38.0%，其次是网络购物类诈骗，占 34.3%（见图 7）。

面对电信网络诈骗手法不断翻新、诈骗窝点多隐藏境外等挑战，自 2020 年起，全国公安机关针对不同类型、不同地域的电信网络诈骗行为开

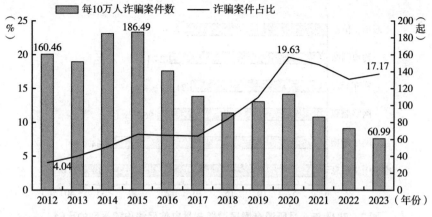

图 5　2012~2023 年每 10 万人诈骗案件数及诈骗案件占比

资料来源：国家统计局官网中国统计年鉴，https：//www.stats.gov.cn/sj/ndsj/。

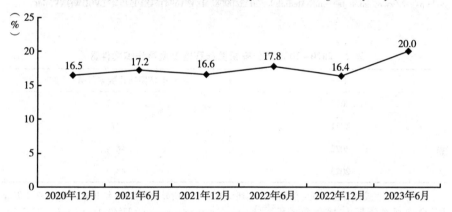

图 6　2020 年 12 月至 2023 年 6 月所调查遭遇网络诈骗的网民占比

资料来源：中国互联网络信息中心第 52 次《中国互联网络发展状况统计报告》，
https：//www.cnnic.net.cn/NMediaFile/2023/0908/MAIN1694151810549M3LV0UWOAV.pdf。

展了各种打击专项行动，取得一定成效（见表 2）。2020 年公安机关全年共
破获电信网络诈骗案件 32.2 万起，抓获犯罪嫌疑人 36.1 万名，止付冻结涉
案资金 2720 余亿元，劝阻 870 万名群众免于被骗，累计挽回经济损失 1870
余亿元。①

---

① 《全国打击治理电信网络诈骗违法犯罪取得明显成效 2020 年共破获案件 32.2 万起 为群众挽回经
济损失 1870 余亿元》，https：//www.mps.gov.cn/n2254314/n6409334/c7847027/content.html。

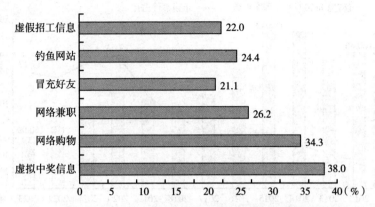

图 7   2023 年 6 月所调查网民遭遇各类电信网络诈骗类型的比例

资料来源：中国互联网络信息中心第 52 次《中国互联网络发展状况统计报告》，
https：//www. cnnic. net. cn/NMediaFile/2023/0908/MAIN1694151810549M3LV0UWOAV. pdf。

表 2   2020~2023 年公安机关破获电信网络诈骗案件数

年份	破获电信网络诈骗案件数(万起)
2020	32. 2
2021	37
2022	46. 4
2023	43. 7

资料来源：《全国打击治理电信网络诈骗违法犯罪取得明显成效 2020 年共破获案件 32. 2 万起
为群众挽回经济损失 1870 余亿元》，https：//www. mps. gov. cn/n2254314/n6409334/c7847027/
content. html；《"公安 2021"年终盘点报道打击电诈这一年：破获案件 37 万余起发案数持续下降》，
https：//www. mps. gov. cn/n2254314/n6409334/c8294658/content. html；《打击治理电信网络新型违法
犯罪成效明显   2022 年共破案 46. 4 万起 缉捕犯罪集团头目和骨干 351 名》，https：//
www. mps. gov. cn/n2254314/n6409334/c9061407/content. html；《通报 2023 年全年公安工作和队伍建
设成效 介绍第四个中国人民警察节相关庆祝活动安排》，https：//www. mps. gov. cn/n2254536/
n2254544/n2254552/n9372690/n9372708/c9373270/content. html。

公安机关根据电信网络诈骗案件的特点，持续部署开展"云剑""断
卡""断流""拔钉"等专项行动，依法严厉打击境外诈骗集团以及境内推
广引流、转账洗钱、组织偷渡等涉诈犯罪团伙。截至 2024 年 5 月，5 年来
共抓住犯罪嫌疑人 8.2 万名，其中包括诈骗集团幕后"金主"骨干 426 名；

深化联合执法，依托国际执法合作机制，公安部先后派出多个工作组赴东南亚相关国家，捣毁境外诈骗窝点 37 个，形成强大震慑。[①] 专项行动成效显著，为实现电信网络诈骗案件、群众损失明显下降，破案数、抓获犯罪嫌疑人数明显上升的"两降两升"目标奠定了坚实基础。

2. 网络盗窃

网络盗窃是指以非法占有为目的，运用编程、加密、解码等计算机网络技术和电子资金转账系统，在计算机网络上窃取电子资金或盗用电信服务的行为。[②] 相较于传统的盗窃行为，网络盗窃的特点在于其特有的作案手段和受害对象。网络盗窃的出现，对人们的日常生活、公众的正常工作秩序，以及生命财产安全造成了严重威胁。网络盗窃与传统撬锁、撬门等盗窃手段有明显区别，它借助计算机网络技术实施非法活动，如盗用电信服务、修改金融凭证、编写病毒程序窃取信用卡并使用、盗取虚拟财产等。其中盗取虚拟财产方面的表现较为突出，随着网络游戏业的发展，玩家通过购买虚拟高级装备、虚拟角色、虚拟货币或者等级升级赋值账号价值等方式积累虚拟财产。有些人会采取偷窥别人输入的账号、密码，或者装载黑客软件等方式盗取虚拟装备、角色和货币，然后转卖他人，从而获取利益。

3. 网络传销

网络传销是指以互联网为平台，通过发展下线收取会员费用或以此作为获得报酬的手段，以获取非法利益的欺诈行为。该行为继承了传统传销的特点，即通过发展人员数量来获得利益，但区别于传统传销的是，网络传销利用互联网作为传播和交流的媒介，具有更强的隐蔽性和快速传播特性。网络传销的形式多样，常被包装成网络倍增、网络连锁、网络直销、网络加盟、电子商务、远程教育、资本运作等，这些外衣下隐藏的是相同的违法本质。与传统传销相比，网络传销的特点主要体现在以下几个方面。

一是场所的存在性。传统传销有实体场所，而网络传销则在网络空间内

---

① 《通报全国公安机关五年来全力做好各项公安工作取得显著成效情况》，https://www.mps.gov.cn/n2254536/n2254544/n2254552/n9582428/index.html，2024 年 11 月 7 日。

② 黄泽林：《网络盗窃的刑法问题研究》，《河北法学》2009 年第 1 期。

进行宣传、培训和交易，无需面对面的接触。二是思想控制程度。传统传销通过限制人身自由和"洗脑"等手段对参与者进行精神控制，而网络传销则通过网络平台发布信息，影响参与者的思想独立性。三是使用的手段。传统传销常以销售商品为名，而网络传销则以提供虚拟产品或服务为名进行诈骗。四是参与者的知识水平。网络传销要求参与者具备一定的网络技术知识，而传统传销则对此没有严格要求。五是资金结算方式。网络传销利用网络支付平台进行资金流转，这种方式增加了追踪资金流向的难度。

在中国裁判文书网以"网络传销"为关键词进行检索，检索结果如图8所示。以裁判年份为序可看到从2014年开始文书数量逐渐上涨，2019年网络传销文书406份，2020年543份，至2021年则快速减少至152份。随着打击网络传销行动在全国范围的开展，2022年文书数量下降至34份，2023年28份。

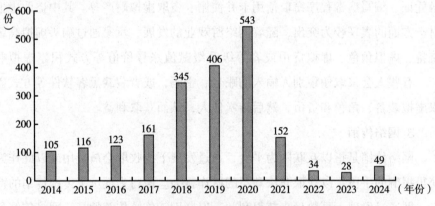

图8　2014~2024年裁判文书网网络传销文书数量

资料来源：裁判文书网，https://wenshu.court.gov.cn/website/wenshu/181217BMTKHN
T2W0/index.html? pageId = fd93b67a5de29f8e2c246e57ad54978d&s21 =%E7%BD%91%E7%BB%
9C%E4%BC%A0%E9%94%80。

（五）侵犯个人信息案件

1. 个人信息泄露

中国互联网络信息中心发布的第52次《中国互联网络发展状况统计报告》中的统计数据显示，在接受调查的网民中，表示自己遭遇个人信息泄露的网民所占比重在 2021 年 6 月至 2022 年 12 月逐渐降低，但在 2023 年 6 月又上升至 23.2%（见图 9）。

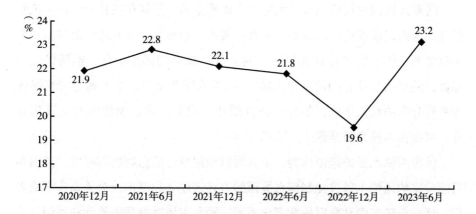

图 9　2020 年 12 月至 2023 年 6 月所调查遭遇过个人信息泄露的网民比重

资料来源：中国互联网络信息中心第 52 次《中国互联网络发展状况统计报告》，https：//www.cnnic.net.cn/NMediaFile/2023/0908/MAIN1694151810549M3LV0UWOAV.pdf。

　　随着网络的发展，媒体形态也发生了深刻的变化。媒体呈现流动化、去中心化和多样性等特性，网民既是信息的接收者，也是内容生产和分发等环节的重要参与者，打破了公共领域与个人领域的界限。与此同时，违规收集个人信息、违法违规使用个人信息、强制授权、过度索权以及内容存在风险等应用安全问题出现。很多移动应用 App 在正式上线前未经过严格的安全检测及合法性、隐私保护审查，存在巨大的安全隐患，超范围收集个人隐私数据的情况屡见不鲜。

　　普通应用用户由于缺乏专业的安全检测手段，往往会在不知情的情况下泄露个人隐私数据。从个体权益保障与数字化生存空间的角度来看，隐私泄露与权益让渡的频发趋势使得网络行为逐渐趋向透明化。这种现象以强制监控、正当监控、动态监控、精确监控、横向监控等多重监控形态为表征，显著加速了网络监控社会的构建进程。然而，这些监控形式触及了个人隐私的底线，公民的隐私很容易被暴露在大众的视野中，成为被公开讨论的话题，

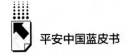

这对用户的隐私和数据安全造成了巨大威胁。①

2. 大数据与AI挑战

随着大数据时代的到来，大量个人敏感隐私数据如在线社交活动、位置信息、购物记录等被广泛收集、处理和展示。隐私的存在方式因此发生了数字化转型，传统的"身体在场"不再是保障隐私的必要条件，取而代之的是数据的"去身体化的信息化在场"。在互联网环境中，个人通过社交媒体等平台分享的私人信息，如身份证件图片、购物记录、未加密的位置信息等，可能在不经意间泄露个人隐私。

传统的隐私保护理论认为，个人可以控制自己信息的披露程度、范围和可能带来的风险，通过控制信息披露的方式来建立和维护社会关系或明确界限。然而，随着隐私数据的数字化发展，隐私主体对数据的流动和利用几乎无法进行有效的控制，这使得个人信息不可避免地进入了公共传播领域。此外，针对数据的违法犯罪行为日益增多，一些互联网公司和企业利用非法手段收集和使用数据进行牟利，地下数据产业链通过侵犯用户个人信息的方式，破坏公众利益和国家安全，给社会和国家安全带来了极大的威胁。

在技术发展的过程中，网络空间治理面临新挑战。例如，人工智能的滥用可能导致用户数据泄露和隐私侵权，对国家安全和个人隐私构成巨大的威胁。数据是生成式人工智能大数据预训练的重要基础，它直接关系到模型的性能和应用品质。行业竞争激烈，相关机构数据需求量激增，由此"未经授权"或"超越授权"的情况时常出现，在这过程中数据缺乏审查审核，数据非法获取也带来了数据泄露的风险。大数据的迭代式学习内容可能覆盖用户在与AI模型交互时输入的敏感信息、个人信息以及商业秘密。虽然可以通过对模型进行参数剪裁和脱敏处理来减少风险，但某些信息仍然会在模型中保留，并在模型执行过程中以文字形式再现，这可能导致数据泄露。②

① 叶小源、王维先：《网络空间治理体系中用户数据安全及隐私保护研究》，《中国高校社会科学》2024年第5期。
② 叶小源、王维先：《网络空间治理体系中用户数据安全及隐私保护研究》，《中国高校社会科学》2024年第5期。

3.网络病毒攻击

现实中不法分子往往通过传播计算机病毒、实施网络木马和黑客攻击等方式，窃取商业机密和用户的个人资料，非法使用。

病毒类型以信息窃取、远程控制、恶意扣费、资费消耗等类型为主，其中信息窃取类病毒占 35.82%，位居第一。2023 年 11 月 22 日，美国能源部运营的核研究中心爱达荷国家实验室（INL）确认遭受网络攻击，11 月 20 日黑客组织 SiegedSec 宣布已获得 INL 数据的访问权限，其中包括"数十万"员工、系统用户和公民的详细信息。SiegedSec 在 Telegram 上公布了 INL 内部用于文档访问和公告创建的工具屏幕截图，作为攻击得手的证据，同时还展示了在 INL 系统上发布的自定义公告，以便让 INL 的每个人都知道此次网络攻击。[①]

三 网络治安秩序问题发展新趋势

（一）网络灰产的扩张态势

网络黑灰色产业链以网络空间为犯罪场域，基于违法犯罪行为，受共同利益驱使，呈链式扁平结构且分工协作，严重侵害网络治安秩序。

1.暗网

近些年，媒体对频繁发生的网络犯罪活动的报道引起了公众的广泛关注，其危害性也日益显现。以搜索引擎的可搜索性为标准，可以把互联网划分为"明网"和"深网"两大板块。所谓"明网"，也就是表层网络，指平常使用的互联网络，如百度、谷歌、必应这类搜索引擎所能索引的网络。而"深网"则是指那些无法通过常规搜索引擎进行索引的非表层网络。暗网属于深网的一个分支，其主要特征是匿名性，因此，其规模很难被准确估

---

① 北京瑞星网安技术股份有限公司：《2023 中国网络安全报告》，http://it.rising.com.cn/d/file/pdf/2023baogao.pdf，2024 年 11 月 7 日。

计。暗网通常又被称作"匿名网络"或者"隐蔽网络"。这是一种分布在全球各地的、不能通过链接访问、需要通过特殊技术才能访问的网络资源。为了访问暗网，人们需要通过特定的浏览器，或者使用特殊的加密匿名软件。暗网的发展速度快、发展势头强劲，已经成为网络空间一个不可忽视的特殊领域。暗网内含有丰富的资源，但是这些资源却无法被有效利用。更重要的是，暗网是网络犯罪的温床，一些违反法律、威胁国家网络空间安全的敏感信息在此滋生，同时，这里也汇集了大量具有安全对抗背景的高级用户，形成了多个活跃的专业暗网用户区。[①] 暗网犯罪的严重性日益显现，它不仅威胁公众的财产安全、公共安全，更对国家安全构成威胁。

2.网络非法交易

随着数字信息化的深入发展和互联网技术的广泛普及，非法交易形式逐渐向网络转移。此现象涵盖了枪支弹药、爆炸物品、管制刀具、弩、剧毒化学品、手机窃听软件、手机改号软件、汽车干扰器、假证、假币、假发票、人体器官等多个领域。犯罪分子通过网络平台展示待出售的非法物品的视频、图片，利用电子支付、银行转账等方式进行支付，并通过快递物流、客车托运、私家车携带等方式运输非法物品，实施网络非法交易活动。

随着网络的普及，通过各类聊天工具结识朋友的方式也越来越多样。围绕对非法物品的兴趣，很多犯罪分子相互结识，组建所谓的兴趣爱好群，如QQ群、微信群等团体，这极大地方便了犯罪分子的信息交换。例如，制毒贩毒集团利用互联网平台，通过"中间人"介绍联络，在全国范围内寻找毒品来源、发展贩毒下线，形成全链条制毒贩毒网络。

3.网络淫秽活动

网络淫秽活动主要表现为两个方面：一是传播淫秽物品，二是通过网络组织卖淫嫖娼行为。首先，网络空间的虚拟性和隐蔽性为卖淫嫖娼提供了便利环境，尤其是随着网络技术的不断进步和各类自媒体平台的开发，违法的

---

① 王枫梧：《我国暗网犯罪现状、治理困境及应对策略》，《中国人民公安大学学报》（社会科学版）2022年第1期。

卖淫人员可以利用网络平台随意发布卖淫信息和广告，从而极大地扩展了网络卖淫活动的实施途径。其次，淫秽物品的网络传播与早期纸质传播不同，网络低成本且操作简便的特性吸引了许多违法者，使淫秽物品在网络平台的推动下传播范围更广、流通速度更快。

4. 网络赌博

由于网络空间具有隐蔽性和无时空限制等特点，为赌博提供了便利条件，使赌博活动的盈利能力得到了极大的增强，从而推动了网络赌博的快速发展。网络赌博主要存在两种形式：一是传统博彩业务的网络化；二是网络游戏中衍生的博彩活动，即"变相的博彩类网络游戏"。一些博彩公司将其总部设在法律允许博彩的国家或地区，然后利用网络的高度互动性、隐蔽性、支付便利性和证据保存难等特点，开展博彩活动。网络的即时性和无边界性可能会扩大参与赌博的范围，从而推动网络博彩的金额不断增长。网络游戏中衍生的博彩活动涉及网络游戏服务、虚拟货币、第三方交易平台等，采用一些法律边缘的形式进行。这类网络博彩的特点是隐蔽性强，且由于中国庞大的网络游戏用户基础，其传播范围可能更广、发展变化更快。

网络赌博与传统实体赌博不同，其最显著的特点是"虚拟"。一方面，网络赌博平台通常会给人以虚假的人气，即让新用户感觉到平台上有很多其他用户，从而产生一种集体无意识的虚假安全感，导致新用户放松警惕。另一方面，网络赌博常用网络虚拟货币作为赌博媒介，这容易让赌客在网络赌博中丧失对资金的控制感，因为赌注往往是一串数字或虚拟物品。网络赌博平台为了实现非法牟利，其中一种手段是在后台操纵赌博结果。初始阶段，赌客可能会获得一些小胜，但随着赌客加大投入，犯罪团伙会通过后台操作，如修改算法、操控下注结果等方式，将赌博转变为诈骗。在没有后台操作的情况下，赌客最终可能与庄家打平，但由于不断的"抽水"机制，赌客的资金也会被逐渐榨干。网络赌博犯罪链条通过建立非法支付平台、地下钱庄等方式，为网络赌博提供支付结算和洗钱等服务。这些犯罪组织分工精细、协作紧密，其业务往来主要通过网络虚拟身份进行，共同构成了一个严密的网络赌博犯罪网络。

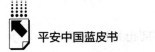

为了打击网络赌博，公安机关针对跨境赌博犯罪保持严打高压态势，重点打击境外赌博集团招赌涉赌犯罪活动，协同推进跨境赌博"资金链""技术链""人员链""推广链"及赌客综合治理工作。成功打掉多个境外大型赌博集团在中国的招赌吸赌网络和洗钱等非法资金通道，专项治理跨境网络赌博网站和应用程序，封堵处理一批跨境网络赌博网站和应用程序，有效遏制了跨境赌博的推广传播和对中国公民的招赌涉赌活动。同时，针对境外对中国招赌涉赌的重点地区，实施"黑名单"制度，严格人员出入境管理，全力维护公民的合法权益。

（二）畸形网络文化侵蚀

1. 畸形"饭圈"文化

"饭圈"是指一群对某个明星或团体抱有深厚情感的"粉丝"所构成的社交群体。这个词由英文单词"fans"（"粉丝"）的音译"饭"和"圈子"中的"圈"组成，指的是这个特定的社交圈子或集体。在传统媒体环境下，"粉丝"们通常以个人的方式追星，信息获取和互动交流的方式相对单一。随着互联网和新媒体技术的飞速发展，"粉丝"们得以通过这些平台进行更为紧密的沟通和交流，逐渐由个体追星模式发展为群体追星，形成了具有一定规模的"饭圈"。这种由"粉丝"群体所衍生出的文化现象，是一种特殊的亚文化现象。

当前"饭圈"文化中存在的问题主要源于"粉丝"的极端行为。这些极端行为包括但不限于"粉丝"之间的恶性竞争、操控社交媒体的转发和评论、网络暴力、数据造假等。这些行为不仅损害了网络环境，也对公众的价值观念产生了负面影响。"饭圈"文化的底层逻辑在于，"粉丝"们往往以个人的情感和喜好为出发点，对任何事情进行评价和判断，进而无条件地支持和保护自己喜爱的"偶像"。这种以个人意志为中心的行为模式，往往会导致对"偶像"的过度保护和对外界的过度排斥。在这种盲目崇拜的氛围中，"粉丝"们往往只关注"偶像"的正面，而忽视了独立的立场和原则，对是非对错的判断力也会相应削弱。

由于"粉丝"群体中成员的年龄和媒介素养存在差异，加之在社交平台上发言具有相对自由性，"粉丝"间的摩擦和冲突有时会升级为网络暴力。当"粉丝"群体之间出现矛盾时，他们可能会通过评论、转发，甚至网络暴力等方式进行互相攻击，甚至使用具有侮辱性的语言或恶意编辑图片等方式进行人身攻击，以赢得更多网友的关注和认同。这种"饭圈"内部的"回音室效应"长期影响着群体成员，使他们认为网络暴力是"饭圈"中的常态。这种思想不仅削弱了"粉丝"群体成员的社会责任感，而且可能会进一步加剧"饭圈"文化中的极端化倾向和行为，衍生出深层次网络治安秩序问题。

2. 多元文化理念渗透

党的二十届三中全会报告明确提出："健全国家安全体系，强化一体化国家战略体系，增强维护国家安全能力，创新社会治理体制机制和手段，有效构建新安全格局。"[1] 文化安全是国家整体安全的屏障，构筑文化安全防线应当成为当下文化工作的重要内容和重要使命。[2] 国家文化安全是指国家利益的文化存在形态，是国家利益在文化形态中的重要延伸。互联网中文化意识包罗万象，涵盖了多元化的文化信息及其价值取向，但网络文化的多元性也带来了一些问题，如不良文化信息的泛滥，对主流价值观的扭曲及丑化等，对我的传统文化及传统真善美的价值观念构成了挑战。

这种情况下，代表民族精神元素的传统文化的传承和发展都受到了影响。外来不良信息的扩散，更是对我国民族价值观念和理想人格造成了严重的负面影响。在全球化的大背景下，信息技术成为虚拟社会文化交流与竞争的主要载体，而外来文化与传统文化的交流碰撞，也使得保护和过滤制度的缺失成为一个严重的问题。

---

① 《中共中央关于进一步全面深化改革 推进中国式现代化的决定》，https：//www. gov. cn/zhengce/202407/content_6963770. htm.，2024 年 11 月 7 日。

② 陈小彪：《国家文化安全治理困境及其法治应对》，《学术界》2024 年第 9 期。

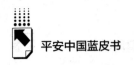

四 网络治安满意度与安全感分析

本节对居民所遭遇网络安全问题进行调查,"过去一个月,您是否遇到过以下网络安全问题",统计结果如表 3 所示。可见,居民过去一个月遇到网络骚扰行为的比例较大,为 19.35%,总体上居民遭遇网络安全问题的比例为 22.27%。

表 3 是否遭遇网络安全问题统计

单位:%

网络安全问题	是	否	总计
违法有害信息	4.63	95.37	100
网络入侵攻击	5.08	94.92	100
侵犯个人信息	9.56	90.44	100
网络骚扰行为	19.35	80.65	100
其他	0.16	99.84	100
总体	22.27	77.73	100

将居民所遭遇网络安全问题与个人信息模块中的居住地区信息和性别信息进行列联分析,统计结果如表 4 和表 5 所示。从居住地区来看,78.3%的城镇居民未遭遇网络安全问题,21.7%遭遇了网络安全问题;76.66%的农村居民未遭遇网络安全问题,23.34%遭遇了网络安全问题。总体上,77.73%的人未遭遇网络安全问题,22.27%的人遭遇了网络安全问题。通过检验得到 Pearson chi^2(1) = 1.31,p=0.25,表明居住地区与是否遭遇网络安全问题之间没有显著的相关性,虽然农村居民遭遇网络安全问题的比例略高于城镇居民,但这种差异在统计学上并不显著。

从性别角度分析,76.04%的男性未遭遇网络安全问题,23.96%遭遇了网络安全问题;79.42%的女性未遭遇网络安全问题,20.58%遭遇了网络安全问题。通过检验得到 Pearson chi^2(1) = 6.09,p=0.01,说明性别与是否遭遇网络安全问题存在显著的相关性，女性遭遇网络安全问题的比例低于男性，反映出性别因素在网络安全问题的发生上有较为重要的影响。

表4 居住地区与遭遇网络安全问题的列联分析

单位：%

居住地区	是否遭遇网络安全问题		合计
	否	是	
城镇	78.3	21.7	100
农村	76.66	23.34	100
总体	77.73	22.27	100

注：Pearson chi^2 (1) = 1.31，p=0.25。

表5 性别与遭遇网络安全问题的列联分析

单位：%

性别	是否遭遇网络安全问题		合计
	否	是	
男	76.04	23.96	100
女	79.42	20.58	100
总体	77.73	22.27	100

注：Pearson chi^2 (1) = 6.09，p=0.01。

（一）个人隐私侵犯与信息安全感

本节分析居民在网络信息方面的安全感程度，对应问卷中"从社会治安角度来说，您觉得所在城市下列方面的安全感状况如何"这一问题中第3项"信息安全"，该问题的回答共有5个选项，分别是"非常不安全""不太安全""一般""比较安全""非常安全"。统计结果显示，被调查的居民中，感到"非常不安全"的占0.57%，感到"不太安全"的占2.11%，"一般"的占16.46%，而认为"比较安全"的占52.11%，认为"非常安全"的占28.76%，即80.87%的居民安全感很高，表明我国居民所在社区的安全状况整体较好（见图10）。

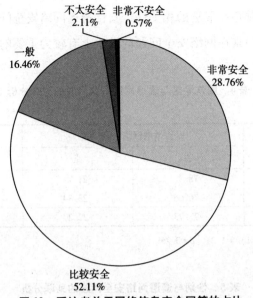

不太安全
2.11%　非常不安全
0.57%

一般
16.46%

非常安全
28.76%

比较安全
52.11%

图10　受访者关于网络信息安全回答的占比

　　将居民是否遭遇个人隐私侵犯与信息安全感进行列联分析,分析结果如表6所示。在总计3700个样本中,过去一个月个人隐私被侵犯的有296人,其中感到"非常不安全"的占3.04%,感到"不太安全"的占12.5%,感觉"一般"的占26.01%,感觉"比较安全"的占39.19%,感觉"非常安全"的占19.26%。个人隐私未被侵犯的有2907人,这部分人群中感到"非常不安全"的仅占0.31%,感觉"不太安全"的占0.83%,感觉"一般"的占15.55%,感觉"比较安全"的占53.32%,感觉"非常安全"的占30%;而"不清楚"个人隐私是否被侵犯的497人中,感到"非常不安全"的占0.6%,感觉"不太安全"的占3.42%,感觉"一般"的占16.1%,感觉"比较安全"的占52.72%,感觉"非常安全"的占27.16%。总体来看,感到"非常不安全"的占0.57%,感觉"不太安全"的占2.11%,感觉"一般"的占16.46%,感觉"比较安全"的占52.11%,感觉"非常安全"的占28.76%。通过检验得到,Pearson chi^2（8）= 253.23,p=0.000,表明过去一个月个人隐私是否被侵犯与信息安全感存在显著的相关性,个人信息被侵犯的人群更容易产生信息不安全的感觉。

表6　过去一个月个人隐私是否被侵犯与信息安全感列联分析

单位：%

过去一个月个人隐私是否被侵犯	信息安全感					合计
	非常不安全	不太安全	一般	比较安全	非常安全	
是	3.04	12.5	26.01	39.19	19.26	100
否	0.31	0.83	15.55	53.32	30.00	100
不清楚	0.60	3.42	16.1	52.72	27.16	100
总体	0.57	2.11	16.46	52.11	28.76	100

注：Pearson chi^2（8）= 253.23，p = 0.000。

（二）净化网络环境专项行动满意度

本节分析净化网络环境专项行动的满意度，对应问卷中"以下公安专项行动，您的满意度如何"这一问题中的第 7 项"净化网络环境"，该问题的回答共有 5 个选项，分别是"非常不满意""不太满意""一般""比较满意""非常满意"。统计结果显示，被调查的居民中，感到"非常不满意"的占 0.41%，感到"不太满意"的占 1.47%，感觉"一般"的占 4.97%，而感觉"比较满意"的占 50.42%，感觉"非常满意"的占 42.73%，即 93.15%的居民满意度很高，表明我国居民对净化网络环境专项行动的满意状况整体较好（见图 11）。

将居民是否遭遇网络安全问题与净化网络环境专项行动满意度进行列联分析。分析结果显示，在总计 3602 个样本中，过去一个月未遭遇网络安全问题的有 2805 人，其中对净化网络环境专项行动感觉"非常不满意"的占 0.18%，感觉"不太满意"的占 0.64%，感觉"一般"的占 2.75%，感觉"比较满意"的占 49.13%，感觉"非常满意"的占 47.31%；而过去一个月遭遇网络安全问题的有 797 人，这部分人群中对净化网络环境专项行动感觉"非常不满意"的占 1.63%，感觉"不太满意"的占 4.14%，感觉"一般"的占 14.05%，感觉"比较满意"的占 44.17%，感觉"非常满意"的占 36.01%。经检验，Pearson chi^2（4）= 251.98，p = 0.00，表明过去一个月是否

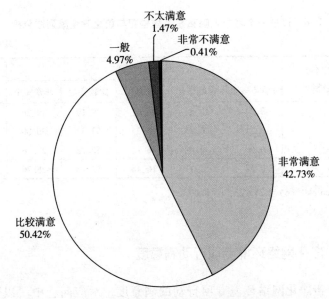

图 11　净化网络环境专项行动满意度

遭遇网络安全问题与对净化网络环境专项行动满意度存在显著相关性，遭遇过网络安全问题的人群对净化网络环境专项行动的满意度相对较低（见表7）。

表 7　是否遭遇网络安全问题和净化网络环境专项行动满意度的列联分析

单位：%

过去一个月是否遭遇网络安全问题	净化网络环境专项行动满意度					合计
	非常不满意	不太满意	一般	比较满意	非常满意	
否	0.18	0.64	2.75	49.13	47.31	100
是	1.63	4.14	14.05	44.17	36.01	100
总体	0.50	1.42	5.25	48.03	44.81	100

注：Pearson chi^2（4）= 251.98，p = 0.00。

（三）网络安全感感知

1. 网络信息安全

本节将居民是否遭遇网络安全问题与信息安全感进行列联分析。分析结果显示，在总共 3700 个样本中，过去一个月未遭遇网络安全问题的有 2876 人，其中感觉信息"非常不安全"的占 0.21%，感觉"不太安全"的占 0.42%，感觉"一般"的占 13.04%，感觉"比较安全"的占 54.38%，感觉"非常安全"的占 31.95%；而过去一个月遭遇网络安全问题的有 824 人，这部分人群中，感觉信息"非常不安全"的占 1.82%，感觉"不太安全"的占 8.01%，感觉"一般"的占 28.4%，感觉"比较安全"的占 44.17%，感觉"非常安全"的占 17.6%。总体来看，感觉信息"非常不安全"的占 0.57%，感觉"不太安全"的占 2.11%，感觉"一般"的占 16.46%，感觉"比较安全"的占 52.11%，感觉"非常安全"的占 28.76%。经检验，Pearson chi^2（4）= 354.97，p = 0.000，表明过去一个月是否遭遇网络安全问题与信息安全感存在显著相关性，遇到网络安全问题人群的信息安全感更低（见表 8）。

表 8　是否遭遇网络安全问题和信息安全感的列联分析

单位：%

过去一个月是否遭遇网络安全问题	信息安全感					合计
	非常不安全	不太安全	一般	比较安全	非常安全	
否	0.21	0.42	13.04	54.38	31.95	100
是	1.82	8.01	28.4	44.17	17.6	100
总体	0.57	2.11	16.46	52.11	28.76	100

注：Pearson chi^2（4）= 354.97，p = 0.000。

2. 在线交易安全

本节首先分析在线交易安全感，对应问卷中"对于下列情况，您的安全感如何"这一问题中的第 4 项"使用互联网进行在线交易"，该问题的回答共有 5 个选项，分别是"非常不安全""不太安全""一般""比较安全""非常安全"。统计结果显示，被调查的居民中，感觉"非常不安全"的占 0.19%，感觉"不太安全"的占 1.22%，感觉"一般"的占 13.68%，而感觉"比较安全"的有 52.32%，感觉"非常安全"的有

32.59%，即 84.91%的居民安全感很高，表明我国居民在线交易的安全感整体较高（见图 12）。

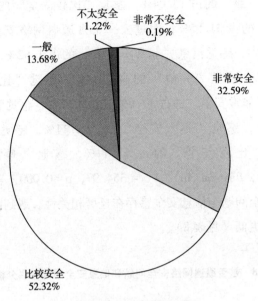

图 12　在线交易安全感

其次，分析打击电信网络诈骗专项行动满意度，对应问卷中"以下公安专项行动，您的满意度如何"问题中的第 2 项"打击电信网络诈骗"，该问题的回答共有 5 个选项，分别是"非常不满意""不太满意""一般""比较满意""非常满意"。统计结果显示，被调查的居民中，对打击电信网络诈骗专项行动感到"非常不满意"的占 0.42%，感到"不太满意"的占 1.61%，感觉"一般"的占 6.04%，而感觉"比较满意"的占 47.51%，感觉"非常满意"的占 44.44%，即 91.95%的居民满意感很高，表明我国居民对打击电信网络诈骗专项行动的满意状况整体较好（见图 13）。

最后，对打击电信网络诈骗专项行动满意度和在线交易安全感进行列联分析。分析结果显示，在总计 3612 个样本中，对打击电信网络诈骗专项行动感觉"非常不满意"的有 15 人，其中感觉在线交易"非常不安全"的占 6.67%，感觉"不太安全"的占 13.33%，感觉"一般"的占 26.67%，感

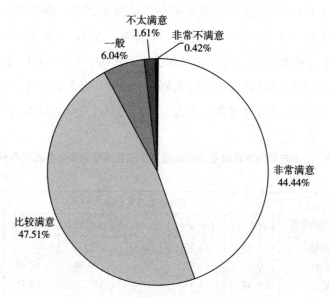

图13 打击电信网络诈骗专项行动满意度

觉"比较安全"的占33.33%，感觉"非常安全"的占20%。对打击电信网络诈骗专项行动感觉"不太满意"的有58人，其中感觉在线交易"非常不安全"的为0，感觉"不太安全"的占12.07%，感觉"一般"的占22.41%，感觉"比较安全"的占48.28%，感觉"非常安全"的占17.24%。对打击电信网络诈骗感觉"一般"的有218人，其中感觉在线交易"非常不安全"的占0.46%，感觉"不太安全"的占4.13%，感觉"一般"的占25.69%，感觉"比较安全"的占50%，感觉"非常安全"的占19.72%。对打击电信网络诈骗专项行动感觉"比较满意"的有1716人，其中感觉在线交易"非常不安全"的占0.06%，感觉"不太安全"的占0.82%，感觉"一般"的占14.22%，感觉"比较安全"的占53.9%，感觉"非常安全"的占31%。对打击电信网络诈骗专项行动"非常满意"的有1605人，其中感觉在线交易"非常不安全"的占0.25%，感觉"不太安全"的占0.75%，感觉"一般"的占11.03%，感觉"比较安全"的占51.28%，感觉"非常安全"的占36.7%。总体来看，感觉在线交易"非常不安全"的占 0.19%，感觉"不太安全"的占 1.22%，感觉"一般"的占 13.68%，感觉"比较安全"的占 52.33%，感觉"非常安全"的占 32.59%。通过检验，Pearson chi^2（20）= 196.02，p = 0.000，表明打击电信网络诈骗专项行动满意度和在线交易安全感存在显著相关性，对打击电信网络诈骗专项行动满意度越高的人群，其在线交易安全感也越高（见表9）。

表9　打击电信网络诈骗专项行动满意度和在线交易安全感的列联分析

单位：%

打击电信网络诈骗专项行动满意度	在线交易安全感					合计
	非常不安全	不太安全	一般	比较安全	非常安全	
非常不满意	6.67	13.33	26.67	33.33	20	100
不太满意	0	12.07	22.41	48.28	17.24	100
一般	0.46	4.13	25.69	50	19.72	100
比较满意	0.06	0.82	14.22	53.9	31	100
非常满意	0.25	0.75	11.03	51.28	36.7	100
总体	0.19	1.22	13.68	52.33	32.59	100

注：Pearson chi^2（20）= 196.02，p = 0.000。

五　网络治安秩序问题的成因分析

（一）网络发展的双刃剑效应

互联网的发展犹如一把双刃剑，在为人类社会带来前所未有的机遇的同时，也引发了一系列网络治安秩序问题，深刻地影响着社会的各个方面。

截至 2024 年 6 月，我国网民规模飙升至近 11 亿人，互联网普及率高达78%。[1] 这一庞大的网民群体构成了一个丰富多彩又错综复杂的网络社会

---

[1]　中国互联网络信息中心：第 54 次《中国互联网络发展状况统计报告》，https://www.cnnic.net.cn/NMediaFile/2024/0911/MAIN1726017626560DHICKVFSM6.pdf，2024 年 11 月 7 日。

生态。互联网的普及使信息传播打破了时间与空间的桎梏，知识的获取变得触手可及，极大地促进了文化的传播与交流。在商业领域，电子商务的蓬勃兴起重塑了传统的商业模式，企业借助网络平台拓展市场、降低运营成本，消费者则享受着线上购物的便捷与高效，足不出户便能选购全球商品，有力地推动了经济的发展与繁荣。

然而，网络的开放性与匿名性恰似一把双刃剑，在带来便利的同时，也为网络治安秩序问题的滋生提供了环境。在网络舆情的场域中，其突发性与隐蔽性特征尤为显著。在社交媒体和网络论坛的催化下，一条未经证实的信息可能在短短数小时内迅速扩散，致使社会舆论陷入混乱，公众情绪被无端煽动，对社会稳定造成严重的冲击。由于网络的匿名性，信息发布者往往隐匿在虚拟身份之后，舆情的源头追踪变得极为困难，监管部门在面对此类突发舆情时，常常陷入被动应对的困境，难以迅速有效地遏制谣言的传播和不良舆论的扩散。

网络暴力的肆虐同样是网络发展复杂性带来的恶果。在一些热点舆论事件中，道德审判式的网络暴力频繁上演。网络诈骗等侵财案件的猖獗更是凸显了网络发展的负面效应。借助网络通信技术的便利，电信诈骗呈现愈演愈烈之势。诈骗分子利用网络的跨地域性和隐蔽性，广泛撒网，使众多网民防不胜防。在网络购物诈骗中，犯罪分子通过仿冒知名电商平台的页面，骗取消费者的个人信息和支付密码，导致大量资金被盗刷。随着网络游戏产业的繁荣，虚拟财产的盗窃案件日益增多，玩家辛苦积累的虚拟装备和货币常常在一夜之间被盗取一空，给玩家带来了巨大的经济损失和精神打击。

（二）制度滞后性与发展高速性并存

网络技术的日新月异使各类新兴网络行为和应用场景不断涌现，然而，相关法律法规的更新速度却难以与之匹配。例如，在网络虚拟财产的界定与保护、人工智能应用中的责任划分、跨境网络数据流动的规范等方面，现行法律存在诸多空白或模糊地带。随着数字货币的兴起，对于其交易合法性、所有权归属以及在被盗或遭受欺诈时如何进行法律救济等问题，尚未有明确且细致的法律条文予以规定，这就为网络诈骗分子提供了可乘之机，他们利用法律漏洞实施盗窃数字货币等违法犯罪行为，严重扰乱了网络治安秩序。又如，在跨境电商和在线教育等领域，由于涉及不同国家和地区的法律差异以及缺乏统一的国际网络行为规范，一些不法分子通过在境外设立服务器、操纵跨境网络交易等手段逃避国内法律制裁，从事售假、侵权、非法金融活动等违法经营行为，损害了消费者权益和市场秩序，给网络治安监管带来极大挑战。

网络赌博、网络色情等新领域的网络立法仍显滞后。尽管我国正在逐步推进网络立法的发展，但仍存在较大差距。例如，2022 年 9 月 2 日颁布的《中华人民共和国反电信网络诈骗法》是一部专门针对网络诈骗问题的法律，而对于其他突出的网络治安秩序问题，如网络赌博、网络色情等，立法仍显不足。此外，由于立法主体和立法出台时间的差异，部分网络法律法规的内容存在冲突和漏洞。以 2020 年出台的《网络信息内容生态治理规定》为例，其强调的是网络信息内容的宏观生态治理，但未能明确网络信息内容的治理主体和治理流程，缺乏网络信息内容治理的强制性规定，因此对发布网络不良信息行为的震慑力不足。例如，该规定在"第二章 网络信息内容"中虽有防范和抵制制作、复制、发布不良信息的规定，但在"第七章 法律责任"中并未对制作、复制、发布不良信息行为的处罚做出明确具体的规定。

相关法律法规在执行层面的力度不足，更是加剧了网络治安的困境。以个人信息保护为例，尽管我国已经出台了一系列旨在保护个人信息的法律法规，如《中华人民共和国个人信息保护法》等，但在实际执行过程中，仍存在诸多漏洞和挑战。网络空间的开放性、匿名性和跨地域性特征使网络违法行为的追踪、取证和执法难度显著增大。尽管执法部门不断加强网络执法力量建设，但在面对复杂多变的网络环境时，仍存在一些短板。一方面，网络犯罪手段日益复杂和隐蔽，如黑客通过使用虚拟专用网络、加密通信工具以及频繁更换服务器地址等方式，掩盖其攻击路径和真实身份，使执法人员难以精准定位犯罪源头并及时获取有效证据。另一方面，各地区、各部门之间在网络执法协作上还不够紧密和顺畅，存在信息共享不及时、执法标准不统一等问题。例如，在打击网络传销犯罪活动中，传销组织往往利用网络平台在全国乃至全球范围内发展成员，涉及多个地区的工商、公安等多个部门，但各部门之间缺乏高效的协同联动机制，导致对传销组织的打击行动难以形成强大合力，无法实现对网络传销活动的全链条打击，使此类违法犯罪行为屡禁不止，严重破坏了网络经济秩序和社会稳定，影响了网络治安秩序的良性发展。

（三）个人信息保护缺失引发连锁反应

在个人信息保护层面，数据显示居民遭遇个人信息侵犯问题的比例较高，且与网络信息安全感存在极为显著的关联。当居民经历个人信息被侵犯，如采集规则不规范、过度采集、泄露或滥用等情况时，其网络信息安全感会大幅下降。从数据统计来看，居民遭遇个人信息侵犯问题的比例处于较高水平，相较于未遭遇此类问题的居民，其安全感较低。这清晰地表明，个人信息一旦遭受侵犯，居民对网络信息安全的信任感便会遭受重创，进而引发对整个网络环境的深深担忧。这反映出当前网络应用在个人信息管理方面存在较大缺陷，未能有效遏制非法获取和滥用个人信息的行为，进而影响居民对网络治安的整体评价。

许多移动应用在上线前缺乏严格的安全检测和隐私保护审查，超范围收集用户个人信息，这些信息包括用户的位置信息、通讯录、浏览记录等敏感数据，这种超范围收集行为使用户的个人信息在不经意间便暴露于风险之中。部分应用在数据存储和传输过程中，安全防护措施形同虚设，采用简单的加密方式甚至不加密，为黑客和不法分子窃取用户信息提供了可乘之机，一旦泄露，将对用户的隐私安全构成严重威胁。在大数据和 AI 技术的背景下，个人信息的保护面临着前所未有的挑战。大量个人隐私数据在网络空间中被收集、处理和展示，其敏感性极高，而隐私主体对数据的流向和利用却难以掌控。AI 模型训练过程中的数据采集和处理环节存在诸多风险，数据的非法获取和泄露可能导致用户的个人信息被滥用，给用户带来诸如骚扰电话、精准诈骗等不良后果，严重损害了用户的合法权益。

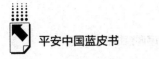

个人信息保护缺失所引发的连锁反应在网络诈骗领域表现得尤为突出。诈骗分子利用非法获取的个人信息，能够精准地实施诈骗活动，大大提高了诈骗的成功率。他们通过分析用户的购物记录、浏览历史等信息，伪装成电商客服或金融机构工作人员，针对用户的特定需求和消费习惯设计诈骗话术。对于经常网购的用户，诈骗分子可能会以商品退款为由，诱导用户提供银行卡信息和验证码；对于关注投资理财的用户，则以高收益投资项目为诱饵，骗取用户的资金。在电信诈骗案件中，大量的案例都与个人信息泄露密切相关。

（四）受访者差异对应网络风险存异

中国人民公安大学 2024 年所做的全国社会治安调查数据显示，从性别角度来看，男性遭遇网络安全问题的比例为 23.96%，而女性为 20.58%，这种差异反映了男女在网络使用习惯和行为模式上的显著不同。在网络活动类型的偏好方面，男性往往更热衷于网络游戏和网络交易等领域。在网络游戏世界中，男性玩家数量众多，他们沉浸于各种大型多人在线游戏、电子竞技游戏等。部分游戏可能存在诸多风险因素和安全漏洞，黑客可利用这些漏洞窃取玩家的账号信息、虚拟财产等。一些非法外挂程序不仅会破坏游戏公平性，还可能携带恶意软件，在玩家下载安装时入侵其设备，导致个人信息泄露和设备被控制。在网络交易环节，男性可能更倾向于参与高价值的电子产品、数码设备等交易，这些交易涉及的资金量大，吸引了更多诈骗分子的目光。他们会针对男性消费者的购买偏好，设置诸如虚假电子产品销售网站、以次充好的交易陷阱等，一旦男性用户警惕性不足，便容易遭受诈骗，导致财产损失。

相比之下，女性在网络社交和在线购物方面的参与度较高。在社交网络平台上，女性用户更注重与朋友、家人和社交群组的互动交流，分享生活点滴、情感经历等，而这使她们更容易成为网络骚扰和隐私侵犯的目标。一些不法分子会利用社交网络的开放性，通过发送恶意链接、虚假交友信息等方式，获取女性用户的个人信息，如照片、家庭住址等，进而进行骚扰、敲诈勒索或身份盗窃等违法活动。在线上购物领域，女性用户频繁浏览和购买各类服装、美妆、母婴等产品，这导致她们接触到大量的电商平台和商家。部分不良商家可能会收集用户的购买信息、浏览历史等数据，并在未经用户同意的情况下将其出售给第三方，或者利用这些信息进行精准的广告推送和诈骗活动，如发送虚假的促销信息、中奖通知等，诱导女性用户上当受骗。

男女在网络风险认知和防范意识上也存在明显差异。一般而言，男性可能对技术层面的网络风险有一定了解，但在面对社交诈骗、信息诈骗等非技术类风险时，可能会因过度自信或缺乏警惕而疏于防范。他们可能更关注游戏账号的安全保护，设置复杂的密码和多重验证机制，但对网络上的虚假信息、诈骗链接等辨别能力不足。而女性虽然在网络技术知识方面可能相对薄弱，但在日常生活中往往更加谨慎小心，对个人信息的保护意识较强。然而，当面对复杂的网络诈骗手段和伪装巧妙的恶意信息时，她们可能由于缺乏足够的技术判断能力而难以有效应对，容易陷入诈骗陷阱。

从地区差异的视角来看，尽管数据显示居住地区与遭遇网络安全问题并无直接的明显关联，但深入探究会发现，不同地区在网络基础设施、网络安全教育普及程度以及网络监管执行力度等方面存在潜在的差异，这些差异共同塑造了地区间网络风险的不同面貌。

在网络基础设施建设方面，经济发达地区通常拥有更为先进和完善的网络设施，网络速度更快、稳定性更高，但也吸引了更多的网络攻击和恶意行为。发达地区的企业和机构高度依赖网络进行业务运营，如金融机构、互联网企业等，这些关键信息基础设施成为网络犯罪分子的重点攻击目标。黑客可能会试图入侵金融机构的网络系统，窃取用户的资金信息和交易数据；针对互联网企业，攻击其服务器，获取用户的账号密码和个人隐私信息，进而引发大规模的数据泄露事件。而在经济欠发达地区，网络基础设施相对薄弱，网络覆盖范围有限，网络速度较慢，这在一定程度上限制了居民的网络活动范围和深度。虽然网络攻击的频率可能相对较低，但由于网络安全防护能力不足，遭受攻击后造成的损失可能更为严重。例如，在欠发达地区可能缺乏基本的网络安全防护设备和技术支持，在面对网络病毒攻击时，无法及

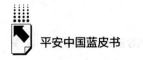

时有效地进行防范和应对，导致设备瘫痪、数据丢失等严重后果。

网络安全教育普及程度在地区之间也存在较大差距。发达地区的学校、社区和企业通常会开展较为系统和全面的网络安全教育活动，居民接受网络安全知识的培训，对网络风险有较为清晰的认识，能够掌握一定的防范技巧和应对方法。相比之下，欠发达地区的网络安全教育资源相对匮乏，居民对网络安全知识的了解较为有限。许多居民可能不了解常见的网络诈骗手段，如电信诈骗中的冒充公检法诈骗、网络购物诈骗等，在面对这些诈骗行为时，容易上当受骗。一些农村地区的居民可能因为缺乏网络安全意识，随意点击不明链接、下载未知来源的应用程序，导致设备感染病毒、个人信息泄露等问题。

网络监管执行力度的地区差异同样不可小觑。发达地区的监管部门在人员配备、技术装备和执法经验等方面具有优势，能够对网络空间进行更为严格和有效的监管。他们可以及时发现和处理网络违法违规行为，对网络平台、企业和个人的网络活动进行规范和约束。对于网络平台上的不良信息、非法交易等行为，能够迅速采取措施进行删除、封禁和处罚，维护网络秩序。而在欠发达地区，由于监管资源有限，可能无法实现对网络空间的全方位、实时监管。一些网络违法活动可能得不到及时查处，从而进一步滋生和蔓延，增加了当地居民遭遇网络风险的可能性。

六　网络治安秩序维护的对策建议

（一）加强网络发展规范引导，筑牢治安秩序根基

优化网络平台管理机制是保障网络治安秩序稳定的关键环节。平台应建立严格的信息发布审核制度，融合人工智能与人工审核的优势，全方位筛查用户上传内容。对文字信息，借助关键词过滤、语义分析等技术精准识别违法有害信息；对图片和视频，运用图像识别与视频内容分析算法，严密监测涉黄、涉暴等不良内容。同时，提升平台对用户行为的实时监控能力，利用

大数据分析用户操作模式和数据流量，及时察觉异常行为，如短期内大量重复发送信息、频繁尝试登录不同账号等，对疑似网络诈骗、网络暴力等危害治安秩序的行为提前预警并有效干预。设立专业的网络安全管理部门或岗位，配备精通网络技术的安全人员和熟悉法律法规的法务人员。安全技术人员负责定期排查平台网络安全防护系统漏洞并及时修复，抵御黑客攻击和数据泄露风险；法务人员则专注于确保平台运营严格遵循网络法律法规，准确界定违规行为的法律性质并妥善处理。平台需定期向监管部门汇报安全管理和用户数据处理情况，积极接受监管指导与监督，从源头上规范网络行为，维护良好的网络治安秩序。

提升网民的网络素养是营造健康网络治安环境的核心要素。构建多层次网络素养教育体系，涵盖学校教育与网络在线课程。在学校教育中，将网络素养教育深度融入信息技术和思想政治教育课程，从小学至高中循序渐进地传授网络安全知识、信息辨别技巧和网络道德规范。通过生动有趣的案例和动画，引导识别常见网络诈骗形式，开设网络信息批判性分析课程，培养学生理性判断网络信息的能力。网络平台亦需肩负社会责任，在显著位置开辟网络素养教育专栏，内容涉及网络法律法规解读、隐私保护方法和网络攻击防范技巧等，增强网络行为自律意识，为网络治安秩序稳定奠定坚实的群众基础。

（二）健全网络监管制度规范，强化治安维护保障

加速网络治安立法进程，构建完备的数字社会法律体系是维护网络治安秩序的根本保障。推动科学立法、严格执法、公正司法、全民守法的法治进程，实现数字社会善治。针对网络赌博、网络色情等严重危害网络治安秩序且立法尚不完善的突出问题，开展专项立法调研，组建由法律、网络安全、社会学等多领域专家组成的专业调研团队，深入剖析此类违法犯罪行为的特征、模式与发展趋势，制定针对性强的专门法律法规。当出现新的网络违法犯罪形式或现有法律规定不适应新情况时，及时启动法律修订程序。例如，随着虚拟现实（VR）、增强现实（AR）等新技术在网络中的应用，可能会

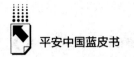
出现新型的网络色情或网络诈骗形式，法律应及时跟进，对这些新技术应用场景下的违法犯罪行为进行明确界定和规范，确保法律的时效性，确保网络治安秩序在法律框架下稳固运行。

加大网络执法力度与加强协作是保障网络治安秩序的有力支撑。为执法人员提供系统专业培训，内容涵盖网络技术前沿动态、网络犯罪侦查先进技术、电子证据规范收集与固定方法等，全面提升执法人员的专业素养与执法能力。持续加大对网络执法部门的资金投入，配备先进网络监测设备、高效数据恢复工具、智能网络犯罪侦查软件等技术装备，提升执法部门的技术实力与工作效率。搭建跨部门、跨地区的网络执法协作平台，实现网络违法犯罪线索和案件信息实时共享、快速移送与联合执法。跨地区执法部门处理案件时通过平台协同行动，统一方案，避免执法漏洞与重复执法。积极拓展国际执法合作，与他国网络执法机构建立常态化交流机制，携手打击跨国网络犯罪，如网络赌博、网络诈骗等跨境违法活动，借助国际刑警组织等渠道开展联合侦查、引渡犯罪嫌疑人等合作行动，全方位维护网络治安秩序稳定。

（三）构建个人信息保护体系，稳固治安维护防线

严格规范网络应用信息管理是维护网络治安秩序的关键举措。制定详尽的网络应用个人信息收集和使用准则，明确应用收集用户信息的必要原则与合理范围，确保仅收集与核心功能紧密相关的信息。要求应用开发者在上线前向监管部门提交完备的信息收集使用说明，审核通过后方可进入应用市场。监管部门强化应用市场日常监管，定期抽查应用信息收集情况，对违规超范围收集信息的应用坚决下架，并依法处罚开发者。加强网络应用数据存储和传输安全监管，强制应用采用先进加密技术，如采用符合国家标准的加密算法对用户信息进行加密存储与传输。建立严格的数据安全评估机制，定期评估应用数据安全防护水平，对不达标应用责令限期整改。鼓励开发者运用多重身份验证、数据备份与恢复等安全技术，保障用户信息存储与传输安全。

增强个人信息保护执法威慑力是维护网络治安秩序的重要保障。大幅加大对侵犯个人信息违法犯罪行为的处罚力度，确保罚款金额与违法所得相匹配，同时丰富刑事处罚种类。建立侵犯个人信息违法企业和个人黑名单制度，纳入社会信用体系，限制其市场准入、信贷、招投标等活动，显著提升违法成本。例如，企业因侵犯用户信息列入黑名单后，在规定期限内不得参与政府项目招投标，金融机构严格审查或拒绝其贷款申请。运用大数据分析和人工智能监测工具，实时监测分析网络应用和企业数据处理行为，及时发现侵权线索。建立公众举报奖励机制，激励用户举报侵权行为，对有效举报给予物质奖励并保护举报人权益，形成全民参与的监督网络，筑牢网络治安秩序防线。

（四）弥合差异化的安全鸿沟，维护网络治安秩序

定制化网络安全宣传与教育是优化网络治安秩序的必要途径。依据男女不同的网络使用特点和风险偏好，精心设计具有针对性的网络安全宣传内容与教育课程。针对男性用户热衷网络游戏和高价值网络交易的特点，举办电子竞技安全赛事、网络交易风险防范讲座等活动，通过案例分析视频详细讲解游戏账号保护技巧和虚假交易平台识别方法。针对女性用户在网络社交和在线购物方面的高频参与，利用社交媒体平台、女性时尚网站等渠道发布社交安全小贴士、购物防骗指南，提醒女性在社交平台谨慎分享个人信息，指导其辨别正规电商平台和商家、保护支付信息，降低不同性别群体面临的网络安全风险，维护网络治安秩序。

均衡区域网络安全资源配置是提升整体网络治安水平的重要支撑。加大对经济欠发达地区网络基础设施建设的投入，设立专项基金，政府主导吸引社会资本参与，加快网络覆盖与升级进程。在农村和偏远地区建设高速宽带网络和移动通信基站，提升网络速度与稳定性。实施"网络乡村振兴计划"，提供优惠网络接入服务，推动农村电商、远程教育、远程医疗的发展，同时强化农村网络安全防护，在网络节点设置防火墙和入侵检测系统。开展网络安全教育扶贫项目，组织专家、志愿者赴欠发达地区培训，捐赠

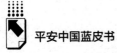
教材、设备，培养当地师资，在学校和企业开设网络安全课程。建立发达与欠发达地区网络安全教育结对帮扶机制，线上线下共享资源、经验。强化欠发达地区的网络监管力量，增加人员编制和经费预算，配备专业设备工具，上级部门加强指导培训，建立区域协作机制，发达地区协助处理复杂案件，缩小区域网络安全差距，维护网络治安秩序稳定。

B.7

中国智慧治安防控调查报告（2024）

李耀光 李笃昱*

摘　要：　随着科技兴警向纵深推进，中国智慧治安防控呈现出全方位立体化发展图景，科技支撑社会治安高质量发展成效显著；大数据智能化应用赋能警务实战，初步形成新质公安战斗力；新技术多场景应用，织密社会治安防控体系；依托互联网技术，公安政务服务得到优化；信息化、标准化协同发力，持续完善执法规范化建设。37.7%的公安业务实现了全程网办，居民对公安机关网上政务服务的满意度达94.14%。中国治安防控面对新一轮科技革命带来的机遇与挑战，未来需以大数据建设为龙头，以实战为引领，加强公安科技人才培养，培育智慧治安防控新质战斗力；与此同时，还要加强科技伦理与算法治理，防范科技治安应用潜在的异化风险。

关键词：　智慧治安防控　科技兴警　科技创新　政务服务

随着新时代经济社会的快速发展和各项改革的持续深入，我国进入战略机遇和风险挑战并存、不确定难预料因素增多的时期。在这个时期，国内外安全风险加剧、社会矛盾多发、新型犯罪涌现，人民对美好生活的诉求也日益增多，这些因素给国家安全和社会稳定带来了巨大压力。对此，党的二十大报告明确提出，"国家安全是民族复兴的根基，社会稳定是国家强盛的前提"[①]，对国家

---

*　李耀光，中国人民公安大学警体战训学院讲师；李笃昱，中国人民公安大学治安学硕士研究生。

①　《高举中国特色社会主义伟大旗帜 为全面建设社会主义现代化国家而团结奋斗——在中国共产党第二十次全国代表大会上的报告》，https://www.gov.cn/xinwen/2022-10/25/content_5721685.htm。

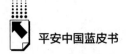
治理体系和治理能力现代化建设提出了新的要求。

公安机关作为平安中国建设的主力军,深入贯彻落实党的二十大精神,紧密围绕科技兴警战略,大力推进科技创新进程,加速科技成果转化应用,全力促使科学技术与公安业务全方位、深层次交融,为推动治安工作高质量发展提供坚实有力的科技支撑。现阶段,经过 2023 年公安部的谋篇布局,以及 2023 年以来各地各级公安机关的生动实践,科技在塑造公安治安工作高质量发展方面已初显峥嵘。与此同时,我们也应清醒地认识到,新一轮科技革命浩浩汤汤,新技术、新装备、新手段层出不穷,这需要我们以更大的智慧和勇气革故鼎新,提升科技创新支撑服务治安业务工作的能力和水平。为此,本报告系统回顾党的二十大之后公安机关在科技兴警领域的部署与举措,探讨科技创新引领支撑公安治安工作的实践、规律与前景,为后续科技融入社会治安防控提供相关建议。

一 智慧治安防控建设的政策背景

(一)科技兴警:科技治安的政策背景

科技是第一生产力。党的十八大以来,以习近平同志为核心的党中央高度重视科技创新,把创新作为引领发展的第一动力,对我国建设成为世界科技强国做出一系列重大部署。具体到公安工作方面,2019 年 5 月,习近平总书记出席全国公安工作会议,明确提出"科技兴警",强调"要把大数据作为推动公安工作创新发展的大引擎、培育战斗力生成新的增长点,全面助推公安工作质量变革、效率变革、动力变革"[1]。自此,"科技兴警"上升为全国公安工作重要战略。

---

[1] 《习近平出席全国公安工作会议并发表重要讲话》,https://www.gov.cn/xinwen/2019-05/08/content_5389743.htm。

公安部深入学习贯彻习近平总书记重要讲话精神，高度重视"科技兴警"顶层设计，2019 年以来围绕科学技术与公安业务全方位、深层次交融做出若干工作部署。

2019 年 5 月，时任国务委员、公安部党委书记、部长赵克志在部署学习贯彻全国公安工作会议精神时多次强调，"要深入推进公安大数据智能化建设和应用，全力打造'智慧公安'"，"要把大数据作为推动公安工作创新发展的大引擎、培育战斗力生成新的增长点"①。

2020 年 1 月，全国公安厅局长会议提出，"积极推进公安大数据智能化建设应用、着力提升公安机关核心战斗力"，要求全国公安机关"积极推进公安大数据智能化建设应用，加快数据融合，深化实战应用，强化安全管理，力争基本建成集强大计算能力、海量数据资源、高度信息共享、智能应用服务、严密安全保障、警务运行支撑于一体的大数据智能化应用新生态，着力提升公安机关的核心战斗力"②。

2021 年 1 月，全国公安厅局长会议强调，"要深化科技创新，深入推进大数据智能化建设应用，推动大数据建设应用实现新跨越"，要求各级公安机关强化情报研判预警能力，加快合成作战平台的建设步伐。同时，要进一步健全并优化"情报、指挥、勤务、舆情"一体化的运行机制，力求推动警务体制机制改革实现新的跨越。③

2022 年 1 月，全国公安厅局长会议提出，要围绕推动公安工作高质量发展，努力在一些制约公安工作整体效能和核心战斗力的关键环节上取得新的重大突破，抓好警务机制改革，加快构建"情指勤舆"一体化实战化运

---

① 《科技兴警：打造智慧公安 推动创新发展》，https：//m. thepaper. cn/newsDetail_ forward_ 7308938。

② 《2020 年公安工作怎么做？全国公安厅局长会议明确了任务书》，https：//www. thepaper. cn/newsDetail_forward_5590186。

③ 《赵克志在全国公安厅局长会议上强调 把握新发展阶段 推动高质量发展 以确保国家政治安全和社会稳定的优异成绩庆祝建党 100 周年》，https：//www. mps. gov. cn/n2253534/n2253535/c7695716/content. html。

行机制，抓好大数据智能化建设，加快完善智能应用新生态，更好地赋能基层一线实战。[①]

（二）科技赋能治安："科技兴警"部署

2023年是全面贯彻落实党的二十大精神的开局之年。为将各项工作落在实处，抓出成效，公安部围绕"科技兴警"进行了以下部署。

1.第一阶段：总体部署

2023年2月，公安部与科技部联合印发通知，部署推进科技兴警三年行动计划（2023~2025年）。通知明确设定了五大行动目标，分别为：初步构建起公安战略科技力量体系；显著优化公安科技创新平台的布局；大幅增强公安科技对业务的支撑能力；进一步完善公安科技人才的培育体系；基本形成科技兴警协同工作的良好格局。[②] 与此同时，围绕五大行动目标，通知从创新平台建设、重大项目实施、科技创新示范、科技人才培育四大领域部署了专项行动（见表1）。

表1　科技兴警三年行动计划（2023~2025年）中的四项专项行动

领域	具体内容
创新平台建设	全国重点实验室
	国家技术创新中心
	地方科技创新平台
重大项目实施	关键核心技术攻关
	共性应用技术研究
	智慧警务基础项目
	公共安全智能治理项目

---

① 《全国公安厅局长会议召开 护航新征程 忠诚保平安 为党的二十大胜利召开创造安全稳定环境》，https://www.mps.gov.cn/n2254314/n2254315/n2254317/n6076216/n6076328/c8340221/content.html。

② 《公安部科技部联合印发通知部署推进科技兴警三年行动计划》，https://www.mps.gov.cn/n2253534/n2253535/c8881230/content.html。

续表

领域	具体内容
科技创新示范	2 个省级科技兴警示范区
	20 个科技兴警示范单位
	100 个科技兴警示范点
科技人才培育	50 名创新领军人才
	20 个创新团队
	1 个专业智库

资料来源：《一图读懂：科技兴警三年行动计划》，https：//www.mps.gov.cn/n6557563/c8884284/content.html。

2. 第二阶段：深化部署

2023 年 5 月，公安部、科技部召开科技兴警三年行动计划推进会，对 2023~2025 年科技兴警工作进行了深化部署。在总体思路上，会议要求以科技兴警三年行动计划为依托，在部际协作基础上进一步强化部与省之间的协同联动，构建起条块有机融合、多部门跨领域协同配合的全新工作格局。在此基础上，会议对 2023 年 2 月提出的四大专项行动进行了再部署（见表 2）。

表 2　科技兴警三年行动计划推进会中的四大专项行动再部署

四大专项行动	举措	目标
创新平台建设	国家平台为龙头、部级平台为主体、地方平台为支撑	推进各级平台有序建设与稳健发展
重大项目实施	关键核心、共性应用技术攻关	集约打造高精尖科技手段
	创新科研组织模式	
	提升项目组织效率	
	完善技术遴选分类机制	

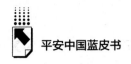

续表

四大专项行动	举措	目标
科技创新示范	"科技兴警 221 示范工程"	以点带面推动科技兴警战略全面实施全域覆盖
科技人才培育	"科技兴警 521 人才计划"	持续带动公安科技人才队伍高质量发展
	内部挖潜和外部统筹相结合	
	自主培养与借力引智相结合	

资料来源:《科技兴警三年行动计划推进会召开》,https://www.mps.gov.cn/n2254314/n2254315/n2254317/n8636094/n8636144/c9045678/content.html。

2023 年 12 月,公安部召开全国公安科技兴警三年行动计划现场推进会,会议在总结前期工作经验的基础上,对 2024 年科技兴警工作进行了若干部署,要求构建"专业+机制+大数据"新型警务运行模式,提升警务实战效能;全面推动"科技兴警 221 示范工程"与"科技兴警 521 人才计划",加快形成公安战略科技力量;将科技兴警工作纳入当地党委政府重点任务范畴,强化与政府科技管理部门的协作;推进重点领域创新技术攻关,赋能实战。[1]

二 智慧治安防控发展阶段性成果(2023~2024年)

(一)科技支撑治安业务格局初步形成

科技支撑治安业务,关键在于强有力的科技创新支撑与高素质科技人才的培养。自 2023 年科技兴警三年行动计划实施以来,各级各地公安机关以实战为导向,以科技创新为核心,在平台建设、科技攻关、人才培养等方面取得了卓有成效的工作进展,为科技支撑治安防控奠定了良好的工作格局。

---

[1]《全国公安科技兴警三年行动计划现场推进会在济南召开》,https://www.thepaper.cn/newsDetail_forward_25822296。

1. 科技创新平台建设卓有成效

按照"国家平台为龙头、部级平台为主体、地方平台为支撑"的科研平台建设思路，2023 年以来，各级各地公安机关积极与科技管理部门、社会各方力量建立战略合作关系，有序推进科技创新平台建设。省级部门层面，天津市①、四川省②、湖南省③、吉林省④、江西省⑤、内蒙古自治区⑥等地公安机关加强与科技部门的协作关系，陆续签署相关合作协议；市级部门层面，通辽市⑦、泰州市⑧、赤峰市⑨、邢台市⑩等多地公安局分别与所在市科技局签署协同工作机制协议。警企合作层面，重庆万州区公安局与中国电信重庆公司正式签署警企战略合作协议⑪，甘肃省公安厅与甘肃省电信公司签署低空警务合作协议⑫。

---

① 《市科技局与市公安局签署"科技兴警"协同工作机制合作协议》，https：//www.tj.gov. cn/sy/zwdt/bmdt/202306/t20230608_6271355.html。
② 《四川科技兴警三年行动计划正式启动》，https：//www.most.gov.cn/dfkj/sc/zxdt/202310/ t20231010_188372.html。
③ 《助力科技兴警! 省公安厅和省科技厅签订合作协议》，https：//m.voc.com.cn/xhn/news/ 202309/18698703.html。
④ 《吉林省科学技术厅、吉林省公安厅签订"科技兴警"协同创新合作框架协议》，http：// kjt.jl.gov.cn/xwzx/tpxw/202310/t20231023_8816860.html。
⑤ 《江西科技兴警合作协议签约仪式暨江西省科技兴警三年行动计划推进会在南昌举行》， https：//www.jiangxi.gov.cn/art/2024/1/15/art_5034_4760204.html。
⑥ 《自治区公安厅与科学技术厅签署"科技兴警"协同工作机制合作框架协议》，https：// zwfw.gat.nmg.gov.cn/article/detail/915215568175501312。
⑦ 《科技兴警! 市公安局与市科技局签署合作框架协议》，https：//www.tongliao.gov.cn/xwzx/ jrgz/202312/t20231218_633183.html。
⑧ 《泰州市科技局与市公安局签署"科技兴警"战略合作协议》，https：//kjj.taizhou.gov.cn/ xwzx/gzdt/art/2023/art_01d56a63327a4cd9b89b9234ec59b337.html。
⑨ 《市科技局与市公安局建立"科技兴警"协同工作机制》，http：//www.chifeng.gov.cn/ ywdt/bmdt/202401/t20240104_2225411.html。
⑩ 《我市举办 2023 年度"智慧公安我先行"公安基层技术革新竞赛暨科技兴警协同工作签约活动》，http：//gaj.xingtai.gov.cn/news? id=18518。
⑪ 《万州公安与中国电信重庆公司签订战略合作协议，共建联合实验室》，https：// chongqing.163.com/24/0801/09/J8GE2SPQ042199EE.html。
⑫ 《智慧赋能 共创发展——警企合作共建甘肃低空警务新模式》，https：//news.qq.com/rain/ a/20240921A07E2O00。

2. 核心技术攻关屡创佳绩

全国公安机关紧紧围绕服务实战这一核心要点，坚定不移地聚焦核心技术攻关工作。通过持续加大研发投入、整合优势资源、汇聚专业人才等一系列举措，全力突破技术瓶颈。在此过程中，全国公安系统在科技创新成果转化方面收获颇丰，借助科技创新驱动公安业务发展的能力不断提升。以2023年为例，在公安部科学技术奖的评选中，有50个项目凭借卓越的技术创新和实践价值获得殊荣。在公安基层技术革新专项活动中，170个项目凭借在基层警务实践中发挥的重要作用而获奖。同时，在全国公安机关大数据智能化应用大赛上，52个项目凭借先进的技术应用和实战效能脱颖而出（见表3）。在公安基层技术革新专项活动获奖的项目中，"证件照助手（一窗通拍、全域应用）"等10个项目凭借创新性、实用性和推广价值荣膺一等奖；"基层智能数字警察——小安"等20个项目，凭借在提升基层警务效率和智能化水平方面的突出表现荣获二等奖；"新一代公安自助服务终端安全接入一体机"等60个项目，凭借在技术创新和实际应用中的良好成效，斩获三等奖。这些成果充分彰显了全国公安机关在核心技术攻关驱动下，科技创新能力与实战应用水平的显著提升。

表3　2023年全国公安系统科技奖项部分获奖情况

获奖名称	获奖数量(个)
公安部科学技术奖	50
公安基层技术革新专项活动	170
全国公安机关大数据智能化应用大赛	52

资料来源：《公安部公布一批2023年科技信息化获奖成果》，https://epaper.cpd.com.cn/szb/wwwcpd_9/dzb_16465/rmga/2023/2023_12_29/16466_2023_12_29_36526/1223/t_1117611.html。

3. 科技人才培育有序推进

人才是第一资源。2023年以来，各地公安机关立足"科技兴警521人才计划"提出的培育50名科技兴警创新领军人才、遴选20个创新团队、组建1个科技兴警专业智库的部署，有序推进相关工作。在省级公安机关层面，以内蒙古自治区公安厅为例，截至 2024 年 7 月，全区评选出 40 名创新领军人才、16 个创新团队，并组建 1 个"科技兴警"专业智库。在市级公安机关层面，以济南市公安局为例，2023 年该局成立了"泉警学院"，培养齐鲁英才拔尖型、标兵型人才 79 名，打造创新团队 50 个，组建公安科技信息化专家智库 2 个（见表 4）。

表 4　"科技兴警 521 人才计划"目标及部分地区建设情况

"科技兴警 521 人才计划"	计划目标	内蒙古自治区公安厅 （截至 2024 年 7 月）	济南市公安局 （截至 2023 年）
创新领军人才（名）	50	40	79
创新团队（个）	20	16	50
专业智库（个）	1	1	2

资料来源：《内蒙古将现代科技与公安工作深度融合》，https：//www.mps.gov.cn/n2255079/n4242954/n4841045/n4841055/c9676448/content.html；《山东济南科技兴警助力公安工作提档升级》，https：//www.mps.gov.cn/n2255079/n4242954/n4841045/n4841079/c9347297/content.html。

（二）大数据智能化应用初步形成新质公安战斗力

2023 年以来，全国公安机关深入贯彻落实习近平总书记重要讲话精神，以公安大数据智能化应用为引擎，加快数据融合，深化实战应用，推动"专业+机制+大数据"新型警务运行模式不断完善，为加快形成和提升新质公安战斗力提供有力的科技支撑。

1.大数据融入主动警务、预防警务，助力社会治安防控

2023 年以来，各地公安机关积极建设大数据实战中心，利用大数据、云计算等技术对视频监控数据、通信数据、社交网络数据、交通数据、户籍信息等海量社会治安数据进行收集、分析和挖掘，实现对社会治安态势更加全面、精准、动态的感知，为公安机关动态感知风险、及时阻断风险，实现治安防控由被动反应型向主动预防型转变，提供了强有力的科技支撑。以成都市公安局为例，2024 年夏季治安打击整治行动中，该局以大数据赋能实

战，累计抓获违法嫌疑人 1.8 万余名，破获电信网络诈骗犯罪案件数同比上升 31%；此外，查处治安违法人员数量同比上升 54%，违法犯罪警情数和交通事故死亡人数分别下降 20% 和 22.5%（见图1）。

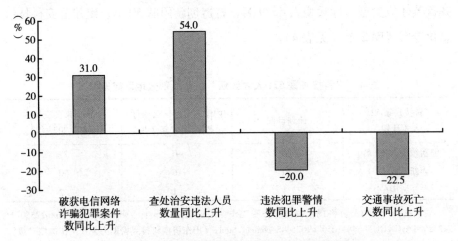

图1 2024年成都市科技赋能治安状况数据变化情况

资料来源：《四川成都智慧赋能构建立体化社会治安防控体系》，https：//www.mps. gov. cn/n2255079/n4242954/n4841045/n4841074/c9793443/content. html。

2. 大数据赋能"情指行"一体化运行机制，提升警务实战效能

公安机关以大数据支撑"情指行"一体化运行机制，聚焦实战化、扁平化、合成化要求，打通不同部门、层级之间的信息壁垒，强化公安大数据在环节及要素上的有效衔接，通过数字化应用高度集成、迭代升级，抓细抓实"主动警务、预防警务"，构建起情报精准、指挥顺畅、行动迅速的新型警务运行机制，切实提升了警务实战效能。以重庆市公安局为例，该局充分利用公安大数据资源，搭建起集成实战模块、高频模型以及功能点的"情指行"平台，极大提升了全市派出所接处警效率（见图2）。

3. 大数据牵引智慧交通，提升交通管理水平

为应对交通领域日益突出的流量饱和化、结构复杂化、需求多元化等问题，各地公安机关向科技要警力，向科技要战斗力，通过对人、车、路、企业等交通要素数据的收集、挖掘与分析，深化智能交通系统应用融合，在交

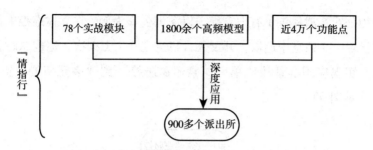

图 2　重庆市公安局"情指行"一体化运行机制

资料来源：《打破"孤岛"形成合力 数字警务赋能超大城市现代化治理》，http：//
www. cq. xinhuanet. com/20241008/830fbe6e4252408eadebfa736f8adc97/c. html。

通流量智能化管理、交通事故的预防和处理等领域取得新的进展，极大提升
了交通管理精细化、数字化、智能化水平。厦门交警支队通过分析一般事故
数据和实时事故警情，对重点车型、时段、路段等数据进行建模，搭建
"交通事故分析预警热力图系统"。[①] 重庆市公安局交巡警总队打造"智能交
通大脑"，该系统依托大数据模型、人工智能算法，实时针对路口信号灯等
关键交通要素展开分析与调控，生成的信号灯配时方案不仅更加精细，还能
依据不同时段、不同路况实现灵活调整，切实提高了道路通行效率，为缓解
城市交通拥堵提供了有力支撑。[②]

（三）新技术应用织密社会治安防控网

1. 警用无人机持续进化，赋能社会治安防控场景

全国公安机关以服务实战为导向，将无人机技术应用创新与公安业务
需求相结合，不断丰富"无人机+警务"应用场景。现阶段，各地公安机关
在警务实践中，通过安装红外热成像、高清摄像头、爆闪探照灯、扩音器等
负载，实现了警用无人机多场景应用，有效解决传统警务工作中的诸多痛点

---

① 《"科技+数据"让交通管理更"智慧"》，http：//www. taihainet. com/news/xmnews/shms/
2024-04-10/2766429. html。

② 《打破"孤岛"形成合力 数字警务赋能超大城市现代化治理》，http：//www. cq. xinhuanet.
com/20241008/830fbe6e4252408eadebfa736f8adc97/c. html。

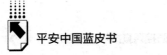

难点，为公安实战提供了有力支撑。以深圳公安为例，在立体巡控上深圳公安日均设置 149 条空中巡段，开展无人机空巡 5.1 万架次，巡逻总时长 2 万余小时，实现应用场景从"单一探索巡逻防控"到"多元拓展低空警务"的转变（见图 3）。

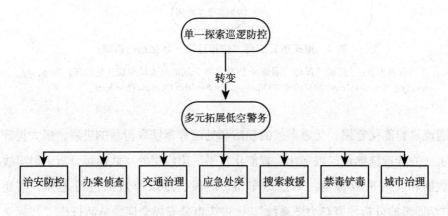

图 3   深圳公安警用无人机立体巡控示意图

资料来源：《治安防控 办案侦查 交通治理 应急处突 搜索救援 深圳市"无人机警务队"应用场景上新》，https：//www.sznews.com/news/content/2024-10/08/content_31256835.htm。

2.建设智慧安防小区，提升居民安全感

2023 年以来，作为社会治安防控体系业务场景之一的智慧安防小区建设得到各级公安机关的高度重视。通过大数据、人工智能、物联网等技术，对小区安防系统进行智能化升级改造，实现对小区人、车、事、物、地等信息数据的综合感知，同时依托公安大数据中心对海量信息进行关联分析、碰撞比对，建立数据模型，自动筛查安全隐患，打造集数据智能采集、信息高度共享、治理高效有序、防范智慧有力为一体的小区安防新模式，有效控制居民小区的治安隐患。截至 2024 年 2 月，全国已建成智慧安防小区 33.6 万个，社会治安环境明显改善，小区居民生活幸福感、安全感得到了显著提升。①

---

① 《公安部：全国已建成智慧安防小区 33.6 万个》，https：//news.cnr.cn/dj/20240207/t20240207_526587915.shtml。

3.科技反制电信网络诈骗，守护人民群众财产安全

2023 年以来，全国公安机关认真贯彻落实习近平总书记关于打击治理电信网络诈骗犯罪工作的重要指示精神，落实中共中央办公厅、国务院办公厅《关于加强打击治理电信网络诈骗违法犯罪工作的意见》部署要求，运用科技信息化手段，提升技术反制能力，坚决遏制电信网络诈骗违法犯罪多发高发态势。据 2024 年 5 月公安部新闻发布会通报，2021 年以来，全国公安机关坚持防范为先、打防结合，强化预警劝阻，有效维护了人民群众财产安全与合法权益，打击治理工作取得显著成效。[①]

（四）科技推动公安政务服务持续优化

1.依托"互联网+"，完善"互联网+公安政务"服务

2023 年以来，公安部及各地公安机关以人民为中心，紧贴群众需求，推动越来越多的行政许可和服务事项实现了网上办理，有效回应了人民群众所需所盼，社会治理效能大幅提升。截至 2023 年 11 月底，公安部审核发布的公安业务办理事项达 5.89 万个，其中 37.7%的业务实现了全程网办。[②] 截至 2024 年 10 月 8 日，重庆市公安局"警快办"平台与派出所"一窗通办"取得显著成效，其中，"警快办"成功上线 431 项服务管理事项，全程网办率高达 80%以上，"一窗通办"业务范围广泛覆盖治安、户政、交管、出入境等多个领域，包含近 30 类超 130 项具体业务，极大地方便了企业和群众办事，赢得了普遍赞誉。[③] 全国社会治安调查数据显示，人民群众对公安机关网上政务服务的满意度在"一般"及以上的比例达 94.14%（见图 4）。

2.依托移动互联网，持续优化公安政务服务体验

随着移动互联网的迅猛发展，群众对移动办、掌上办的需求日益增长。

---

① 《公安部发布会：通报全国公安机关五年来全力做好各项公安工作取得显著成效情况》，https://www.mps.gov.cn/n2254536/n2254544/n2254552/n9582428/index.html。

② 《以科技助力公安工作高质量发展》，https://www.mps.gov.cn/n2255079/n9365801/n9365941/n9365963/c9392436/content.html。

③ 《打破"孤岛"形成合力 数字警务赋能超大城市现代化治理》，http://www.cq.xinhuanet.com/20241008/830fbe6e4252408eadebfa736f8adc97/c.html。

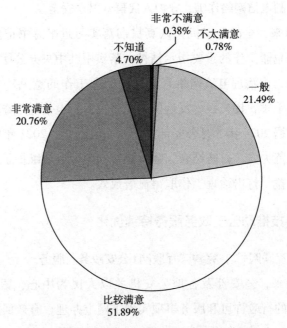

图4 居民对公安机关网上政务服务的满意度

为顺应这一趋势，公安机关持续发力，对"公安一网通办"App及小程序等移动端进行全方位优化，力求为群众带来更优质的办事体验。通过应用优化，应用用户只需在百度、微信、支付宝等第三方平台完成授权，即可直接登录"公安一网通办"小程序，便捷查询各类办事指南。这一举措极大地简化了操作流程，提升了办事效率。截至2023年11月底，"公安一网通办"移动端成绩斐然，用户数量突破1400万大关，充分彰显了群众对这一便捷服务平台的高度认可与广泛支持。[①]此外，"交管12123"App也极大地便利了机动车驾驶人的服务需求，截至2024年6月底，"交管12123"App累计注册个人用户5.51亿人，企业用户248.3万个，日活跃用户2750万人，覆盖了90%的私家车车主和95%的机动车驾驶人，日均业务量近300

---

① 《以科技助力公安工作高质量发展》，https：//m. mps. gov. cn/n6935718/n6936559/c9392322/content. html。

万笔，累计提供各类服务 64.6 亿次。①

3. 以科技为支撑，优化完善移民出入境管理

2023 年，全国移民管理机构紧紧依托科技力量，全力推动移民出入境管理朝着高水平开放、高质量发展的方向迈进。数据显示，2023 年全年普通护照签发量为 1842.8 万本，往来港澳台通行证件及签注签发量高达 8609 万本（件），外国人签证证件签发量为 170.5 万本次，同比分别呈现1625.4%、1318%、158.3% 的惊人涨幅（见表 5）。在推动人员流动与便利服务上，"全国通办"便利 480 万人次的内地居民赴港澳签注，1.9 万人获批往来港澳人才签注，为大湾区的人才交流和技术合作注入了强大动力。此外，国家移民管理局政务服务平台为中外出入境人员提供查询等政务服务达9095 万人次，免费为港澳居民、华侨和外国人提供身份核验服务达 2718 万人次。②

表5 2023 年出入境各类证件签发情况

证件类型	2023 年签发数量	同比增长率(%)
普通护照(万本)	1842.8	1625.4
港澳台通行证件及签注[万本(件)]	8609	1318.0
外国人签证(万本次)	170.5	158.3

（五）科技带动执法规范化建设

1. 科技助力执法规范化

自 2019 年公安部在全国公安系统开展执法办案管理中心建设以来，各地执法办案管理中心以科技赋能，实现管理中心信息化、智能化工作模式，

---

① 《智能交管背后的"硬核"科技支撑》，https：//news.cpd.com.cn/n19016/n47141/824/t_1146747.html。

② 《2023 年全国出入境人员超 4.24 亿人次》，https：//www.mps.gov.cn/n2254314/n6409334/c9397493/content.html。

实现了办理案件过程中监控全覆盖、流程全记录、数据全分析、异常全预警，全面提升执法办案规范化水平。以上海市公安局普陀分局办案管理中心为例，该中心自2023年10月启用以来，实现了对执法办案活动的全要素、全过程监督管理，执法监督由被动核查变为主动介入，实现了"事前指引、事中预警、事后纠偏"，极大地提高了执法办案的规范化水平。①

2.科技促进执法标准化

党的二十大以来，公安部全面推动公安工作标准制定、修订、完善工作，不断健全公安标准化工作体系和管理制度，全力加强执法队伍专业化、执法行为标准化、执法管理系统化、执法流程信息化建设。公安部新闻发布会显示，截至2023年4月，全国公安系统共发布标准2599项，相关标准涉及道路交通管理标准、法庭科学标准、安防产品标准、公安视频图像技术和移动警务技术系列标准、公安数据融合共享信息化标准等内容②，给公安执法办案和业务管理标准化、规范化建设提供了极大的助力。

三 智慧治安防控实践经验总结

（一）明确智慧治安防控工作方向

党的二十大以来，全国公安系统聚焦科技兴警，为推动智慧治安防控工作现代化提供了强大动力。现阶段成就的取得，究其根本在于习近平新时代中国特色社会主义思想为中国式现代化建设提供了根本遵循和行动指南，习近平总书记关于公安工作重要指示精神为公安工作现代化指明了发展目标、战略及路径。

回顾过往，2019年5月，习近平总书记在全国公安工作会议上明确提出，"坚持政治建警、改革强警、科技兴警、从严治警"，将"科技兴警"

---

① 《打造"一站式"执法办案管理中心 按下法治公安建设"快捷键"》，https://www.shanghai.gov.cn/nw31406/20240620/f2fcfefb81764f9ea4b17e782628da34.html。

② 《公安部发布百项公共安全行业标准》，https://www.gov.cn/lianbo/2023-04-03/content_5749877.htm。

提升到公安工作的战略层面。① 2023 年 9 月以来，习近平总书记在多个重要场合就"新质生产力"进行了深刻阐释。习近平总书记关于"新质生产力"系列重要讲话精神意义非凡，为我们洞察新一轮科技革命突破点，全方位推进中国式现代化建设，提供了根本遵循与行动指南。全国公安系统正是以习近平新时代中国特色社会主义思想为根本遵循，通过深入学习习近平总书记关于新质生产力与公安工作系列重要讲话精神，才形成了对"新质公安战斗力"的正确认识，才深刻认识到科技创新在公安工作现代化中的核心地位，才能够做到转变思维模式，打造公安科技创新体系，持续推动"专业+机制+大数据"警务机制转型，提升公安机关从容应对各类形势的治理水平和治理能力。

（二）统筹多方力量共同协作

近年来，在"科技兴警"战略带动下，全国公安机关着力科技创新与公安业务相融合，不断推进社会智慧治安防控体系走向纵深，社会治安防控效率、质量持续提升。基于智慧治安防控发展实践，阶段性成就的首要经验在于公安部党委的高屋建瓴、谋篇布局、统一指挥。2022 年全国公安厅局长会议上，公安部党委对大数据智能化应用、"情指勤舆"一体化实战化运行机制、执法办案管理中心提质增效、基础建设等方面做出重要部署。② 2023 年全国公安厅局长会议再次强调公安工作智能化的重要意义，要求持续深化智慧公安建设。③ 2023 年 2 月公安部与科技部联合部署推进科技兴警三年行动计划（2023~2025 年），同年 5 月召开三年行动计划推进会。会议

---

① 《习近平出席全国公安工作会议并发表重要讲话》，https：//www.gov.cn/xinwen/2019-05/08/content_5389743.htm。

② 《全国公安厅局长会议召开 护航新征程 忠诚保平安 为党的二十大胜利召开创造安全稳定环境》，https：//www.mps.gov.cn/n2254314/n2254315/n2254317/n6076216/n6076328/c8340221/content.html。

③ 《全国公安局长会议召开 全面贯彻落实党的二十大精神 为全面建设社会主义现代化国家开好局起好步 创造安全稳定的政治社会环境》，https：//special.cpd.com.cn/2023/2023gatjz/tt_32910/123/t_1066756.html。

明确提出了公安战略科技力量体系初步构建、公安科技创新平台布局明显优化、公安科技支撑业务能力显著增强、公安科技人才培育体系更加完善、科技兴警协同工作格局基本形成五大行动目标。① 自此，"科技兴警"战略纲举目张，智慧治安防控工作从基础平台建设、警务机制改革、科技人才培养等领域全方位赋能社会治安防控。

智慧治安防控发展必须以地方公安机关为支撑。以天津、上海、重庆、浙江等地公安机关的生动实践为例，正是各级地方公安机关的积极探索推动了"科技兴警"战略的全面落地。同时，也正是各地公安机关的实践探索，为建立并完善"专业+机制+大数据"的新型警务运行模式提供了各具特色的地方经验。因此，在智慧治安防控发展中，要高度重视地方公安机关的支撑作用，遵循科技规律、适应实战需求、契合本地特点，真正推动公安工作质量变革、效率变革、动力变革。此外，以科研院所、创新型企业为代表的社会力量广泛参与，对于智慧治安防控发展有着重要的辅助作用。各级公安机关在推动智慧治安防控发展中，可以积极吸纳"外脑""外力"，将其与公安业务需求相结合，为智慧治安防控发展提供有益补充。

（三）以科技创新为驱动

推动智慧治安防控高质量发展，关键是要将科技与创新相结合，突出科技是第一生产力的同时，牢牢把握创新作为第一动力的属性，以科技创新为驱动，为平安中国建设提供发展新动能、新优势。

近年来，大数据、物联网、人工智能等新兴技术引领的新一轮科技革命正以迅猛之势加速推进，这为公安科技创新发展带来了前所未有的历史性契机。在这场科技创新的浪潮中，全国公安机关紧跟时代步伐，在科技创新领域收获了一系列令人瞩目的成果。一方面，全国公安机关紧紧围绕突破关键核心技术这一重点任务，积极布局公安基础性、战略性以及前沿性技术的研

---

① 《一图读懂：科技兴警三年行动计划》，https://www.mps.gov.cn/n6557563/c8884284/content.html。

发工作。通过持续不断地探索与实践，将高新技术深度融入公安工作，实现了创新集成应用，全力构建起完善的公安科技创新体系。这一体系的逐步形成，不仅提升了公安工作的科技含量，更为公安工作的高效开展提供了坚实的技术支撑。另一方面，各地公安机关积极响应，大力推进创新平台建设行动。通过多方努力，成功建设全国重点实验室，精心培育国家技术创新中心，并积极推动地方科技创新平台的建设工作。在这一过程中，科学规划、合理布局公安领域的技术创新平台，吸引了众多科技创新资源向公安基础研究领域汇聚。这一系列举措，有效促进了公安科技创新能力的提升，为公安事业的长远发展奠定了坚实基础。正是全国公安机关以科技创新为驱动，移动警务、智慧警务、数据警务等全新的警务模式才得以落地生根、开花结果，为社会智慧治安防控高质量发展提供了强大动力。

（四）发挥大数据的引擎功能

大数据是推动公安工作创新发展的大引擎，是培育公安战斗力生成的增长点。2023 年以来，公安部多次就建立并完善"专业+机制+大数据"新型警务运行模式做出重要部署。其中，围绕"大数据"建设，公安部明确要求，要在"'大数据'上出新招，整合业务系统、拓展功能应用，为一线实战提供有力支撑"①。

在维护社会公共安全实践中，各级公安机关以大数据智能化应用为引擎，持续推动系统融合、数据融通、应用共享，逐步构建起大数据赋能实战的新格局，社会治安防控体系信息化、智能化水平持续提高。据公安部介绍，2023 年全国公安机关在刑事案件和治安案件的处理上成效显著，与 2019 年相比，全国公安机关刑事案件立案数下降 12.9%，查处治安案件数下降 9.7%。在 2024 年 1~7 月，全国刑事案件立案数的下降趋势更为明显，同比下降幅度达到 30.1%，并且这种下降趋势已经连续保持了 14 个

---

① 《全国公安厅局长会议召开 忠实履行神圣职责 为扎实稳健推进中国式现代化贡献公安力量》，https://www.mps.gov.cn/n2254314/n2254315/n2254317/n8491537/n8491584/c9391038/content.html。

月；电信网络诈骗案件立案数也呈现出持续下降态势，同比下降 23.8%，实现连续 11 个月同比下降。值得一提的是，2023 年全国群众安全指数高达 98.2%，已经连续 4 年稳定在 98% 以上的高位水平，充分彰显了我国社会治安环境的持续优化和人民群众安全感的不断提升。[①] 这些成绩的取得，一方面得益于公安机关坚持问题导向，以实战需求为出发点的工作思路；另一方面也彰显了大数据在"专业+机制+大数据"新型警务运行模式中的引擎功能。可见，发挥大数据的引擎作用，对于加快形成和提升新质公安战斗力、持续提升智慧治安防控效能具有重要的现实意义。

（五）健全公安科技人才培育机制

公安科技人才是科技兴警的第一资源。2023 年以来，在"科技兴警 521 人才计划"的有力引领下，全国各地公安机关积极响应相关部署，全力聚焦公安科技创新领军人才培育、创新团队打造以及科技智库建设等关键工作，深入开展科技兴警实战大练兵活动，坚定不移地推动公安科技人才队伍建设稳步前行。在人才培养方面，各地公安机关创新人才培养方案，完善各项保障机制，大力引进优秀人才，精心培育专业人才，成功培养了一批具备高水平专业素养的人才队伍，为公安工作持续注入新鲜血液。在战略布局方面，各地公安机关强化公安智库建设，通过增进公安机关与公安院校、科研院所、学术协会之间的紧密联系，有效实现了优势互补、资源共享以及技术联动，为公安工作集聚了更为丰富的人才资源。

在上述一系列工作的协同推进下，各地公安科技人才队伍建设取得了令人瞩目的成效。众多领军人才与创新团队充分发挥自身专业优势，将先进科技深度融入智慧治安防控工作当中，成功打造出智慧治安防控的全新格局，为维护社会稳定、保障人民安全筑牢了坚实的科技防线。

---

① 《改革进行时 | 全力筑牢安全防线 为经济快速发展和社会长期稳定作出新贡献》，http：//news. china. com. cn/2024-08/27/content_117390229. html。

四　展望与建议

2023 年以来，全国公安系统聚焦科技兴警，坚持服务实战与科技创新双轮驱动，实现了智慧治安防控的长足发展与进步。然而，我们也应清醒地认识到，新一轮科技革命的加速演进，在给中国智慧治安防控工作带来重大历史机遇的同时，也给社会治安防控带来前所未有的挑战。[①] 现阶段，在科技兴警战略推动下，我国智慧治安防控建设取得了卓越成就，积累了丰富经验，但面对新时代人民群众日益增长的公共安全需求，以及形成和发展公安新质战斗力的需要，智慧治安防控工作仍需与时俱进，建议从如下着力点推动智慧治安防控工作。

（一）以大数据建设为龙头，培育智慧治安防控新质战斗力

2024 年 5 月公安部党委（扩大）会议、部直属机关传达学习全国公安工作会议精神干部大会明确指出："要进一步向'大数据'聚焦发力，强化资源共享、系统整合，加快推进科技手段与警务实战融合应用，努力打造新质公安战斗力重要增长极。"[②] 可见，大数据已成为智慧治安防控新质战斗力的基础性资源和关键警务要素。

鉴于此，建议各地公安机关结合公安业务需求，大力推进公安大数据智能化建设应用，形成"获取大数据、管理大数据、应用大数据"的生态链；建立统一的数据标准体系，打造高规模、高质量、高利用率的警务数据平台中枢，构建集数据汇聚、治理、服务、应用和安全管理等功能于一体的公安大数据中心，全方位实现大数据跨警种、跨部门全要素流动。概言之，通过

---

① 王雪瑶：《算法渗透执法的算法问责制》，《科技与法律》（中英文）2024 年第 4 期。
② 《公安部党委（扩大）会议和部直属机关传达学习全国公安工作会议精神干部大会召开 坚持和加强党对公安工作的绝对领导 奋力推进公安工作现代化》，https：//special.cpd.com.cn/2024/qggagz/yw_38013/624/t_1137184.html。

上述大数据赋能，建立并完善"专业+机制+大数据"新型警务运行模式，提升智慧治安防控新质战斗力实战效能。

（二）坚持以实战为引领，推动科技创新与治安防控深度融合

公安工作现代化离不开科技创新的驱动力，科技创新驱动力转化为新质公安战斗力离不开实战的引领性。首先，必须以科技创新与治安防控的深度融合为前提，加强创新性关键科技攻关，加大基础研究投入，积极开展以实战为引领的公安科技创新体系改革，发挥各级科研平台的重要作用和高水平公安科技创新领军人物、创新团队的资源优势，提升公安科技创新体系的整体效能。其次，推进产学研协同创新和融合发展，将新装备、新技术、新手段及时应用到社会治安防控工作中，为维护社会公共安全提供强有力支撑。最后，以现代科技应用带动重塑警务流程，围绕公共安全、社会稳定、打击犯罪、执法办案等领域，突出信息采集感知、情报分析研判、指挥决策调度、应对处置行动等环节，推进治安防控业务流程化、数字化、模块化，提升精确预警、精细管控、精准打击能力。①

（三）加强科技伦理与算法治理建设，防范科技治安应用异化风险

公安机关在加强科技伦理与算法治理建设、防范科技应用异化风险中肩负着重要的主体使命。各级公安机关要积极履行监管者、执法者和协调者的职责，有效应对科技发展带来的新挑战，推动科技在法律、伦理的轨道上健康发展。首先，公安机关作为监管者，要加强对人工智能应用风险的动态分析、评估预警与技术攻坚，针对人工智能应用中暴露出来的安全问题与隐患，积极完善监管规则，推动人工智能的立法进程，确保人工智能应用服务

---

① 陈克强、孙宇翔：《大数据背景下人工智能"嵌入"公安执法办案的探索与展望》，《中国人民公安大学学报》（社会科学版）2019 年第 2 期。

于人类福祉。^① 其次，公安机关作为执法者，应根据执法实践和科技发展趋势，积极向立法机关提出关于科技伦理和算法治理的立法建议，规范科技应用中的数据采集、存储、使用等环节，为科技伦理与算法治理提供坚实的法律依据。与此同时，公安机关要制定内部政策指导文件，提升公安机关科技治安执法工作的规范性和科学性。最后，公安机关作为协调者，在与科技企业建立紧密合作关系的同时，要鼓励企业主动遵守科技伦理和算法治理要求，帮助企业完善算法安全防护机制。

（四）持续加强公安科技人才培养，为科技治安优化升级提供人才保障

人才是第一资源，各级公安机关要高度重视公安科技人才培育工作。首先，各级公安机关要立足智慧治安防控需求，完善高层次人才培育机制，加大培养、奖励支持力度，最大限度激发人才活力。其次，培养适应新时代公安工作要求的公安科技领军人才和高水平创新团队，加快打造具备全新知识结构和复合型技术能力的智慧治安防控公安人才方阵。最后，要紧抓人才要素，创新公安教育训练模式，用好"科技+""智能+"等资源，把科技应用能力融入公安教育训练体系，为智慧治安防控转型升级提供源源不断的人力资源。

---

① 徐艳红、罗敏：《人工智能的社会风险及其规避之道》，《湖南社会科学》2024年第4期。

附录一
网络治安秩序维护规章制度梳理

名称	层级	颁布主体	颁布时间
全国人民代表大会常务委员会关于维护互联网安全的决定	决定	全国人大常委会	2000-12-28
全国人民代表大会常务委员会关于加强网络信息保护的决定	决定	全国人大常委会	2012-12-28
中华人民共和国网络安全法	法律	全国人大常委会	2016-11-07
中华人民共和国密码法	法律	全国人大常委会	2019-10-26
中华人民共和国数据安全法	法律	全国人大常委会	2021-06-10
中华人民共和国个人信息保护法	法律	全国人大常委会	2021-08-20
中华人民共和国计算机信息系统安全保护条例	行政法规	国务院	1994-02-18
中华人民共和国计算机信息网络国际联网管理暂行规定	行政法规	国务院	1996-02-01
互联网信息服务管理办法	行政法规	国务院	2000-09-25
中华人民共和国电信条例	行政法规	国务院	2000-09-25
计算机软件保护条例	行政法规	国务院	2013-12-20
信息网络传播权保护条例	行政法规	国务院	2006-05-10
国务院关于授权国家互联网信息办公室负责互联网信息内容管理工作的通知	通知	国务院	2014-08-26
计算机信息网络国际联网安全保护管理办法	行政法规	国务院	1997-12-11
互联网上网服务营业场所管理条例	行政法规	国务院	2002-09-29
关键信息基础设施安全保护条例	行政法规	国务院	2021-07-30
未成年人网络保护条例	行政法规	国务院	2023-10-16
网络暴力信息治理规定	部门规章	政府部门	2024-06-12
促进和规范数据跨境流动规定	部门规章	政府部门	2024-03-22

续表

名称	层级	颁布主体	颁布时间
生成式人工智能服务管理暂行办法	部门规章	政府部门	2023-07-10
个人信息出境标准合同办法	部门规章	政府部门	2023-02-22
互联网信息服务深度合成管理规定	部门规章	政府部门	2022-11-25
数据出境安全评估办法	部门规章	政府部门	2022-07-07
互联网用户账号信息管理规定	部门规章	政府部门	2022-06-27
互联网信息服务算法推荐管理规定	部门规章	政府部门	2021-12-31
网络安全审查办法	部门规章	政府部门	2021-12-28
网络信息内容生态治理规定	部门规章	政府部门	2019-12-15
儿童个人信息网络保护规定	部门规章	政府部门	2019-08-22
区块链信息服务管理规定	部门规章	政府部门	2019-01-10
互联网信息内容管理行政执法程序规定	部门规章	政府部门	2017-05-02
外国机构在中国境内提供金融信息服务管理规定	部门规章	政府部门	2009-04-30
电信和互联网用户个人信息保护规定	部门规章	政府部门	2013-07-16
最高人民法院最高人民检察院关于办理非法利用信息网络、帮助信息网络犯罪活动等刑事案件适用法律若干问题的解释	司法解释	最高人民法院、最高人民检察院	2019-10-21
最高人民法院关于审理利用信息网络侵害人身权益民事纠纷案件适用法律若干问题的规定	司法解释	最高人民法院	2014-08-21
最高人民法院、最高人民检察院关于办理利用信息网络实施诽谤等刑事案件适用法律若干问题的解释	司法解释	最高人民法院、最高人民检察院	2013-09-09
最高人民法院关于审理侵害信息网络传播权民事纠纷案件适用法律若干问题的规定	司法解释	最高人民法院	2012-12-17
最高人民法院、最高人民检察院关于办理利用互联网、移动通信终端、声讯台制作、复制、出版、贩卖、传播淫秽电子信息刑事案件具体应用法律若干问题的解释	司法解释	最高人民法院、最高人民检察院	2004-09-03
最高人民法院、最高人民检察院关于办理利用互联网、移动通信终端、声讯台制作、复制、出版、贩卖、传播淫秽电子信息刑事案件具体应用法律若干问题的解释(二)	司法解释	最高人民法院、最高人民检察院	2010-02-02

资料来源：中华人民共和国国家互联网信息办公室。

附录二
治安相关统计指标数据集

年份	年末总人口（万人）	每10万人刑事案件数（件）	每10万人查处治安案件数（件）	每10万人案件总数（件）	4类严重暴力案件占比（%）	每10万人命案发生数（件）	群众安全感（%）	每10万人盗窃案件数（件）
2023	140967	2.99	5.59	8.57	3.04	0.46	98.20	
2022	141175	3.13	5.55	8.68	2.83	0.50	—	2.22
2021	141260	3.56	5.81	9.37	2.75	0.56	98.62	2.52
2020	141212	3.39	5.47	8.86	2.75	0.50	98.42	2.41
2019	141008	3.45	6.18	9.63	2.95	0.52	—	2.92
2018	140541	3.61	6.29	9.90	3.16	0.53	—	3.19
2017	140011	3.92	6.86	10.78	3.39	0.57	95.55	3.73

续表

年份	年末总人口（万人）	每10万人刑事案件数（件）	每10万人查处治安案件数（件）	每10万人案件总数（件）	4类严重暴力案件占比（%）	每10万人命案发生数（件）	群众安全感（%）	每10万人盗窃案件数（件）
2016	139232	4.62	7.65	12.27	3.45	0.62	91.99	4.44
2015	138326	5.19	7.93	13.12	3.60	0.66		4.94
2014	137646	4.75	8.14	12.89	4.52	0.73		4.67
2013	136726	4.83	9.32	14.15	5.35	0.77		4.70
2012	135922	4.82	9.79	14.61	5.94	0.83	87.55	4.50
2011	134916	4.45	9.31	13.76	6.88	0.89		4.50
2010	134091	4.45	9.04	13.49	7.69	0.99		4.41

注：2017 年群众安全感数据来源于《检察日报》，https://www.spp.gov.cn/spp/zdgz/201802/20180209_365536.shtml；2020 年、2021 年和 2023 年群众安全感数据来源于公安部。

Abstract

Public order policing constitutes the bedrock for the salutary operation of society. Without good public order policing, there is no national security and social stability. In recent years, China's public order policing has generally remained stable, and it has attained prominent achievements in ensuring high-quality development underpinned by a high level of security, making it the most secure country in the world, continuing to inscribe a new chapter in the annals of the miracle of long-term social stability. This book undertakes a systematic investigation and research into China's public order policing and residents' safety status, and consists of a general report and sub-reports. The general report undertakes a comprehensive analysis, evaluation, and formulation of countermeasures regarding the public order policing status. The sub-reports conduct specialized research in six domains: residents' sense of public order policing security, conflicts and disputes resolution, public order policing governance forces, public order policing, network security order, and intelligent public order policing prevention and control. The research data of this book comes from the statistical data released by the National Bureau of Statistics and the Ministry of Public Security, relevant micro-survey data, and the data of the National Social Security Survey conducted by the writing team of this book in 2024. The questionnaire survey was entrusted to a survey company, and the survey process used a combination of typical sampling, PPS sampling and random sampling methods to conduct household surveys in 56 districts and counties of 14 cities across the country, with a total of 3,700 valid questionnaires recovered.

The results of the study show that, using the Social Security Quality Index (SSQI) 8 of the base period of 2012 as a reference, China's SSQI has basically maintained a rapid growth in the past eleven years, and China's SSQI in 2023 is 10. 85 points, which is at a high level. The overall feeling of safty of residents in public order policing has exhibited an upward trend and remains at a relatively high level. In 2023, residents' sense of personal security is 99. 52%, property security is 99. 43%, information security is 96. 85%, and the average value of the feeling of safty is 98. 77%. The aggregate volume of social conflicts and disputes is 42. 95 million cases in 2023; the conflict mediation rate reached a new high of 27. 77% in 2023; after conflicts and disputes occur, seeking mediation from acquaintances, seeking mediation from public security police stations, and seeking negotiation with the other party or the other party's unit have become the main channels chosen by the public to resolve the disputes. In terms of public order policing forces, the volunteer corps for public order policing has witnessed robust development, with 49. 86% of residents willing to participate in various social security maintenance activities; as an important market force for public order policing, security companies and security guards have continued to maintain their growth momentum. Public surveillance cameras, neighborhood mutual aid, community police room construction and other community security prevention and control have achieved remarkable results. The issue of cyber security is a cause for concern, with 22. 27% of surveyed residents indicating that they have encountered security problems in cyberspace, and that after experience, residents' perception of information security is significantly lower. China's intelligent social security prevention and control has manifested a comprehensive and multi-faceted development panorama, and the effectiveness of science and technology in supporting the high-quality development of social security is remarkable, as well as the residents' high satisfaction with the online government services of public security organs. In the future, in the overall prevention and control of social security, it is necessary to intensify the mediation and resolution of conflicts and disputes, pay attention to the prevention and investigation of small cases, and suppress the signs of the rise of serious crimes; at the same time, it is also necessary to strengthen the construction of grass-roots policing and the maintenance of network security order, to construct a big data platform for social security to optimize the early warning and response mechanism of public order policing, and

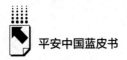
to push forward the deep integration of scientific and technological innovation into security prevention and control.

Keywords: Public Order Policing; Conflicts and Disputes; Public Order Policing Forces; Network Order Policing; Intelligent Community

Contents

I   General Report

Abstract: China's public order policing continues to remain stable in 2023, with a Social Security Quality Index score of 10. 85, which is at a high level. The quality of public order policing is the result of a comprehensive evaluation of the prevention of public order policing (conflict mediation rate), the level of control of public order policing (rate of serious violent crimes, rate of cases of pornography, gambling, and drugs on the social surface, rate of traditional theft cases, and rate of new types of fraud cases), the efficiency of disposal of public order policing (rate of detection of homicide cases, and rate of investigation and handling of public order cases), and the reconstruction of public order policing (residents'feelings of safety). The total number of social conflicts and disputes in 2023 is 42. 95 million cases, the conflict mediation rate has also reached a new high of 27. 77%. The total number of crimes was basically the same as in 2022, with a small rebound in the incidence rate of the four types of serious violent crimes, a small increase in the incidence rate of cases of pornography, gambling and drugs and new types of fraud in society, and a continued decline in the incidence rate of traditional theft cases. The detection rate for homicide cases further increased to 99. 94%, and although the detection rate for public order cases improved, the detection rate for theft, fraud and other public order cases remained low; residents'

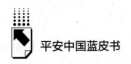

feeling of safety remained at a high level of 98.20%. In the future, it is necessary to strengthen the tracking survey of the social security situation and the in-depth research on the development law of the quality of public order policing, to further strengthen the resolution of conflicts and disputes, to pay attention to the prevention and investigation of small cases, and to suppress the signs of the rise of serious crimes.

Keywords: Public Order Policing; Conflicts and Disputes; Crimes; Quality of Public Order Policing

Ⅱ Sub-reports

B.2 Report on the Status of Residents' feeling of Safty

in China (2024) *Du Yongpei, Zou Xiangjiang* / 042

Abstract: The overall feeling of safty of residents in public order policing has exhibited an upward trend and remains at a relatively high level. Since the Ministry of Public Security initiated the survey and research pertaining to the feeling of safty, the residents' feeling of safty has reached 98.2% in 2023, up from 61.4% in 1988. According to the 2023 National Social Security Survey, residents' sense of personal security is 99.52%, property security is 99.43%, and information security is 96.85%, with an average of 98.77%. The level of residents' sense of public order policing security is the result of the joint measurement of different scenarios, different population group and different experiences. In different scenarios, residents' sense of public order policing security when they are "home alone at night" is as high as 99%; the feeling of safty when they are "walking alone around their neighborhoods (villages) after dark" is 98.3%; the feeling of safty when they are "using the Internet to conduct online transactions" is 98.6%; the feeling of safty in "taking an online car alone after dark" is the lowest, at 96.81%, and the average level of the feeling of safty in each scenario is 98.05%. Among different population group, men, rural residents and household residents have a higher average feeling of safty than women, urban residents and mobile residents. Age also has a greater impact on the feeling of safty, with residents aged 60 and above having the highest average level of security at 99.7%, and mobile residents having a lower level at 98.16%. In terms of different experiences, the average value of the feeling of safty of residents who have not encountered negative experiences is higher than that of those who have, and the experience of property theft has a significant impact on the feeling of safty of residents, with the average value of the feeling of safty of those who have this experience lower than that of those who do not have this experience by 13.81%. In the future, we should construct a social support network to enhance the protection of vulnerable populations, optimize the community policing mechanism and foster community construction; reconfigure the role of mass media to augment publicity and supervision, and release information in a timely manner to guide public opinion; and construct a big data platform for social security to optimize the early warning and response mechanism, and make use of science and technology for the prevention and control of crime, so as to further enhance the residents' sense of public order policing security.

Keywords: Sense of Security and Safty; Public Security Order; Sense of Public Safety

Abstract: The total number of social conflicts and disputes in China has maintained a growth trend, reaching 42.95 million in 2023 which is a significant increase compared to 2022. These conflicts and disputes are mainly resolved through mediation, the crackdown on illegal and criminal activities by public security organs, and court litigation. Among these methods, the proportion of civil cases handled by courts has been continuously expanding, while the proportion of public order and criminal cases handled by public security organs has

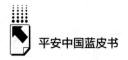

been shrinking. Mediation has remained at a relatively stable level, with approximately a quarter of conflicts and disputes being resolved through mediation each year. In 2023, the mediation rate reached a new high of 27.77%. Turning to acquaintances, police stations, or negotiating directly with the other side or their organization are the primary ways the public chooses to handle conflicts and disputes. The research also suggested that the resolution of conflicts and disputes affects the public's evaluation of social fairness and trust as well as their trust in relevant departments. To enhance the quality and effectiveness of conflicts prevention and resolution, the government has made multiple efforts in top-level design, source prevention, and diversified mediation. In the future, it is still necessary to deepen the diversified resolution of conflicts and disputes by consolidating grassroots fortresses, leveraging the power of grassroots party organizations, adhering to the three-mediation linkage mechanism and further strengthening the construction of the mediation team. Thus, conflict resolution efforts can continuously advance in a deeper and more practical way.

Keywords: Conflicts; Disputes; Mediation; Three-mediation linkage

B.4 Investigation Report on the Forces of Public Order Policing Governance in China (2024)   *Sui Yulong, Lv Chang* / 112

Abstract: The forces of public order policing governance is an important component of China's public order policing governance and the main category of the development of public order policing governance. According to the analytical framework of "state society market", public security governance forces can be divided into national security governance forces represented by public security organs, public order policing governance forces represented by security volunteers, and market security governance forces represented by security companies. Among them, the public security organs mainly play a coordinating role in maintaining overall social order, guiding and supervising other public security governance forces. The number of public security police officers per 10000 people in China is

14, lower than other major countries in the world, but it has achieved high-quality development of social security. The scale of China's social security volunteer force is large and thriving, which can effectively make up for the problem of insufficient national security forces. 49. 86% of residents are willing to participate in various social security maintenance activities, but the actual proportion of those who have participated in public security volunteer activities is 8. 30%. The market-oriented security forces provide high-quality and professional security services. By 2023, the number of security service companies in China will exceed 17000, and the number of security personnel will increase to over 6. 76 million, maintaining a continuous growth momentum. The Chinese security industry has achieved rapid development, but there are still shortcomings in standardized construction. There are strong and weak differences in the impact of three types of public security governance forces on social security, from high to low, namely "public security work", "security services", and "public security volunteer services". Therefore, the development of China's public order policing governance forces should fully leverage the leading role of public security organs in diverse security governance forces and vigorously promote grassroots policing construction; Continuously improving the organizational level of public order policing governance forces, optimizing the standardization and professionalism of volunteer services; Encourage the development of the security service industry, strengthen internal recognition and external supervision of the security industry.

Keywords: Public Order Policing Governance Forces; Public Security Bureau; Community Police; Security Companies, Security Volunteers

B. 5 Investigation Report on the Community Public Order policing in China (2024)   *Zhou Nan, Zhou Xunshuai* / 153

Abstract: The Community public order policing policing reflects the level of construction of the grassroots governance system and the modernization of governance capabilities. Factors affecting Community public order policing include

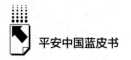

the physical environment of the community, the social environment of the community, and police work. Among these, 54. 16% of residents have installed surveillance cameras in their homes, and 88. 9% of residents indicate that public surveillance cameras have been installed in their housing estates (villages). The installation of cameras in homes significantly reduces residents' worries about home theft, while public cameras in housing estates significantly reduce intentional vandalism in public spaces, with residents considering surveillance cameras to be the most effective measure among various public order prevention and control measures. In 60. 41% of residential areas, the entry and exit of personnel and vehicles are restricted, and security controls at access points have a significant inhibitory effect on the occurrence of theft cases. The scores for the effectiveness of neighborhood mutual assistance and public order volunteer services in the community social environment module are relatively low. 53. 4% of residents live in communities with a community police station (village police station), and 79. 96% of them observe that there are resident community police officers. The presence of resident community police officers and a high visibility of police in the community can effectively reduce public order disorders such as prostitution, gambling, and drug-related issues. Additionally, community security services can enhance the effectiveness of public order prevention. Therefore, it is recommended to continue promoting the construction of smart communities, strengthen the role of intelligent surveillance, control community access points; enhance neighborhood mutual assistance to create an " acquaintance society," support and encourage public order volunteer services, and strengthen community-based prevention and control efforts; ensure that community police officers are deeply involved in community affairs, carry out foundational work, promote "police-security joint prevention and control," shift public security governance towards prevention, and enhance residents' sense of security and satisfaction.

Keywords: Community Public Order Policing; Sense of Security; Police Station

Abstract：The issue of cyber public order policing in China has become increasingly prominent. The number of reports of online illegal and harmful information received nationwide has been on the rise. The proportion of netizens who have encountered cyber security problems is also increasing. 22. 27% of the surveyed residents have experienced cyber security issues such as illegal and harmful information, cyber attacks, personal information infringement, and online harassment. Moreover, residents who have encountered cyber security problems have a lower sense of security regarding online information. The number of fraud cases per 100, 000 people increased from 60. 99 in 2012 to 160. 46 in 2023, with telecommunications and Internet fraud accounting for the largest proportion. The number of Telecommunications and online fraud cases solved by the public security organs has been increasing year by year, reaching 437, 000 in 2023. Questionnaire surveys show that residents' satisfaction with the public security organs' two special campaigns, "Cracking Down on Telecommunications and Online Fraud" and "Purifying the Online Environment", exceeds 95% . Respondents' sense of security regarding online information and online transactions is 97. 73% and 98. 6%, respectively. The higher the satisfaction with the crackdown on telecommunications and online fraud, the higher the sense of security in online transactions. To maintain Cyber Public order, it is necessary to strengthen the regulation and guidance of network development, improve the legal system for network supervision, increase the intensity of network law enforcement, build a comprehensive personal information protection system, bridge the cyber security gap, and thereby maintain overall social stability and harmony.

Keywords：Cyber Public Order；Cyber Security；Cybercrime；Online Fraud

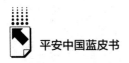
平安中国蓝皮书

B.7　Investigation Report on the Intelligent Prevention and Control of Public Order Policing in China（2024）

Li Yaoguang，*Li Duyu* / 235

Abstract：With the deep-seated advancement of the strategy of boosting policing through technology，China's intelligentprevention and control of public order policing has unfolded a comprehensive and three-dimensional development panorama. The support provided by technology for the high-quality development of public security has yielded remarkable results. The application of big-data-enabled intelligence has empowered police operations，giving rise to the initial formation of a new-type of public order policing combat capabilities. The application of new technologies across multiple scenarios has reinforced the public order policing prevention and control network. Leveraging Internet technologies，public order policing-related government services have been optimized. The concerted efforts of informatization and standardization have led to the continuous improvement of law-enforcement standardization. Currently，37.7% of public order policing services can be processed entirely online，and the public's satisfaction with the online government services provided by public order policing agencies has reached 94.14%. Confronted with the opportunities and challenges presented by the new round of technological revolution，China's public order policing prevention and control in the future should prioritize big - data construction，be guided by real-world operations，enhance the cultivation of public order policing technology talents，and foster new-type combat capabilities for intelligent public order policing prevention and control. Simultaneously，it is essential to strengthen the governance of technological ethics and algorithms to guard against potential risks of technological alienation in public - security applications.

Keywords：Intelligent Prevention and Control of Public Order Policing；Boosting Policing through Technology；Technological Innovation；Government Services

社会科学文献出版社

皮 书

智库成果出版与传播平台

✤ 皮书定义 ✤

皮书是对中国与世界发展状况和热点问题进行年度监测，以专业的角度、专家的视野和实证研究方法，针对某一领域或区域现状与发展态势展开分析和预测，具备前沿性、原创性、实证性、连续性、时效性等特点的公开出版物，由一系列权威研究报告组成。

✤ 皮书作者 ✤

皮书系列报告作者以国内外一流研究机构、知名高校等重点智库的研究人员为主，多为相关领域一流专家学者，他们的观点代表了当下学界对中国与世界的现实和未来最高水平的解读与分析。

✤ 皮书荣誉 ✤

皮书作为中国社会科学院基础理论研究与应用对策研究融合发展的代表性成果，不仅是哲学社会科学工作者服务中国特色社会主义现代化建设的重要成果，更是助力中国特色新型智库建设、构建中国特色哲学社会科学"三大体系"的重要平台。皮书系列先后被列入"十二五""十三五""十四五"时期国家重点出版物出版专项规划项目；自2013年起，重点皮书被列入中国社会科学院国家哲学社会科学创新工程项目。

权威报告·连续出版·独家资源

皮书数据库
ANNUAL REPORT(YEARBOOK)
DATABASE

分析解读当下中国发展变迁的高端智库平台

所获荣誉

- 2022年，入选技术赋能"新闻+"推荐案例
- 2020年，入选全国新闻出版深度融合发展创新案例
- 2019年，入选国家新闻出版署数字出版精品遴选推荐计划
- 2016年，入选"十三五"国家重点电子出版物出版规划骨干工程
- 2013年，荣获"中国出版政府奖·网络出版物奖"提名奖

皮书数据库

"社科数托邦"
微信公众号

成为用户

　　登录网址www.pishu.com.cn访问皮书数据库网站或下载皮书数据库APP，通过手机号码验证或邮箱验证即可成为皮书数据库用户。

用户福利

- 已注册用户购书后可免费获赠100元皮书数据库充值卡。刮开充值卡涂层获取充值密码，登录并进入"会员中心"—"在线充值"—"充值卡充值"，充值成功即可购买和查看数据库内容。
- 用户福利最终解释权归社会科学文献出版社所有。

数据库服务热线：010-59367265
数据库服务QQ：2475522410
数据库服务邮箱：database@ssap.cn
图书销售热线：010-59367070/7028
图书服务QQ：1265056568
图书服务邮箱：duzhe@ssap.cn

社会科学文献出版社　皮书系列
SOCIAL SCIENCES ACADEMIC PRESS (CHINA)

卡号：129233573477
密码：

S 基本子库
UB DATABASE

中国社会发展数据库（下设 12 个专题子库）

紧扣人口、政治、外交、法律、教育、医疗卫生、资源环境等 12 个社会发展领域的前沿和热点，全面整合专业著作、智库报告、学术资讯、调研数据等类型资源，帮助用户追踪中国社会发展动态、研究社会发展战略与政策、了解社会热点问题、分析社会发展趋势。

中国经济发展数据库（下设 12 专题子库）

内容涵盖宏观经济、产业经济、工业经济、农业经济、财政金融、房地产经济、城市经济、商业贸易等 12 个重点经济领域，为把握经济运行态势、洞察经济发展规律、研判经济发展趋势、进行经济调控决策提供参考和依据。

中国行业发展数据库（下设 17 个专题子库）

以中国国民经济行业分类为依据，覆盖金融业、旅游业、交通运输业、能源矿产业、制造业等 100 多个行业，跟踪分析国民经济相关行业市场运行状况和政策导向，汇集行业发展前沿资讯，为投资、从业及各种经济决策提供理论支撑和实践指导。

中国区域发展数据库（下设 4 个专题子库）

对中国特定区域内的经济、社会、文化等领域现状与发展情况进行深度分析和预测，涉及省级行政区、城市群、城市、农村等不同维度，研究层级至县及县以下行政区，为学者研究地方经济社会宏观态势、经验模式、发展案例提供支撑，为地方政府决策提供参考。

中国文化传媒数据库（下设 18 个专题子库）

内容覆盖文化产业、新闻传播、电影娱乐、文学艺术、群众文化、图书情报等 18 个重点研究领域，聚焦文化传媒领域发展前沿、热点话题、行业实践，服务用户的教学科研、文化投资、企业规划等需要。

世界经济与国际关系数据库（下设 6 个专题子库）

整合世界经济、国际政治、世界文化与科技、全球性问题、国际组织与国际法、区域研究 6 大领域研究成果，对世界经济形势、国际形势进行连续性深度分析，对年度热点问题进行专题解读，为研判全球发展趋势提供事实和数据支持。

法律声明